세법노트북

2025

부가가치세법

주민규

머리말

세법노트북은 세법개론, 객관식세법, 세무회계를 강의할 때 사용하는 서브노트 및 강의노트입니다.

본서의 특징은 다음과 같습니다.

1. 창의적인 틀(도해)로 풀이방법을 제시한 세법노트북

저자가 연구하여 만든 세법의 창의적인 계산구조(틀, 도해법)를 제시하고 있습니다. 예를 들면, 수험생들이 특히 어려워하는 감가상각비, 대손충당금, 퇴직급여충당금 및 퇴직연금충당금, 최저한세, 자본거래, 금융소득 종합과세, 신용카드소득공제 등은 저자가 다년간 강의 해오면서 연구한 계산구조들입니다.

2. 쉽게 이해하고 기억하기 좋은 세법노트북

세법의 각종 어려운 법조문을 그림으로 설명·풀이하고 있습니다. 법조문의 해석이 어렵거나 수험생들이 명확하게 세법 조문을 이해하기 어려운 내용을 쉽게 이해하고 기억할 수 있도록 세심한 배려를 하였습니다.

3. 수험목적 최적의 사례와 정리의 세법노트북

수험목적에 적합한 다양한 사례와 정리를 통해 1차 시험은 물론 2차 시험까지 충실히 대비할 수 있도록 하였습니다.

4. 서브노트 다운 세법노트북

회계사·세무사 1차 준비생을 위하여 **세법개론**의 이론정리 내용을 충실하게 반영하여 정리하고 있고, 2차 준비생을 위하여 **세무회계연습Ⅰ·Ⅱ**의 이론 및 해설의 내용을 거의 모두 담고 있습니다. 따라서 1차 수험생과 2차 수험생 모두에게 가장 목적적합한 세법서브노트가 될 것이라 믿어 의심치 않습니다.

언제나 아낌없이 격려해주시는 김동환이사장님, 정찬우회계사님, 민대동회계사님, 최태규회계사님께 깊은 감사를 드립니다. 또한, (주)세경북스 이은경사장님과 매일같이 원고를 받으러 오시고 까다로운 요구에도 세심하게 잘 편집해주신 세경의 편집부 여러분께도 감사의 말씀을 드립니다. 마지막으로 촉박한 일정에도 불구하고 교정작업에 도움을 준 이현우 회계사님께 감사드립니다.

바쁘다는 핑계로 제대로 못 챙겨준 아내 영주와 아연이, 미가에게 미안한 마음으로 본서의 출간을 빌어 사랑을 전합니다.

2025년 2월 26일
저자드림

▪ 교재표시

　　　개정 ☞ 법률개정　　　　　　　　개정 ☞ 법률개정과 시행령 개정
　　　개정 ☞ 시행령과 시행규칙 개정(안)

Contents

01. 총칙 _ 4

02. 과세거래 _ 16

03. 영세율과 면세 _ 34

04. 과세표준과 매출세액 _ 48

05. 매입세액과 차가감납부세액 _ 64

06. 과세 · 면세 겸영사업자의 특례 _ 76

07. 세금계산서 및 절차규정 _ 84

08. 간이과세 _ 112

부가가치세법

총칙

구 분	내 용
1. 부가가치세의 특징	일반소비세, 간접세, 소비형부가가치세, 전단계세액공제법, 소비지국과세원칙, 다단계거래세 ※ 소비지국과세원칙 적용례 : 수출재화 등의 영세율적용, 수입재화과세, 대리납부제도
2. 납세의무자	① 사업자* : 사업목적이 영리이든 비영리든 관계없이 사업상 독립적으로 재화 또는 용역을 공급하는 자 … 사업자등록 여부×, 부가가치세의 거래징수 여부 × ② 재화를 수입하는 자 … 사업자 여부×, 용도·목적 여부× 　* 부가가치를 창출해 낼 수 있는 정도의 사업형태를 갖추고 계속적이고 반복적인 의사로 재화 또는 용역을 공급하는 자는 사업자로 본다. ※ 납세의무자에는 개인·법인(국가·지방자치단체와 지방자치단체조합 포함)과 법인격이 없는 사단·재단 또는 그 밖의 단체를 포함한다. 📖 세부내용 … 부가가치세 납세의무 있음(○), 없음(×) ① 농어가부업 ┬ 민박, 음식물판매, 특산물제조, 전통차제조 및 그 밖에 유사 활동 : (○)(∵ 독립 사업) 　　　　　　 └ 고공품제조 : 소득세가 과세되면 (○), 소득세가 비과세되면 (×) 　　　　　　　　(축산·양어 및 어로어업의 생산물인 축산물과 수산물 : 부가가치세 면세대상) ② 국외거래에 대한 납세의무 : (×)(∵ 우리나라 주권이 미치지 아니함) 　☞ 중계무역방식의 수출, 위탁판매수출, 외국인도수출, 위탁가공무역방식의 수출, 국외위탁가공원료의 반출, 보세구역 내 수입신고 수리 전 물품의 외국 반출, 우리나라 국적의 항공기·선박에서 이루어지는 거래 : (○) ③ 새마을금고가 사업상 독립적으로 과세 재화를 공급하는 경우 : (○) ④ 청산 중에 있는 내국법인이 계속등기 여부에 관계없이 사실상 사업을 계속하는 경우 : (○) ⑤ 농민이 자기농지 확장 또는 농지개량작업에서 생긴 토사석(흙·모래·돌)을 일시적으로 판매하는 경우 : (×) ⑥ 비사업자인 개인 또는 면세사업자가 우발적 또는 일시적으로 재화·용역을 공급하는 경우 : (×) ⑦ 부동산의 매매·중개를 사업목적으로 나타내지 않은 경우에도 사업상 목적으로 1과세기간 중에 1회 이상 부동산을 취득하고 2회 이상 판매하는 사업 → 재화를 공급하는 사업(부동산매매업)으로 봄 : (○) ⑧ 과세의 대상이 되는 행위 또는 거래의 귀속이 명의일 뿐이고 사실상 귀속되는 자가 따로 있는 경우에는 사실상 귀속되는 자에 대하여 부가가치세법을 적용한다. → 거래귀속자에 대한 실질과세의 원칙
3. 신탁 관련 부가가치세 납세의무	**원 칙** **(수탁자)** 「신탁법」 또는 다른 법률에 따른 신탁재산(해당 신탁재산의 관리, 처분 또는 운용 등을 통하여 발생한 소득 및 재산 포함)과 관련된 재화 또는 용역을 공급하는 때에는 「신탁법」에 따른 수탁자(이하 '수탁자')가 신탁재산별로 각각 별도의 납세의무자로서 부가가치세를 납부할 의무가 있다. **특 례** **(위탁자)** 1) 다음 중 어느 하나에 해당하는 경우에는 「신탁법」에 따른 위탁자(이하 '위탁자')가 부가가치세를 납부할 의무가 있다. 　① 신탁재산과 관련된 재화 또는 용역을 위탁자 명의로 공급하는 경우 　② 위탁자가 신탁재산을 실질적으로 지배·통제하는 경우(다음 중 어느 하나) 　　㉮ 수탁자가 위탁자로부터 부동산 또는 부동산 관련 권리를 수탁받아 부동산개발사업을 목적으로 하는 신탁계약을 체결한 경우로서 그 신탁계약에 따른 부동산개발사업비의 조달의무를 수탁자가 부담하지 않는 경우(단, 수탁자가 「도시 및 주거환경정비법」 또는 「빈집 및 소규모주택 정비에 관한 특례법」에 따른 재개발사업·재건축사업 또는 가로주택정비사업·소규모재건축사업·소규모개발사업의 사업시행자인 경우 제외)

정리1 부가가치(value added) : 기업이 재화·용역을 생산·유통하는 모든 단계에서 창출한 가치

정리2 납세의무자 ≠ 담세자 ← 예정된조세 : 간접세
　　　　↳사업자　↳최종소비자

정리3 전단계세액공제법 : 부가가치세 = 매출액 × 세율 − 매입세액
　　　　　　　　　(value added tax)　　매출세액　　세금계산서 등으로 입증

매출	매입
300 (0%)	100 (면세)
400 (10%)	200 (10%)
700	300

- 전단계세액공제법 : 300 × 0% + 400 × 10% − 200 × 10% = 20
- 전단계거래액공제법 : (700 − 300) × 10% = 40
- 가산법 : 부가가치의 합계액 × 세율 = 부가가치세
  (임금 + 임차료 + 이자 + 이윤)

정리4 소비지국과세원칙 ← 국경세 조정방법

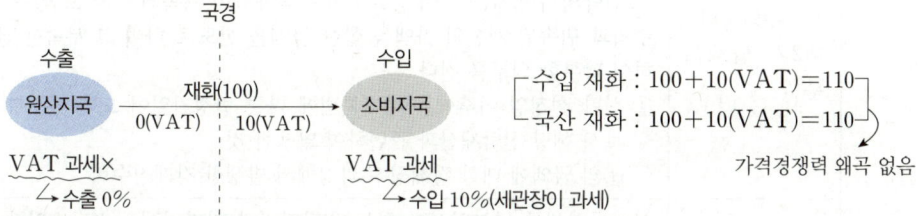

정리5 다단계거래세 − 유통단계마다 모두 과세 [TI : 세금계산서(Tax Invoice)]

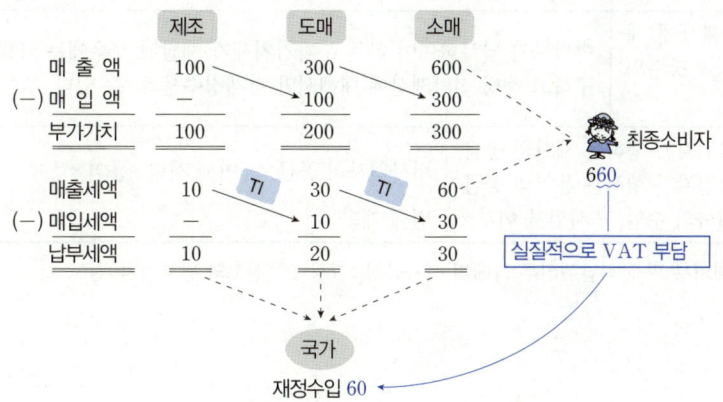

정리6 사업자의 분류

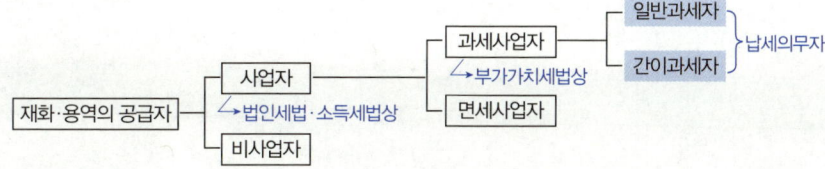

구 분		내 용
		㈏ 수탁자가 「도시 및 주거환경정비법」 또는 「빈집 및 소규모주택 정비에 관한 특례법」에 따른 재개발사업·재건축사업 또는 가로주택정비사업·소규모재건축사업·소규모재개발사업의 사업대행자인 경우 ㈐ 수탁자가 위탁자의 지시로 위탁자의 특수관계인에게 신탁재산과 관련된 재화 또는 용역을 공급하는 경우 ㈑ 「자본시장과 금융투자업에 관한 법률」에 따른 투자신탁의 경우 2) 위탁자의 지위 이전을 신탁재산의 공급으로 보는 경우에는 기존 위탁자가 해당 공급에 대한 부가가치세의 납세의무자가 된다. (☞ p20)
	공동수탁자의 연대납세의무	수탁자가 납세의무자가 되는 신탁재산에 둘 이상의 수탁자(공동수탁자)가 있는 경우 공동수탁자는 부가가치세를 연대하여 납부할 의무가 있다. 이 경우 공동수탁자 중 신탁사무를 주로 처리하는 수탁자(대표수탁자)가 부가가치세를 신고·납부하여야 한다.
	신탁수익자의 제2차 납세의무^{주)}	수탁자가 납부하여야 하는 다음 중 어느 하나에 해당하는 부가가치세 또는 강제징수비(이하 '부가가치세등')를 신탁재산으로 충당하여도 부족한 경우에는 그 신탁의 수익자(신탁이 종료되어 신탁재산이 귀속되는 자 포함)는 지급받은 수익과 귀속된 재산의 가액을 합한 금액을 한도로 하여 그 부족한 금액에 대하여 납부할 의무를 진다. ① 신탁 설정일 이후에 국세기본법에 따른 법정기일이 도래하는 부가가치세로서 해당 신탁재산과 관련하여 발생한 것 ② ①의 금액에 대한 강제징수 과정에서 발생한 강제징수비
	수탁자의 물적 납세의무^{주)}	부가가치세를 납부하여야 하는 위탁자가 부가가치세등(신탁수익자의 제2차 납세의무에서 설명한 것)을 체납한 경우로서 그 위탁자의 다른 재산에 대하여 강제징수를 하여도 징수할 금액에 미치지 못할 때에는 해당 신탁재산의 수탁자는 그 신탁재산으로써 부가가치세법에 따라 위탁자의 부가가치세등을 납부할 의무가 있다.
	신탁재산에 대한 강제징수의 특례	수탁자가 납부하여야 하는 부가가치세가 체납된 경우에는 국세징수법에도 불구하고 해당 신탁재산에 대해서만 강제징수를 할 수 있다.
4. 과세대상		① 사업자가 행하는 재화의 공급 ┐ ② 사업자가 행하는 용역의 공급 ┘ 비사업자의 공급×, 면세 재화·용역× ③ 재화의 수입 … 사업자 여부×, 면세 재화×

주) 신탁 관련 제2차 납세의무 및 물적납세의무 특례의 절차규정 : '7장 Ⅲ. 신고와 납부절차' 참조

정리1 신탁 및 투자신탁의 정의

- 신탁 : 신탁을 설정하는 자('위탁자')와 신탁을 인수하는 자('수탁자') 간의 신임관계에 기하여 위탁자가 수탁자에게 특정의 재산(영업이나 저작재산권의 일부 포함)을 이전하거나 담보권의 설정 또는 그 밖의 처분을 하고 수탁자로 하여금 일정한 자('수익자')의 이익 또는 특정의 목적을 위하여 그 재산의 관리, 처분, 운용, 개발, 그 밖에 신탁 목적의 달성을 위하여 필요한 행위를 하게 하는 법률관계(신탁법 2조).
- 투자신탁 : 집합투자업자인 위탁자가 신탁업자에게 신탁한 재산을 신탁업자로 하여금 그 집합투자업자의 지시에 따라 투자·운용하게 하는 신탁 형태의 집합투자기구(자본시장법 9조 ⑱ 1호)

정리2 신탁 관련 부가가치세 납세의무

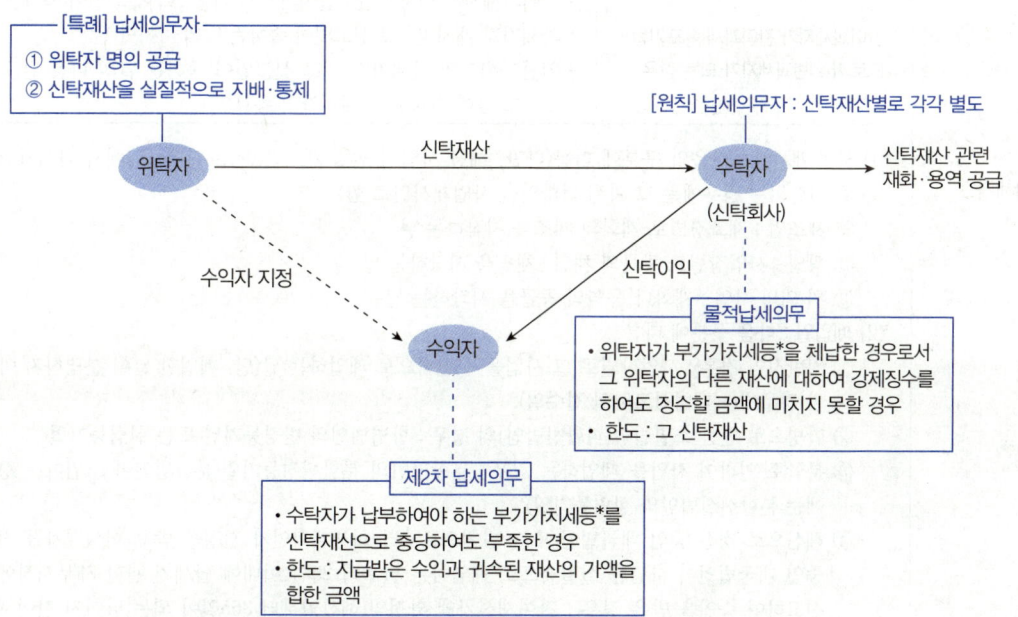

* 부가가치세등 : 신탁 설정일 이후에 법정기일(예정·확정신고일, 납부고지서 발송일)이 도래하는 부가가치세로서 해당 신탁재산과 관련하여 발생한 것과 강제징수비

정리3 연대납세의무

연대납세의무란 여러 명의 납세의무자가 동일한 세금에 대하여 각각 독립하여 세금의 전부를 부담하고 그 중 1인의 납세의무자가 세금의 전부를 납부하면 모든 연대납세의무자의 조세채무가 소멸하는 것을 말한다. 즉, 연대납세의무는 수개의 조세채무이므로 과세관청은 납세의무자 중 1인에 대하여 또는 동시나 순차로 모든 납세의무자에 대하여 연대납세의무에 관계되는 국세의 전부 또는 일부에 관한 납부고지·독촉 및 강제징수를 할 수 있다. 연대납세의무자 중 1인이 한 납부의 효과는 다른 연대납세의무자 전원에게 미치고, 그 납부된 범위에 있어서 전원의 연대납세의무는 소멸한다.

구 분	내 용

구분		과세기간
계속사업자	간이과세자	1.1~12.31.
	일반과세자	1기(1.1.~6. 30.), 2기(7.1~12.31.)
신규사업자의 최초 과세기간	일반적인 경우	사업 개시일[*1)]~그 날이 속하는 과세기간 종료일
	사업개시일 이전에 사업자 등록을 신청한 경우	그 신청한 날~그 신청일이 속하는 과세기간의 종료일
폐업자의 최종 과세기간	과세기간 개시일~폐업일[*2)]	
과세유형 변경시 그 변경되는 해의 간이과세자 과세기간 특례	• 일반과세자 → 간이과세자 : 그 변경 이후 7.1.~12.31. • 간이과세자 → 일반과세자 : 그 변경 이전 1.1.~6.30.	
간이과세자가 간이과세를 포기함으로써 일반과세자가 되는 경우	• 간이과세자의 과세기간 : 간이과세의 적용 포기신고일이 속하는 과세기간 개시일~그 신고일이 속하는 달의 마지막 날 • 일반과세자의 과세기간 : 그 신고일이 속하는 달의 다음 달 1일~그 날이 속하는 과세기간의 종료일	

5. 과세기간

*1) 사업 개시일 : 다음의 구분에 따름(다만, 해당 사업이 법령 개정 등으로 면세사업에서 과세사업으로 전환되는 경우에는 그 과세 전환일을 사업개시일로 함)
① 제조업 : 제조장별로 재화의 제조를 시작하는 날
② 광업 : 사업장별로 광물의 채취·채광을 시작하는 날
③ 위 외의 사업 : 재화나 용역의 공급을 시작하는 날

*2) 폐업일 : 다음 구분에 따름
① 일반적인 경우 : 사업장별로 그 사업을 실질적으로 폐업하는 날(단, 폐업한 날이 분명하지 아니한 경우에는 폐업신고서의 접수일)
② 합병으로 인한 소멸법인(피합병법인)의 경우 : 합병법인의 변경등기일 또는 설립등기일
③ 분할로 인하여 사업을 폐업하는 경우 : 분할법인의 분할변경등기일(분할법인이 소멸하는 경우에는 분할신설법인의 설립등기일)
④ 해산으로 청산 중인 내국법인 또는 법원으로부터 회생계획인가 결정을 받고 회생절차를 진행 중인 내국법인이 사업을 실질적으로 폐업하는 날부터 25일 이내에 납세지 관할 세무서장에게 신고하여 승인을 받은 경우 : 잔여재산가액 확정일(해산일부터 365일이 되는 날까지 잔여재산가액이 확정되지 아니한 경우에는 그 해산일부터 365일이 되는 날)을 폐업일로 할 수 있음
⑤ 사업 개시일 전에 사업자등록을 한 자로서 사업자등록을 한 날부터 6개월이 되는 날까지 재화와 용역의 공급실적이 없는 자 : 그 6개월이 되는 날(단, 사업장의 설치기간이 6개월 이상이거나 그 밖의 정당한 사유로 인하여 사업 개시가 지연되는 경우에는 그러하지 아니함)

6. 신고·납세지

(1) 사업장단위과세 … 원칙

사업자의 부가가치세 납세지는 각 사업장의 소재지로 한다. 따라서 부가가치세는 사업장마다 신고·납부하여야 한다.

(2) 주사업장 총괄 납부

① 사업장이 둘 이상인 사업자(사업장이 하나이나 추가로 사업장을 개설하려는 사업자 포함)가 주된 사업장의 관할 세무서장에게 주사업장 총괄 납부를 신청한 경우에는 납부할 세액을 주된 사업장에서 총괄하여 납부할 수 있다.
[주의] 정기신고(예정, 확정, 조기)에 따른 납부·환급만 주사업장에서 총괄하며, 정기신고, 수정신고 및 경정청구(단, 수정신고 및 경정청구 시 추가납부는 각 사업장별로 함), 결정·경정 관할기관 판정기준은 각 사업장으로 한다.

사례1 사업개시일 이전에 사업자등록을 신청한 경우

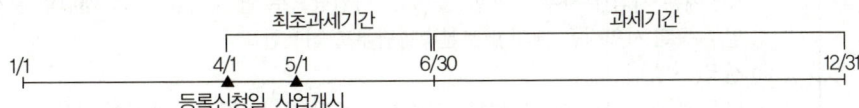

사례2 사업 개시일 전에 사업자등록을 한 자로서 사업자등록을 한 날부터 정당한 사유 없이 6개월이 되는 날까지 재화와 용역의 공급실적이 없는 자

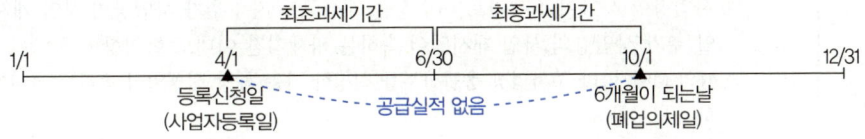

[주의] 다만, 폐업시 잔존재화의 과세표준을 계산하는 경우에는 4.1.부터 10.1.까지를 1과세기간으로 보아 경과된 과세기간을 '0'으로 함

사례3 과세유형 변경

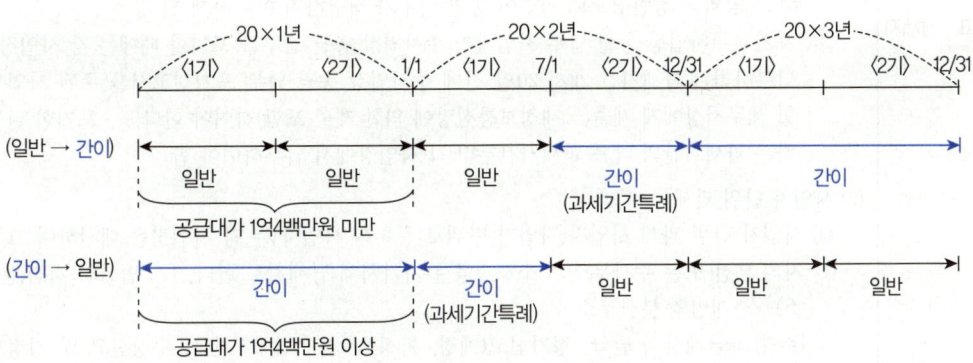

사례4 간이과세자가 간이과세를 포기해서 일반과세자가 되는 경우

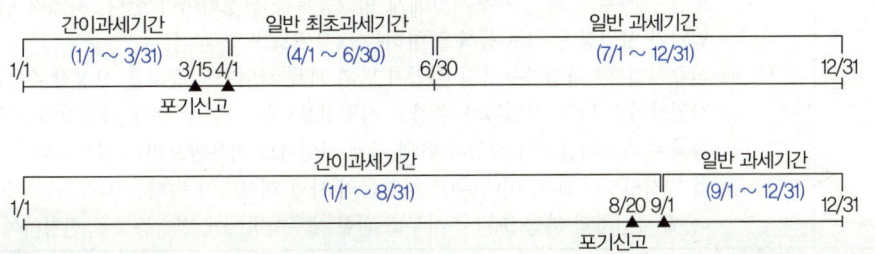

구 분	내 용
6. 신고 · 납세지	② 주된 사업장 : 법인의 본점(주사무소 포함) 또는 개인의 주사무소로 한다. 다만, 법인의 경우에는 지점(분사무소 포함)을 주된 사업장으로 할 수 있다. (∴ 개인의 분사무소 ×, 일부 종된 사업장을 제외한 부분총괄납부도 허용함) ③ 신청(→ 승인 ×) 다음 중 어느 하나에 해당하는 사업자가 주된 사업장에서 총괄하여 납부하려는 경우에는 다음의 구분에 따른 기한까지 주사업장 총괄 납부 신청서를 주된 사업장의 관할 세무서장에게 제출(국세정보통신망에 의한 제출 포함)하여야 한다. ㈎ 계속사업자 : 주사업장 총괄 납부 사업자가 되려는 자는 그 납부하려는 과세기간 개시 20일 전 ㈏ 신규사업자 : 주된 사업장의 사업자등록증을 받은 날부터 20일 ㈐ 사업장이 하나이나 추가로 사업장을 개설하는 자 : 추가 사업장의 사업 개시일부터 20일(추가 사업장의 사업 개시일이 속하는 과세기간 이내로 한정함) ※ ㈏와 ㈐에 따라 주사업장 총괄납부를 신청한 자는 해당 신청일이 속하는 과세기간부터 총괄하여 납부함 ④ 적용제외 : 주사업장 총괄 납부 사업자가 다음 중 어느 하나에 해당하는 경우 주된 사업장 관할 세무서장은 주사업장 총괄 납부를 적용하지 아니할 수 있다. → 적용을 하지 아니하게 된 날이 속하는 과세기간의 다음 과세기간부터 각 사업장에서 납부하여야 함 ㈎ 사업내용의 변경으로 총괄 납부가 부적당하다고 인정되는 경우 ㈏ 주된 사업장의 이동이 빈번한 경우 ㈐ 그 밖의 사정변경으로 인하여 총괄 납부가 적당하지 아니하게 된 경우 ⑤ 포기 : 주사업장 총괄 납부 사업자가 주사업장 총괄 납부를 포기할 때에는 각 사업장에서 납부하려는 과세기간 개시 20일 전에 주사업장 총괄 납부 포기신고서를 주된 사업장 관할 세무서장에게 제출(국세정보통신망에 의한 제출 포함)하여야 한다. → 포기한 날이 속하는 과세기간의 다음 과세기간부터 각 사업장에서 납부하여야 함 (3) 사업자 단위 과세 … 특례 ① 사업자 단위 과세 사업자(사업자 단위로 등록한 사업자)는 각 사업장을 대신하여 그 사업자의 본점 또는 주사무소의 소재지를 부가가치세 납세지로 한다. (∴ 법인의 지점(분사무소) ×, 개인의 분사무소 ×) [주의] 세금계산서 발급, 정기신고(예정, 확정, 조기), 납부·환급, 수정신고 및 경정청구, 결정·경정 관할기관 판정기준은 본점 또는 주사무소로 한다. ② 신청(→ 승인 ×) ㈎ 계속사업자 : 사업장 단위로 등록한 사업자가 사업자 단위 과세 사업자로 변경하려면 사업자 단위 과세 사업자로 적용받으려는 과세기간 개시 20일 전까지 사업자의 본점 또는 주사무소 관할 세무서장에게 변경등록을 신청하여야 한다. 사업자 단위 과세 사업자가 사업장 단위로 등록을 하려는 경우에도 또한 같다. ㈏ 신규사업자 : 사업자등록시 사업자 단위 과세 사업자로 등록을 신청할 수 있다. ㈐ 사업장이 하나인 사업자가 추가로 사업장을 개설하면서 추가 사업장의 사업 개시일이 속하는 과세기간부터 사업자 단위 과세 사업자로 적용받으려는 경우 : 추가 사업장의 사업 개시일부터 20일 이내(추가 사업장의 사업 개시일이 속하는 과세기간 이내로 한정한다)에 사업자의 본점 또는 주사무소 관할 세무서장에게 변경등록을 신청하여야 한다.

≪세부내용≫ 주사업장 총괄 납부의 변경

주사업장 총괄 납부 사업자는 다음의 같이 주사업장 총괄 납부 변경신청서를 제출(국세정보통신망에 의한 제출 포함)하여야 하며, 변경신청서를 제출한 날이 속하는 과세기간부터 총괄하여 납부한다.

변경 사유	변경신청 관할 세무서장
㈎ 종된 사업장을 신설하는 경우*	그 신설하는 종된 사업장 관할 세무서장
㈏ 종된 사업장을 주된 사업장으로 변경하려는 경우	주된 사업장으로 변경하려는 사업장 관할 세무서장
㈐ 사업자등록 사항의 변경 사유 중 어느 하나에 해당하는 경우*	그 정정사유가 발생한 사업장 관할 세무서장(법인 또는 1거주자로 보는 단체가 대표자를 변경하는 경우에는 주된 사업장 관할 세무서장)
㈑ 일부 종된 사업장을 총괄 납부 대상 사업장에서 제외하려는 경우 또는 기존의 사업장을 총괄 납부 대상 사업장에 추가하려는 경우	주된 사업장 관할 세무서장

* 신청서를 받은 종된 사업장의 관할 세무서장은 주된 사업장의 관할 세무서장에게 그 신청서를 지체 없이 보내야 한다.

[정리] 신고·납세지

① 사업장 단위과세	② 주사업장 총괄납부	③ 사업자 단위과세
• 사업장마다 사업개시일부터 20일이내 사업자등록 신청	• 신규사업자 : 주된 사업장의 사업자등록증을 받은 날부터 20일까지 신청 • 계속사업자 : 과세기간 개시 20일 전에 신청	• 신규사업자 : 사업개시일부터 20일 이내 사업자등록시 신청 • 계속사업자 : 과세기간 개시 20일 전에 신청

구 분	내 용
7. 사업장	• 사업장 : 사업자가 사업을 하기 위하여 거래의 전부 또는 일부를 하는 고정된 장소

구 분	사업장	
① 광 업	광업사무소 소재지. 이 경우 광업사무소가 광구 밖에 있을 때에는 그 광업사무소에서 가장 가까운 광구에 대하여 작성한 광업원부의 맨 처음에 등록된 광구 소재지에 광업사무소가 있는 것으로 본다.	
② 제조업	최종 제품 완성장소(단, 따로 제품 포장만을 하거나 용기에 충전만을 하는 장소와 개별소비세법에 따른 저유소는 제외)	
③ 건설업·운수업·부동산매매업	법인인 경우	법인의 등기부상 소재지(등기부상의 지점 소재지 포함)
	개인인 경우	사업에 관한 업무를 총괄하는 장소
	법인의 명의로 등록된 차량을 개인이 운용하는 경우	법인의 등기부상 소재지(등기부상의 지점 소재지 포함)
	개인의 명의로 등록된 차량을 다른 개인이 운용하는 경우	그 등록된 개인이 업무를 총괄하는 장소
④ 부동산임대업	부동산의 등기부상 소재지(부동산상 권리만 대여하는 경우에는 업무 총괄 장소)	
⑤ 다단계판매원이 공급하는 사업	다단계판매원이 등록한 다단계판매업자의 주된 사업장의 소재지. 다만, 다단계판매원이 상시 주재하여 거래의 전부 또는 일부를 하는 별도의 장소가 있는 경우에는 그 장소	
⑥ 무인자동판매기에 의한 사업	업무 총괄 장소	
⑦ 국가·지방자치단체(조합 포함)가 공급하는 재화 또는 용역	업무 총괄 장소. 다만, 위임·위탁 또는 대리에 의하여 재화 또는 용역을 공급하는 경우에는 수임자·수탁자 또는 대리인의 업무 총괄 장소	
⑧ 신청하는 경우	위의 사업장 외의 장소도 사업자의 신청에 따라 추가로 사업장으로 등록할 수 있다(단, ⑥의 무인자동판매기에 의한 사업은 제외).	

◀세부내용▶
① 사업자가 사업장을 두지 아니하면 사업자의 주소 또는 거소를 사업장으로 한다.
② 재화를 수입하는 자의 부가가치세 납세지는 관세법에 따라 수입을 신고하는 세관의 소재지로 한다.

📖 직매장, 하치장, 임시사업장
① 직매장(생산·취득재화를 직접 판매하기 위한 장소) → 사업장임
② 하치장(재화를 보관하고 관리할 수 있는 시설만 갖춘 장소) → 사업장 아님
③ 임시사업장(각종 경기대회나 박람회 등 행사가 개최되는 장소에 개설한 임시사업장으로서 신고된 장소) → 사업장 아님, 기존사업장에 포함. 임시사업장의 사업개시일부터 10일 이내에 개설 신고를 하여야 함(단, 설치기간이 10일 이내인 경우 임시사업장 개설 신고를 하지 아니할 수 있음)

구 분	내 용
8. 과세 관할	① 사업자에 대한 부가가치세는 납세지를 관할하는 세무서장 또는 지방국세청장이 과세한다. ② 재화를 수입하는 자에 대한 부가가치세는「관세법」에 따라 수입을 신고하는 세관의 소재지를 관할하는 세관장이 과세한다.

정리1 주사업장 총괄납부와 사업자 단위과세 제도의 비교

구 분	주사업장 총괄납부 제도	사업자 단위과세 제도
주사업장(사업자단위 과세 적용 사업장)	본점(주사무소)으로 하되, 법인은 지점(분사무소)도 가능(개인의 분사무소 불가)	본점 또는 주사무소만 가능
사업자등록과 세금계산서 발급·수취	각 사업장별로 사업자등록을 하고, 그 등록번호로 세금계산서 발급·수취	본점 또는 주사무소에서 사업자등록을 하고 그 등록번호로 세금계산서 발급·수취
신고·납세지 및 결정·경정 관할	• 정기신고(예정·확정·조기) : 각 사업장 • 정기신고에 따른 납부·환급 : 주사업장 • 수정신고 및 경정청구 : 각 사업장 • 결정·경정 관할기관 판정기준 : 각 사업장	본점 또는 주사무소
과세표준·세액산정	사업장단위	사업자단위
포기	포기에 제한이 없음	포기에 제한이 없음

정리2 사업장 단위 과세사업자 (총괄 납부 사업자 포함) → 변경 → 사업자 단위 과세사업자 → 변경 → 사업장 단위 과세사업자 (총괄 납부 사업자 포함)

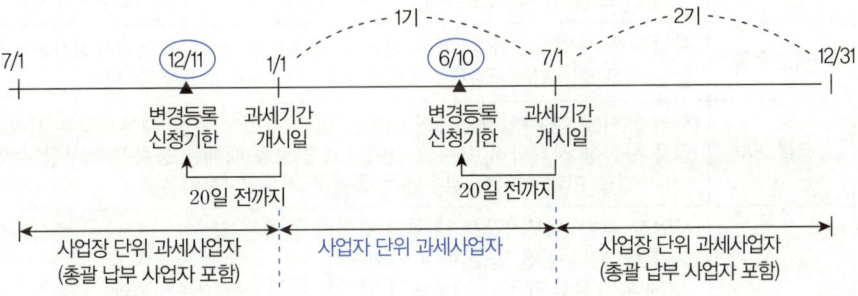

정리3 직매장·하치장·임시사업장

《세부내용》 사업장

① 사업장을 설치하지 아니하고 사업자등록도 하지 아니한 경우에는 과세표준 및 세액을 결정하거나 경정할 당시의 사업자의 주소 또는 거소를 사업장으로 한다.

② 사업자가 비거주자인 경우에는 소득세법에 따른 비거주자의 국내사업장을 사업장으로 하고, 외국법인인 경우에는 법인세법에 따른 외국법인의 국내사업장을 사업장으로 한다.

구 분		내 용
9. 사업자등록	(1) 등록신청	① 사업자는 사업장마다 사업 개시일부터 20일 이내에 사업장 관할 세무서장에게 사업자등록을 신청하여야 한다. 다만, 신규로 사업을 시작하려는 자는 사업 개시일 이전이라도 사업자등록을 신청할 수 있다. ② 사업자는 사업자등록의 신청을 사업장 관할 세무서장이 아닌 다른 세무서장에게도 할 수 있다. 이 경우 사업장 관할 세무서장에게 사업자등록을 신청한 것으로 본다. ③ 사업장이 둘 이상인 사업자(사업장이 하나이나 추가로 사업장을 개설하려는 사업자 포함)는 사업자 단위로 해당 사업자의 본점 또는 주사무소 관할 세무서장에게 등록을 신청할 수 있다. → 사업자 단위 과세 사업자 ④ 부가가치세 과세 사업자와 과세·면세 겸영사업자는 부가가치세법에 따라 사업자등록을 해야 한다. 그러나 부가가치세 면세사업자는 부가가치세법상 사업자등록의무가 없으므로 법인세법이나 소득세법상 사업자등록을 해야 한다. ⑤ 「신탁법」에 따른 수탁자가 납세의무자가 되는 경우 수탁자(공동수탁자가 있는 경우는 대표수탁자)는 해당 신탁재산을 사업장으로 보아 사업자등록을 신청하여야 한다. 이 경우 해당 신탁재산의 등기부상 소재지, 등록부상 등록지 또는 신탁사업에 관한 업무를 총괄하는 장소를 사업장으로 한다. ⑥ 개별소비세 또는 교통·에너지·환경세의 납세의무가 있는 사업자가 개별소비세법 또는 「교통·에너지·환경세법」에 따라 개업신고, 휴업·폐업·변경신고, 사업자단위과세사업자 신고, 양수·상속·합병 신고를 한 경우에는 부가가치세법에 따른 사업자 등록의 신청, 휴업·폐업 신고 또는 등록사항 변경 신고, 사업자 단위 과세 사업자 등록 신청 및 변경등록 신청, 등록사항 변경 신고를 한 것으로 본다.
	(2) 직권 등록	사업자가 사업자등록을 하지 않거나 국외사업자 등이 간편사업자등록을 하지 않은 경우에는 납세지 관할 세무서장이 조사하여 등록할 수 있다.
	(3) 등록 거부	사업 개시일 전 사업자등록의 신청을 받은 사업장 관할 세무서장은 신청자가 사업을 사실상 시작하지 아니할 것이라고 인정될 때에는 등록을 거부할 수 있다. → 사업을 이미 시작한 경우에는 등록을 거부할 수 없음.

	(4) 등록말소	사업장 관할 세무서장은 등록된 사업자가 다음 중 어느 하나에 해당하면 지체 없이 사업자등록을 말소하여야 한다.
		① 폐업(사실상 폐업한 경우로서 법령으로 정하는 경우* 포함)한 경우
		② 사업 개시일 전 등록신청을 하고 사실상 사업을 시작하지 아니하게 되는 경우로서 법령으로 정하는 경우*
		  * 법령으로 정하는 경우 : 다음 중 어느 하나에 해당하는 경우
		    ㈎ 사업자가 사업자등록을 한 후 정당한 사유 없이 6개월 이상 사업을 시작하지 아니하는 경우
		    ㈏ 사업자가 부도발생, 고액체납 등으로 도산하여 소재 불명인 경우
		    ㈐ 사업자가 인가·허가의 취소 또는 그 밖의 사유로 사업을 수행할 수 없어 사실상 폐업상태에 있거나 사실상 사업을 시작하지 아니하는 경우로 볼 수 있는 경우
		    ㈑ 사업자가 정당한 사유 없이 계속하여 둘 이상의 과세기간에 걸쳐 부가가치세를 신고하지 아니하고 사실상 폐업상태에 있는 경우
		    ㈒ 그 밖에 사업자가 위와 유사한 사유로 사실상 폐업상태에 있거나 사실상 사업을 시작하지 아니하는 경우

	(5) 미등록에 대한 제재	① 미등록가산세 : 사업개시일부터 20일 이내에 사업자등록 또는 간편사업자등록을 신청하지 아니한 경우 사업 개시일부터 등록을 신청한 날의 직전일까지의 공급가액의 합계액×1% ② 사업자등록을 신청하기 전의 매입세액 불공제[다만, 공급시기가 속하는 과세기간이 끝난 후 20일 이내에 등록을 신청한 경우 등록신청일부터 공급시기가 속하는 과세기간 기산일(1월1일 또는 7월1일)까지 역산한 기간 내의 매입세액은 공제함]

사례1 신규사업자의 사업자등록

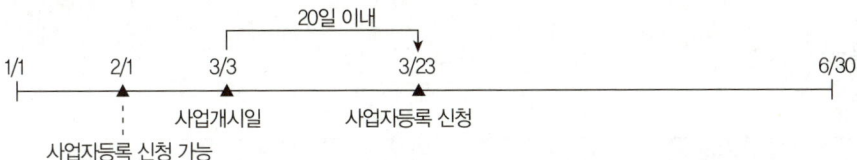

정리 사업자등록 절차

등록신청
- 사업장마다 사업 개시일부터 20일 이내에 사업자 등록신청(단, 신규로 사업을 시작하려는 자는 사업 개시일 이전이라도 등록 가능)
- 사업장이 둘 이상인 사업자(사업장이 하나이나 추가로 사업장을 개설하려는 사업자 포함)는 사업자단위로 등록 신청할 수 있음(사업자단위과세사업자)
- 「신탁법」에 따른 수탁자가 납세의무자가 되는 경우 수탁자(공동수탁자가 있는 경우는 대표수탁자)는 해당 신탁재산을 사업장으로 보아 사업자등록을 신청하여야 함

등록증 발급
- 2일(토요일, 일요일, 공휴일, 대체공휴일, 근로자의 날 제외) 이내 발급. 사업장시설이나 현황 등을 확인하기 위하여 필요한 경우 5일 이내 연장 가능
- 등록신청내용을 보정할 필요가 있다고 인정될 때에는 10일 이내의 기간을 정하여 보정요구. 보정기간은 등록증 발급기간에 불포함

등록 정정
- 등록 정정사유가 있으면 지체 없이 등록 정정신고[*1)]
- 등록증 재발급기간 : 신청일 당일 또는 신청일부터 2일 이내[*2)]

휴·폐업신고
- 휴업 또는 폐업시 지체 없이 휴·폐업신고

*1) 사업자등록 정정신고를 이행하지 아니하거나 지연신고한 경우에도 발급받은 매입세금계산서 관련 매입세액은 매출세액에서 공제할 수 있다. → 미등록가산세 적용 ×, 조세범처벌법상 처벌대상 ×(부집행 8-14-2)
*2) 정정사유 및 등록증 재발급기간

사업자등록 정정사유	재발급기간
① 상호를 변경하는 경우	신청일 당일
② 통신판매업자가 사이버몰의 명칭 또는 인터넷 도메인이름을 변경하는 경우	
③ 법인 또는 법인으로 보는 단체 외의 단체가 대표자를 변경하는 경우	신청일부터 2일 이내
④ 사업의 종류에 변동이 있는 경우(다른 종류변경, 새사업 종류추가, 일부 폐지)	
⑤ 사업장(또는 사업자 단위 과세 적용 사업장)을 이전하는 경우	
⑥ 상속으로 사업자의 명의가 변경되는 경우	
⑦ 공동사업자의 구성원 또는 출자지분이 변경되는 경우	
⑧ 임대인, 임대차 목적물 및 그 면적, 보증금, 임차료 또는 임대차기간이 변경되거나 새로 상가건물을 임차한 경우(상가건물의 임차인이 사업자등록 정정신고를 하려는 경우, 임차인이 확정일자를 신청하려는 경우 및 확정일자를 받은 임차인에게 변경 등이 있는 경우로 한정한다)	
⑨ 사업자 단위 과세 사업자가 사업자 단위 과세 적용 사업장을 변경하는 경우	
⑩ 사업자 단위 과세 사업자가 종된 사업장을 신설하거나 이전하는 경우	
⑪ 사업자 단위 과세 사업자가 종된 사업장의 사업을 휴업하거나 폐업하는 경우	

 과세거래

Ⅰ. 재화의 공급

1. 재화의 범위

구 분	내 용	
재화의 개념	재화 : 재산적 가치가 있는 물건과 권리	
	물 건	① 상품, 제품, 원료, 기계, 건물 등 모든 유체물(有體物) ② 전기, 가스, 열 등 관리할 수 있는 자연력
	권 리	광업권, 특허권, 저작권 등 물건 외에 재산적 가치가 있는 모든 것 (창고증권·선하증권·화물상환증 등의 물품증권)
재화에 포함되지 않는 것	① 재산적 가치가 없는 물·공기(용기 등에 담아 판매하는 경우에는 재화임) ② 현금, 수표·어음 등의 화폐대용증권, 유가증권(주식, 채권 등)과 상품권, 가상자산, 금전채권 (매출채권·대여금)	

2. 공급의 범위

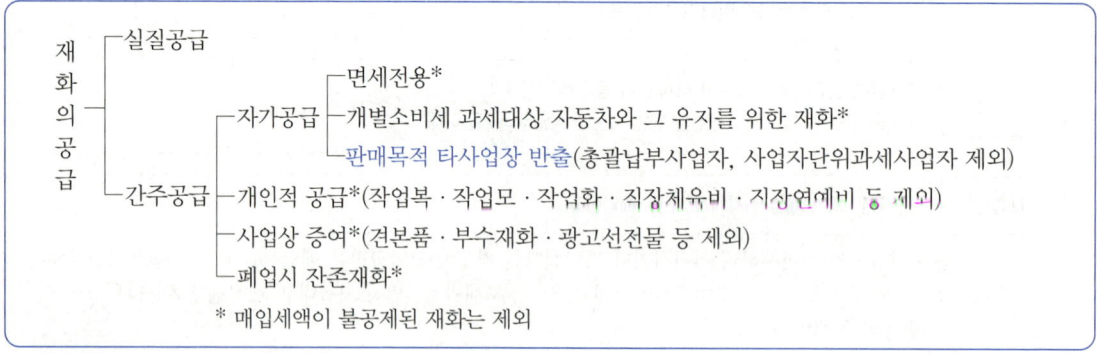

(1) 실질공급

재화의 공급 : 계약상 또는 법률상의 모든 원인에 따라 재화를 인도하거나 양도하는 것
(예) 매매계약, 가공계약*, 교환계약, 경매, 수용, 현물출자, 소비대차, 기부채납, 증여)
* 자기가 주요자재의 전부 또는 일부를 부담하고 상대방으로부터 인도받은 재화를 가공하여 새로운 재화를 만드는 가공계약에 따라 재화를 인도하는 것 → 재화의 공급

▼ 재화의 공급(사례)

과세거래로 보는 경우	과세거래로 보지 않는 경우
① 재화의 소비대차시 차용거래 및 반환거래 ② 출자지분의 반납대가로 재화를 공급하는 경우 ③ 국가 또는 지방자치단체로부터 기부채납의 대가로 일정기간 동안 재산권에 대한 무상사용·수익권을 얻은 경우(재화와 용역의 교환거래) ④ 사업자가 사업용 부동산을 타인(국가·지방자치단체·공익단체 제외)에게 증여하는 것(단, 사업의 포괄양도인 경우는 제외)	① 재고자산의 폐품처리 ② 수재·화재·도난·감모손실 ③ 출자지분을 양도하거나 반납하고 그 대가로 금전을 받는 경우

정리1 과세거래

① 재화의 공급 ┐
② 용역의 공급 ┘ → 사업자가 공급하는 것
③ 재화의 수입 ──→ 수입자는 사업자 여부 불문
    cf) 용역 - 생산 즉시 소비 : 수입 개념 적용×

사례1 가공계약

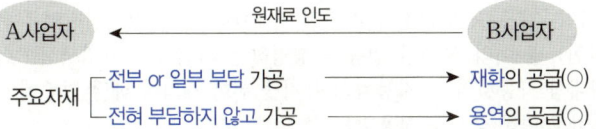

사례2 재화의 소비대차

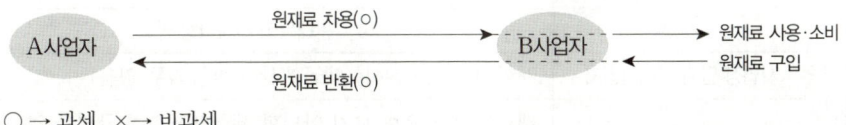

* ○ → 과세, × → 비과세

사례3 출자지분

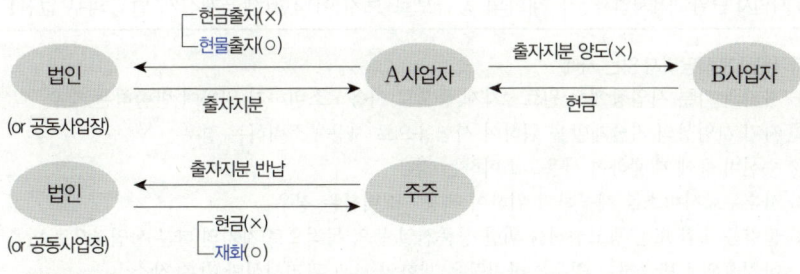

사례4 기부채납 … 재화와 용역의 교환거래

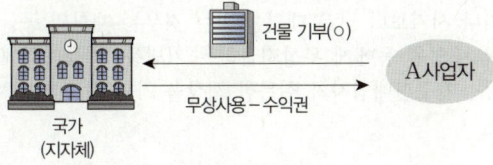

정리2 용어 정리

- 수용 : 특정한 공익사업을 위하여 개인의 재산권을 법률에 의하여 강제적으로 취득하는 것
- 소비대차 : 당사자 일방(대주)이 금전 기타 대체물의 소유권을 상대방(차주)에게 이전할 것을 약정하고 상대방은 그와 같은 종류, 품질 및 수량으로 반환할 것을 약정함으로써 성립하는 계약
- 기부채납 : 국가 또는 지방자치단체가 부동산 등의 소유권을 무상으로 받아들이는 것을 말하며, 기부는 민법상의 증여와 같고, 채납은 승낙에 해당함.

(2) 간주공급(재화공급의 특례)

구 분	내 용
자 가 공 급	**(1) 면세전용** : 사업자가 자기생산·취득재화*를 자기의 면세사업 및 부가가치세가 과세되지 아니하는 재화 또는 용역을 공급하는 사업(이하 '면세사업등')을 위하여 직접 사용·소비하는 것 → 매입세액이 불공제된 재화× **(2) 개별소비세 과세대상 자동차와 그 유지를 위한 재화** → 매입세액이 불공제된 재화× ① 사업자가 자기생산·취득재화*를 매입세액 불공제대상인 개별소비세 과세대상 자동차로 사용·소비하거나 그 자동차의 유지를 위하여 사용·소비하는 것 ② 운수업, 자동차 판매업, 자동차 임대업, 운전학원, 경비업법상 기계경비업무를 하는 경비업(출동차량에 한함) 및 이와 유사한 업종을 경영하는 사업자가 자기생산·취득재화* 중 개별소비세 과세대상 자동차와 그 자동차의 유지를 위한 재화를 해당 업종에 직접 영업으로 사용하지 아니하고 다른 용도로 사용하는 것 **(3) 판매목적 타사업장 반출** : 사업장이 둘 이상인 사업자가 자기의 사업과 관련하여 생산 또는 취득한 재화를 판매할 목적으로 자기의 다른 사업장에 반출하는 것 → 매입세액 공제여부와 관계없음 | 구 분 | 판매목적 타사업장 반출 | |---|---| | 사업장 단위 과세사업자 | 재화의 공급으로 봄(세금계산서 발급의무 있음) | | 주사업장 총괄납부사업자 | 재화의 공급으로 보지 아니함(세금계산서 발급의무 없음). 단, 세금계산서를 발급하고 예정신고나 확정신고를 한 경우에는 재화의 공급으로 봄 | | 사업자 단위 과세사업자 | 재화의 공급으로 보지 아니함(세금계산서 발급의무 없음) | ☑ **자가공급에 해당되지 않는 사례** ① 자기의 다른 사업장에서 원료·자재 등으로 사용·소비하기 위하여 반출하는 경우 ② 자기 사업상의 기술개발을 위하여 시험용으로 사용·소비하는 경우 ③ 수선비 등에 대체하여 사용·소비하는 경우 ④ 사후무료서비스를 제공하기 위하여 사용·소비하는 경우 ⑤ 불량품 교환 또는 광고선전을 위한 상품진열 등의 목적으로 자기의 다른 사업장으로 반출하는 경우 ⑥ 하치장으로 반출하는 경우 : 하치장은 재화의 보관 관리시설만 갖춘 장소
개인적 공급	사업자가 자기생산·취득재화*를 사업과 직접적인 관계없이 자기의 개인적인 목적이나 그 밖의 다른 목적을 위하여 사용·소비하거나 그 사용인 또는 그 밖의 자가 사용·소비하는 것으로서 사업자가 그 대가를 받지 아니하거나 시가보다 낮은 대가를 받는 경우는 재화의 공급으로 본다.[예] 명절·근로자의 날·생일 등에 종업원 등에게 무상지급하는 기념품, 체육대회에서 추첨을 통해 경품(자동차·노트북 등) 제공, 가구판매업자가 취득한 책상을 자녀의 공부방 책상으로 제공] → 매입세액이 불공제된 재화× ☑ **개인적 공급으로 보지 않는 것** 사업자가 실비변상적이거나 복리후생적인 목적으로 그 사용인에게 대가를 받지 아니하거나 시가보다 낮은 대가를 받고 제공하는 것으로서 다음 중 어느 하나에 해당하는 경우(이 경우 시가보다 낮은 대가를 받고 제공하는 것은 시가와 받은 대가의 차액에 한정함) ① 사업을 위해 착용하는 작업복, 작업모 및 작업화를 제공하는 경우 ② 직장 연예 및 직장 문화와 관련된 재화를 제공하는 경우 ③ 다음 중 어느 하나에 해당하는 재화를 제공하는 경우(단, 각각 10만원 초과시 해당 초과액에 대해서는 재화의 공급으로 봄) →공급가액 ㉮ 경조사와 관련된 재화 : 사용인 1명당 연간 10만 한도 ㉯ 설날·추석과 관련된 재화 : 사용인 1명당 연간 10만원 한도 `24개정`(2024.11.12.) ㉰ 창립기념일 및 생일 등과 관련된 재화 : 사용인 1명당 연간 10만원 한도 `24개정`(2024.11.12.)

정리1 간주공급의 취지
- 부가가치세 부담 없는 소비 방지(매입세액이 공제된 재화와 수출에 해당하여 영세율을 적용받은 재화만 과세)
- 사업자의 자금부담 완화 … **판매목적 타사업장 반출**(매입세액 공제여부와 관계 없이 과세)

사례1 면세전용

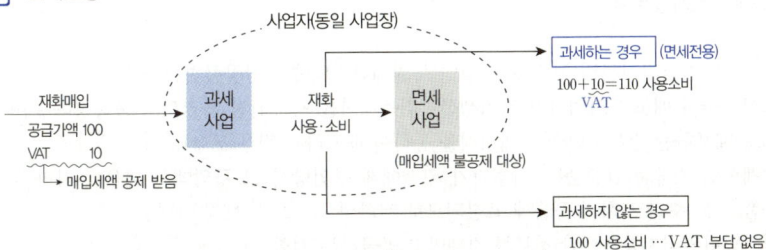

☞ 사업장 단위 과세사업자가 A사업장(과세사업)에서 다른 B사업장(면세사업)으로 재화 반출 시 : 재화의 실질공급(외부거래와 동일 취급, 세금계산서 발급대상임)(기재부 부가-495, '12.10.5.)

사례2 개별소비세 과세대상 자동차와 그 유지 재화

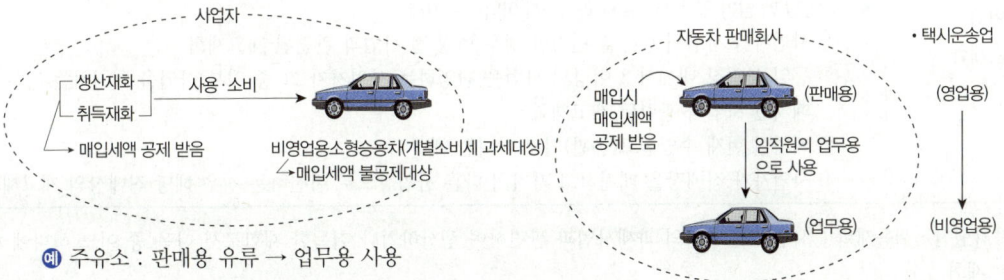

예 주유소 : 판매용 유류 → 업무용 사용

정리2 개별소비세 과세대상 자동차(개별소비세법 1조 2항 3호)
① 승용자동차 : 정원 8명 이하(배기량 1,000cc 이하 & 길이 3.6m 이하 & 폭 1.6m 이하인 것은 제외)
② 2륜 자동차(총배기량 125cc 초과 or 독촉정격출력 12kw 초과하는 것에 한함)
③ 캠핑용 자동차(캠핑용 트레일러 포함)
④ 전기승용자동차 : 정원 8명 이하(길이 3.6m 이하 & 폭 1.6m 이하인 것은 제외)

사례3 판매목적 타사업장 반출(주사업장 총괄납부사업자×, 사업자 단위 과세사업자×)

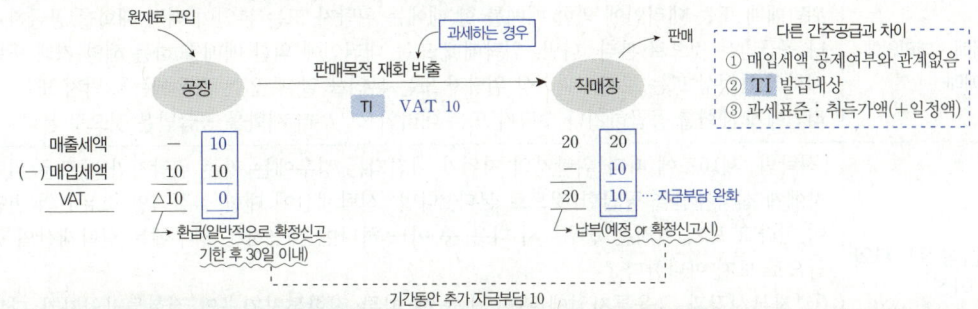

☞ 주사업장 총괄납부사업자 : TI 발급하고 신고하면 재화의 공급으로 봄 (∵과다한 매입세액공제로 인한 가산세 문제해소 차원)

구 분	내 용
사업상증여	사업자가 자기생산·취득재화*를 자기의 고객이나 불특정 다수에게 증여하는 경우(증여하는 재화의 대가가 주된 거래인 재화의 공급에 대한 대가에 포함되는 경우는 제외)는 재화의 공급으로 본다.(예 현물기업업무추진비, 판매장려물품 제공, 고객에게 경품 제공) → 매입세액이 불공제된 재화× ☑ 사업상 증여로 보지 않는 것 ① 견본품 ②「재난 및 안전관리기본법」의 적용을 받아 특별재난지역에 무상공급하는 물품 ③ 광고선전물의 배포 : 사업자가 자기생산·취득재화를 광고선전 목적으로 불특정다수인에게 무상으로 배포하는 경우(직매장·대리점을 통하여 배포하는 경우 포함) ④ 부수재화인 기증품(할증품) : 사업자가 고객에게 구입당시 그 구입액의 비율에 따라 증여하는 기증품 등은 주된 재화의 공급에 포함되므로 재화의 공급으로 보지 아니함. ⑤ 자기적립마일리지등으로만 전부를 결제받고 공급하는 재화
폐업시 잔존재화	사업자가 폐업할 때 자기생산·취득재화* 중 남아 있는 재화는 자기에게 공급하는 것으로 본다. 사업 개시일 이전에 사업자등록을 신청한 자가 사실상 사업을 시작하지 아니하게 되는 경우에도 또한 같다. → 매입세액이 불공제된 재화× ☑ 폐업할 때 남아 있는 재화로서 과세하지 아니하는 사례 ① 사업자가 사업의 종류를 변경한 경우 변경 전 사업과 관련된 재고재화 ② 동일 사업장 내에서 2 이상의 사업을 겸영하는 사업자가 그 중 일부 사업을 폐지하는 경우 해당 폐지한 사업과 관련된 재고재화 ③ 폐업일 현재 수입신고(통관)되지 아니한 재화 ④ 사업자가 직매장을 폐지하고 자기의 다른 사업장으로 이전하는 경우 해당 직매장의 재고재화

* 자기생산·취득재화 : 사업자가 자기의 과세사업과 관련하여 생산하거나 취득한 재화로서 다음 중 어느 하나에 해당하는 재화
① 매입세액이 공제된 재화
② 사업의 포괄적 양도로 취득한 재화로서 사업양도자가 매입세액을 공제받은 재화
③ 수출(수출에 포함되는 국내거래등*)에 해당하여 영세율을 적용받은 재화
　* 내국신용장·구매확인서에 의한 공급, 한국국제협력단·한국국제보건의료재단 및 대한적십자사에 공급하는 재화, 수탁가공무역에 사용할 재화의 공급을 말한다.

📖 기타 재화 공급의 특례

구 분	내 용
(1) 위탁매매·대리인에 의한 매매	위탁매매 또는 대리인에 의한 매매를 할 때에는 위탁자 또는 본인이 직접 재화를 공급하거나 공급받은 것으로 본다. 다만, 위탁매매 또는 대리인에 의한 매매를 하는 해당 거래 또는 재화의 특성상 또는 보관·관리상 위탁자 또는 본인을 알 수 없는 경우에는 수탁자 또는 대리인에게 재화를 공급하거나 수탁자 또는 대리인으로부터 재화를 공급받은 것으로 본다.
(2) 신탁법상 위탁자의 지위 이전	「신탁법」제10조에 따라 위탁자의 지위가 이전되는 경우에는 기존 위탁자가 새로운 위탁자에게 신탁재산을 공급한 것으로 본다. 다만, 신탁재산에 대한 실질적인 소유권의 변동이 있다고 보기 어려운 경우로서 다음 중 어느 하나에 해당하는 경우에는 신탁재산의 공급으로 보지 아니한다. ①「자본시장과 금융투자업에 관한 법률」에 따른 집합투자기구의 집합투자업자가 다른 집합투자업자에게 위탁자의 지위를 이전하는 경우 ② 신탁재산의 실질적인 소유권이 위탁자가 아닌 제3자에게 있는 경우 등 위탁자의 지위 이전에도 불구하고 신탁재산에 대한 실질적인 소유권의 변동이 있다고 보기 어려운 경우

사례4 사업 포괄적 양도로 취득한 재화

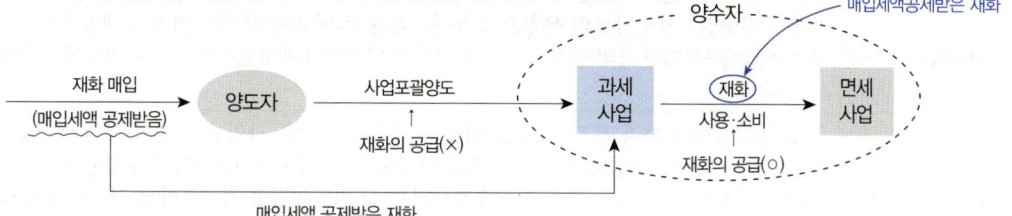

사례5 수출(수출에 포함되는 국내거래등)에 해당하여 영세율을 적용받은 재화

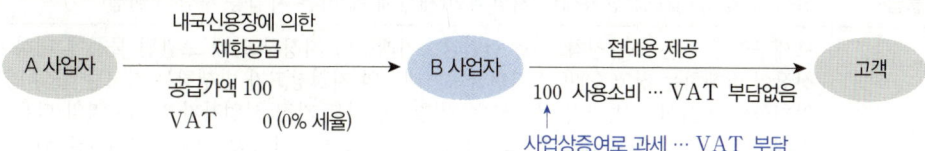

정리3 실질공급과 간주공급 비교(○ : 과세)

	매입세액	판매	무상증여
• 재화	공　제	실질공급(○)	개인적 공급 · 사업상 증여(○)
	불공제	실질공급(○)	×(공급아님)

예) 개별소비세 과세대상 자동차 ─ 판매 : 실질공급(과세○)
　　(매입세액 불공제 됨)　　└ 거래처 증정 : 사업상 증여 아님(과세×)

정리4 재화의 무상공급

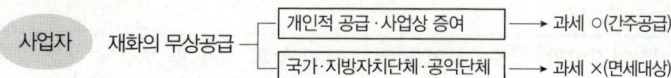

정리5 위탁매매 또는 대리인에 의한 매매

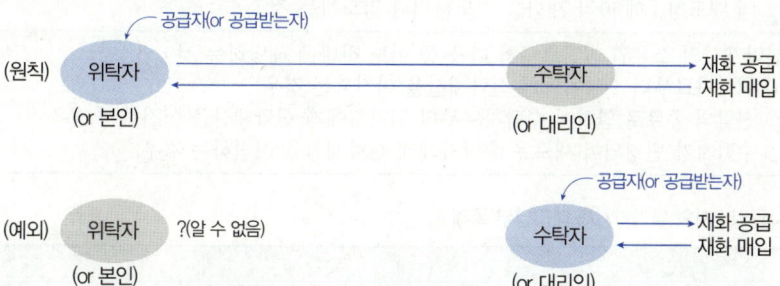

참고 신탁법 제10조[위탁자 지위의 이전]

① 위탁자의 지위는 신탁행위로 정한 방법에 따라 제3자에게 이전할 수 있다.
② ①에 따른 이전 방법이 정하여지지 아니한 경우 위탁자의 지위는 수탁자와 수익자의 동의를 받아 제3자에게 이전할 수 있다. 이 경우 위탁자가 여럿일 때에는 다른 위탁자의 동의도 받아야 한다.
③ 위탁자의 유언에 따라 신탁이 설정된 경우 위탁자의 상속인은 위탁자의 지위를 승계하지 아니한다. 다만, 신탁행위로 달리 정한 경우에는 그에 따른다.

3. 재화의 공급으로 보지 않는 거래

구 분	내 용
(1) 담보제공	질권·저당권·양도담보의 목적으로 동산·부동산 및 부동산상의 권리를 제공하는 것. ※ 다만, 채무불이행 등의 사유로 사업용 자산인 담보물이 채무변제에 충당된 경우에는 재화의 공급으로 본다.
(2) 사업의 포괄 양도	사업장별(상법에 따라 분할·분할합병하는 경우에는 같은 사업장 안에서 사업부문별로 구분하는 경우 포함)로 사업에 관한 모든 권리와 의무(미수금·미지급금과 업무무관자산은 사업양도에서 제외해도 됨)를 포괄적으로 승계시키는 것(법인세법상 적격분할의 경우와 양수자가 승계받은 사업 이외의 새로운 사업의 종류를 추가하거나 사업의 종류를 변경한 경우 포함) ※ 다만, 사업양수자가 부가가치세를 대리납부하는 경우에는 재화의 공급으로 본다.
(3) 조세의 물납	상속세 및 증여세법(상속세)·지방세법(재산세)에 따른 사업용 자산의 물납
(4) 법소정의 창고증권 양도	보세구역에 있는 조달청창고(or 런던금속거래소의 지정창고)에 보관된 물품에 대하여 조달청장이 발행하는 창고증권(or 런던금속거래소의 지정창고가 발행하는 창고증권)의 양도로서 임치물의 반환이 수반되지 아니하는 것[창고증권을 가진 사업자가 보세구역의 다른 사업자에게 인도하기 위하여 조달청창고(or 런던금속거래소 지정창고)에서 임치물을 넘겨받는 경우 포함] ※ 다만, 사업자가 국내로부터 보세구역에 있는 조달청 창고·런던금속거래소 지정창고에 임치한 임치물을 국내로 다시 반입하는 것은 재화의 공급으로 본다.
(5) 무환반출	사업자가 위탁가공을 위하여 원자재를 국외의 수탁가공사업자에게 대가 없이 반출하는 것(단, 가공한 재화를 양도하여 그 원료의 반출에 대해 영세율이 적용되는 것은 제외)
(6) 비축석유의 소비대차	한국석유공사가 비축석유를 수입통관하지 아니하고 보세구역에 보관하면서 국내사업장이 없는 비거주자 또는 외국법인과 무위험차익거래 방식으로 소비대차하는 것
(7) 법정 공매와 경매	국세징수법과 지방세법의 규정에 의한 공매(수의계약 포함) 및 민사집행법의 규정에 따른 경매(강제경매, 담보권실행을 위한 경매, 민법·상법 등 법률에 따른 경매 포함)에 따라 재화를 인도·양도하는 것
(8) 수용등 경우	①「도시 및 주거환경정비법」·「공익사업을 위한 토지 등의 취득 및 보상에 관한 법률」 등에 따른 수용절차에서 수용대상 재화의 소유자가 수용된 재화에 대한 대가를 받는 경우 ②「도시 및 주거환경정비법」제64조 제4항(재건축사업에서의 매도청구)에 따른 사업시행자의 매도청구에 따라 재화를 인도하거나 양도하는 것
(9) 신탁재산의 소유권이전	신탁재산의 소유권 이전으로서 다음 중 어느 하나에 해당하는 것 ① 위탁자로부터 수탁자에게 신탁재산을 이전하는 경우 ② 신탁의 종료로 인하여 수탁자로부터 위탁자에게 신탁재산을 이전하는 경우 ③ 수탁자가 변경되어 새로운 수탁자에게 신탁재산을 이전하는 경우

📖 사업의 포괄 양도시 사업양수자의 부가가치세 대리납부 특례

구 분	내 용	
사업양수자의 대리납부	사업의 포괄양도(이에 해당하는지 여부가 분명하지 아니한 경우를 포함한다)에 따라 그 사업을 양수받는 자는 그 대가를 지급하는 때에 그 대가를 받은 자(사업양도인)로부터 부가가치세를 징수하여 그 대가를 지급하는 날이 속하는 달의 다음 달 25일까지「확정신고와 납부」규정을 준용하여 사업장 관할 세무서장에게 납부할 수 있다. → 이 경우 재화의 공급으로 봄	
대리납부시 처리방법	사업양도자	사업양수자
	세금계산서를 발급하여 과세표준과 매출세액에 포함하여 신고하고, 사업양수인이 대리납부한 세액을 '기납부세액'으로 납부세액에서 공제함	사업양도자로부터 부가가치세를 징수하여 대리납부하고, 발급받은 세금계산서로 매입세액 공제를 받음

사례1 사업의 포괄양도

[원칙] 재화의 공급 ×

[특례] 사업양수자가 대리납부하는 경우 … 재화의 공급 ○

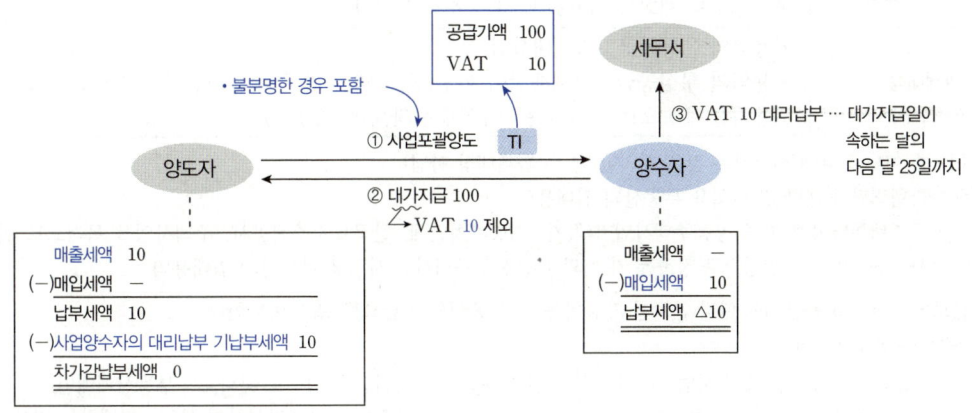

정리1 법소정의 창고증권 양도 … (× : 재화의 공급 아님, ○ : 재화의 공급)

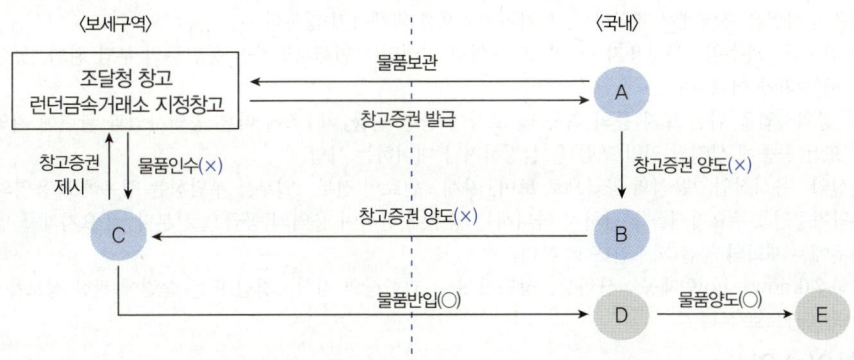

정리2 한국석유공사의 보세구역 보관 비축석유의 무위험차익거래(× : 재화의 공급 아님)

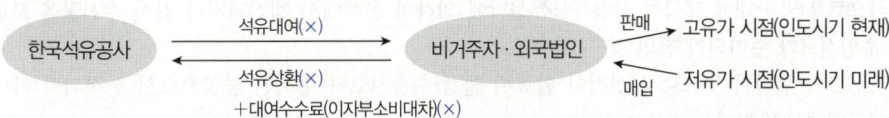

정리3 신탁재산의 소유권이전

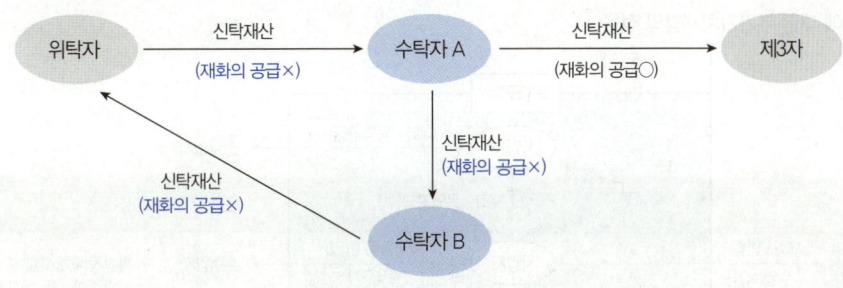

Ⅱ. 용역의 공급

구 분	내 용
1. 용역의 개념	용역 : 재화 외에 재산 가치가 있는 모든 역무(役務)와 그 밖의 행위
2. 용역의 공급	용역의 공급은 계약상 또는 법률상의 모든 원인에 따른 것으로서 역무를 제공하거나 시설물, 권리 등 재화를 사용하게 하는 것으로 한다.
3. 과세대상	• 용역의 유상공급 : 과세대상임 • 용역의 무상공급 : 과세대상이 아님(단, 사업자가 특수관계인에게 사업용 부동산의 임대용역을 무상으로 공급하는 경우*에는 과세대상임)

* 다음 중 어느 하나에 해당하는 것은 제외한다. → 과세대상 아님
 ① 산학협력단과 대학 간 사업용 부동산의 임대용역
 ② 공공주택특별법에 따른 공공주택사업자(국가, 지방자치단체, 한국토지주택공사, 주택사업을 목적으로 설립된 지방공사, 공공기관 중 법령으로 정하는 기관)와 부동산투자회사간 사업용 부동산의 임대용역

☞ 근로의 제공 : 고용관계에 따라 근로를 제공하는 것은 용역의 공급으로 보지 아니한다.

✔ 용역공급의 주요 사례
 ① 건설업과 부동산업(용역 사업) 중 다음의 사업은 재화를 공급하는 사업으로 본다.(→ 부동산매매업)
  ㉮ 부동산 매매(주거용 또는 비거주용 건축물 및 그 밖의 건축물을 자영건설하여 분양·판매하는 경우 포함) 또는 그 중개를 사업목적으로 나타내어 부동산을 판매하는 사업
  ㉯ 사업상 목적으로 1과세기간 중에 1회 이상 부동산을 취득하고 2회 이상 판매하는 사업
 ② 다음의 사업은 용역에서 제외하며, 부가가치세를 과세하지 않는다.
  ㉮ 전·답·과수원·목장용지·임야 또는 염전 임대업(∵면세사업자인 농민등의 부담 완화, 농산물등은 부가가치세 전가가 어려움)
  ㉯ 「공익사업을 위한 토지 등의 취득 및 보상에 관한 법률」제4조에 따른 공익사업과 관련해 지역권·지상권(지하 또는 공중에 설정된 권리 포함)을 설정하거나 대여하는 사업
 ③ 건설업·음식점업 : 용역의 공급으로 보며, 자재·원료의 전부·일부를 부담하는 경우에도 용역의 공급으로 본다.
 ④ 수탁가공업 : 주요자재를 부담하지 아니하는 경우에 한하여 용역의 공급으로 본다. 주요자재를 일부라도 부담하는 경우에는 재화의 공급(제조업)으로 본다.
 ⑤ 노하우(know-how)제공 : 산업상·상업상 또는 과학상의 지식·경험 또는 숙련에 관한 정보를 제공하는 것은 용역의 공급으로 본다.

Ⅲ. 재화의 수입

재화의 수입은 다음의 물품을 국내에 반입하는 것(보세구역*을 거치는 것은 보세구역에서 반입하는 것)으로 한다.
 ① 외국으로부터 국내에 도착한 물품(외국 선박에 의하여 공해에서 채집되거나 잡힌 수산물을 포함한다)으로서 수입신고가 수리되기 전의 것
 ② 수출신고가 수리된 것으로서 선적이 완료된 물품(수출신고가 수리된 물품으로서 선적되지 아니한 물품을 보세구역에서 반입하는 경우는 제외)

* 보세구역 : 자유무역지역 및 「관세법」에 따른 보세구역을 말함(이하 같음)

📖 보세구역에 대한 부가가치세법의 적용

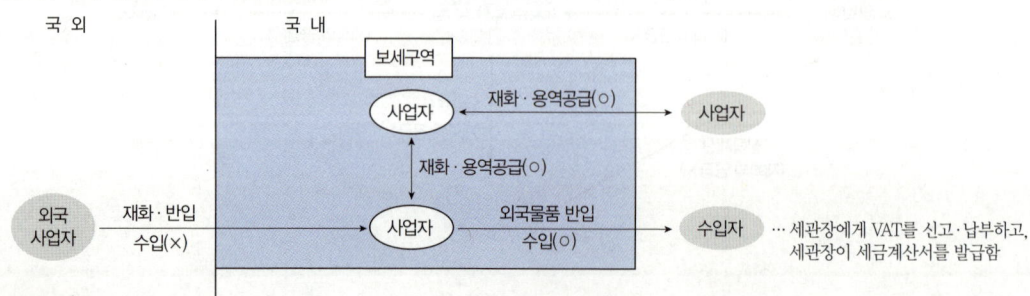

정리1 용역의 공급

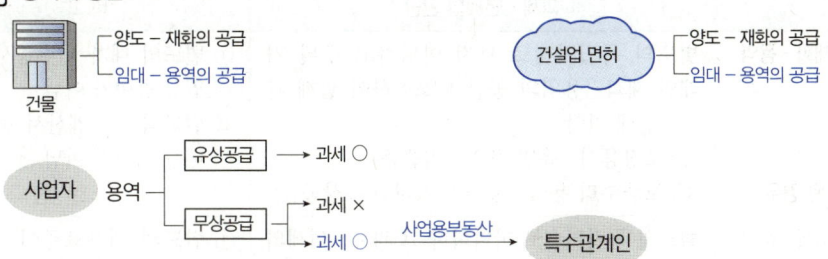

◀세부내용▶ 용역의 자가공급에 해당되어 과세되지 않는 경우(부기통 12-0⋯1)

① 사업자가 자기의 사업과 관련하여 사업장 내에서 그 사용인에게 음식용역을 무상으로 제공하는 경우
② 사업자가 사용인의 직무상 부상 또는 질병을 무상으로 치료하는 경우
③ 국내에 사업장이 각각 다른 수개의 사업을 겸영하는 사업자가 그 중 한 사업장의 재화 또는 용역의 공급에 필수적으로 부수되는 용역을 자기의 다른 사업장에서 공급하는 경우

정리2 사업의 구분

재화나 용역을 공급하는 사업의 구분은 부가가치세법에 특별한 규정이 있는 경우를 제외하고는 통계청장이 고시하는 해당 과세기간 개시일 현재의 한국표준산업분류에 따른다(부령 4 ①).

정리3 재화의 수입

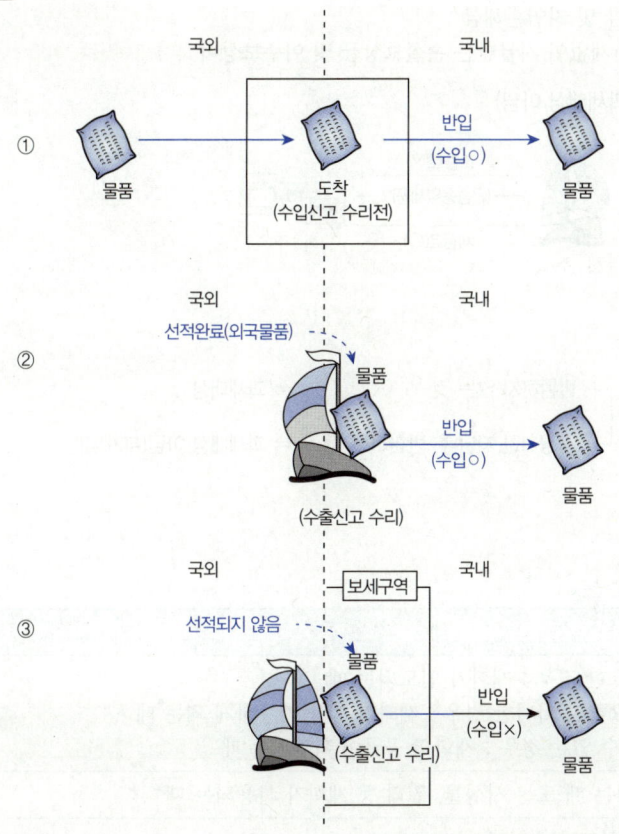

Ⅳ. 부수재화 또는 용역

구 분	과세·면세의 판단	비 고
주된거래에 부수되는 재화·용역 ① 대가가 포함된 경우 ② 거래의 관행상 부수된 경우	별도의 독립거래로 보지 아니하고 주된 거래인 재화·용역의 공급에 포함하여 함께 과세·면세 판단 (예) 포장용기·운반 용역·기증품 (예) 보증수리 용역·항공기 기내식 무상공급	① 별도의 대가 미수령시도 사업상 증여가 아님 ② 별도의 세금계산서 등 발급 대상 거래가 아님
주된사업에 부수되는 재화·용역 ① 우연히 또는 일시적 공급* ② 필연적으로 생기는 재화	별도의 독립거래로 파악하나 그 과세·면세의 판단은 주된 사업에 따라 판단(토지는 제외) (예) 사업용 유형자산 매각 (예) 부산물 매각	① 별도의 과세표준이 계산되며 대가 미수령시는 사업상 증여 등에 해당할 수 있음 ② 별도의 세금계산서 등 발급 대상 거래임

* 우연히 또는 일시적으로 공급되는 재화·용역이 면세대상인 경우에는 주된 사업에 관계없이 무조건 면세하나, 과세대상인 경우에는 주된 사업에 따라 과세 여부를 판단함.

정리1 손해배상금 등 : 과세대상 아님(∵재화·용역의 공급과 대가관계가 없음)
① 소유재화의 파손, 훼손, 도난 등으로 인하여 가해자로부터 받는 손해배상금
② 도급공사 및 납품계약서상 납품기일의 지연으로 인하여 발주자가 받는 지체상금
③ 공급받을 자의 해약으로 인하여 공급자가 재화·용역의 공급 없이 받는 위약금 또는 이와 유사한 손해배상금
④ 대여한 재화의 망실에 대하여 받는 변상금
⑤ 부동산을 타인이 적법한 권한 없이 처음부터 계약상 또는 법률상의 원인없이 불법으로 점유하여 법원의 판결에 따라 지급받는 부당이득금 및 지연손해금
⑥ 재화 또는 용역의 공급과 직접 관계없이 지급받는 손실보상금 및 이주보상비

정리2 조출료와 체선료(○ : 과세대상, × : 과세대상 아님)

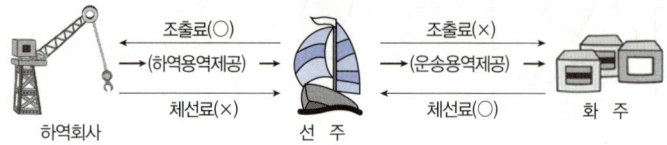

정리3 골프장 등의 입회금

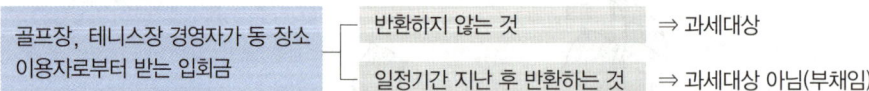

Ⅴ. 공급시기

1. 일반적인 경우

구 분	내 용
(1) 재화의 공급시기	① 재화의 이동이 필요한 경우 : 재화가 인도되는 때 ② 재화의 이동이 필요하지 아니한 경우 : 재화가 이용 가능하게 되는 때 ③ 위 규정을 적용할 수 없는 경우 : 재화의 공급이 확정되는 때
(2) 용역의 공급시기	역무의 제공이 완료되는 때 또는 시설물, 권리 등 재화가 사용되는 때
(3) 재화의 수입시기	「관세법」에 따른 수입신고가 수리된 때

사례1 주된 거래에 부수되는 재화·용역

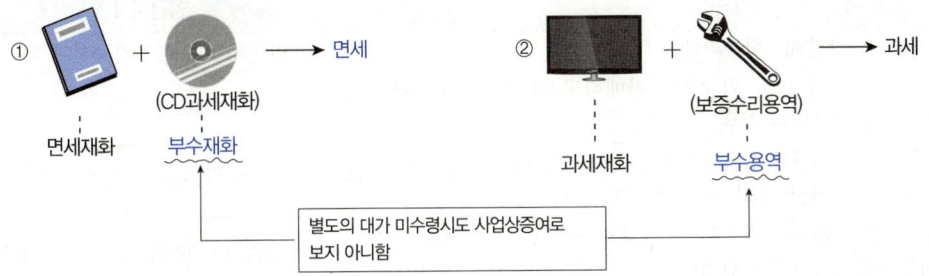

- 예 대가에 포함된 경우
  - 피아노(과세재화)의 판매대가에 포함되어 있는 운반비(과세용역) → 과세
  - 쌀(면세재화)의 판매대가에 포함되어 있는 운반비(과세용역) → 면세
- 예 거래의 관행상 부수된 경우
  - 아이스크림(과세재화)의 판매시 드라이아이스(과세재화)를 함께 공급 → 과세
  - 병의원(면세용역)에서 입원환자에게 직접 공급하는 음식용역(과세용역) → 면세

사례2 주된 사업에 부수되는 재화·용역

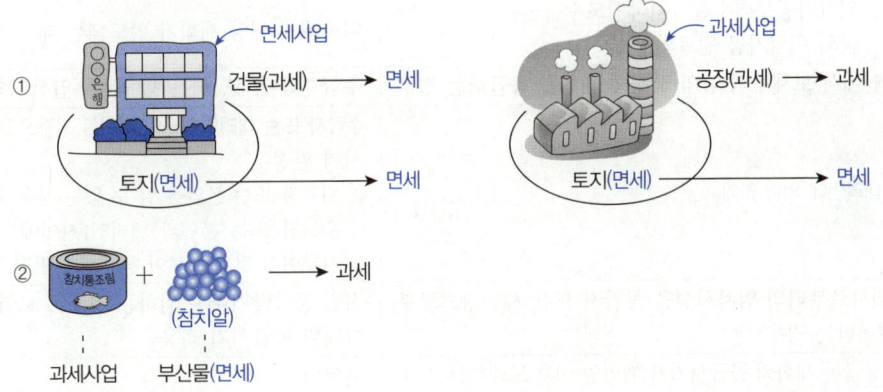

- 예 우연히 또는 일시적 공급
  - 은행(면세사업)에서 업무용으로 사용하던 차량(과세재화) 매각 → 면세
  - 통조림제조업자(과세사업)가 토지(면세재화) 매각 → 면세
- 예 필연적으로 생기는 재화
  - 복숭아 통조림(과세재화)을 제조하는 사업자가 판매하는 복숭아 씨(면세재화) → 과세
  - 옥수수를 원료로 전분(과세재화)을 제조하는 과정에서 생산되는 옥피·배아(면세재화) 판매 → 과세

□ 부수재화·용역의 입법취지
부수재화·용역을 주된 재화·용역에 포함시켜 ① 거래관행을 존중, ② 구분계산에 따른 비경제성 배제, ③ 세무행정의 능률을 제고 함에 있음.

2. 거래형태별 공급시기

(1) 재 화

구 분	공급시기
① 현금판매 · 외상판매 · 할부판매	재화가 인도되거나 이용가능하게 되는 때
② 상품권 등을 현금 또는 외상으로 판매하고 그 후 그 상품권 등이 현물과 교환되는 경우	재화가 실제로 인도되는 때
③ 장기할부판매[*1], 중간지급조건부공급[*2], 완성도기준지급조건부공급, 전력이나 그 밖에 공급단위를 구획할 수 없는 계속적 공급	대가의 각 부분을 받기로 한 때[*3]
④ 반환조건부판매, 동의조건부판매, 그 밖의 조건부 및 기한부 판매 (예 시용판매, 검수조건부 판매)	조건이 성취되거나 기한이 지나 판매가 확정되는 때
⑤ 재화의 공급으로 보는 가공	가공된 재화를 인도하는 때
⑥ 간주공급 — 자가공급 · 개인적 공급	재화를 사용하거나 소비하는 때 (판매목적의 타사업장 반출은 재화를 반출하는 때)
⑥ 간주공급 — 사업상 증여	재화를 증여하는 때
⑥ 간주공급 — 폐업시 잔존재화	폐업일
⑦ 무인판매기에 의한 재화공급	무인판매기에서 현금을 꺼내는 때
⑧ 수출재화 — 직수출 · 중계무역방식수출 · 보세구역 내 수입신고 수리 전 물품의 외국 반출	수출재화의 선(기)적일[*4]
⑧ 수출재화 — 원양어업 · 위탁판매수출	수출재화의 공급가액이 확정되는 때
⑧ 수출재화 — 위탁가공무역수출 · 외국인도수출 · 국외 위탁가공 원료의 반출[*5]	외국에서 해당 재화가 인도되는 때
⑨ 보세구역 안에서 보세구역 밖의 국내에 재화를 공급하는 경우	수입재화에 해당하는 때에는 수입신고수리일
⑩ 위탁판매 · 대리인에 의한 판매	수탁자 또는 대리인의 공급시기를 기준으로 공급시기 판정 ※ 위탁자 또는 본인을 알 수 없는 경우 위탁자와 수탁자 또는 본인과 대리인 사이에도 공급이 이루어진 것으로 보아 공급시기 판정
⑪ 시설대여회사로부터의 임차시설을 공급자 또는 세관장으로부터 직접 인도받는 경우	직접 공급받거나 수입하는 것으로 보아 거래형태별 공급시기 적용
⑫ 폐업 전에 공급한 재화의 공급시기가 폐업일 이후 도래하는 경우	폐업일

↳ 재화 인도의 원인이 되는 행위(예 폐업 전 계약 등 법률상 원인)가 폐업 전에 발생한 것 포함

[*1] 장기할부판매 : 대가를 월부 · 연부 그 밖의 할부방법에 따라 2회 이상 분할하고 재화의 인도일의 다음 날부터 최종 할부금 지급기일까지의 기간이 1년 이상인 경우
[*2] 중간지급조건부 공급
　　① 계약금을 받기로 한 날의 다음 날부터 재화를 인도하는 날 또는 재화를 이용 가능하게 하는 날까지의 기간이 6개월 이상인 경우로서 그 기간 이내에 계약금 외의 대가를 분할하여 받는 경우
　　② 국고금 관리법에 따라 경비를 미리 지급받는 경우
　　③ 지방회계법에 따라 선금급을 지급받는 경우
[*3] 중간지급조건부공급과 완성도기준지급조건부공급의 경우 재화가 인도되거나 이용 가능하게 되는 날 이후에 받기로 한 대가의 부분에 대해서는 재화가 인도되거나 이용 가능하게 되는 날을 그 재화의 공급시기로 본다.
[*4] 수출재화 : 장기할부조건이나 중간지급조건부 또는 검수조건부인 경우에도 선적일을 공급시기로 한다. 그러나 내국신용장에 의하여 공급하는 재화는 국내에서의 재화공급이므로 인도하는 때를 공급시기로 한다.
[*5] 사업자가 원료를 대가 없이 국외의 수탁가공 사업자에게 반출하여 가공한 재화를 양도하는 경우에 그 원료의 반출은 영세율을 적용한다.

✏️ Check

정리1 상품권(과세 ○, 비과세 ×)

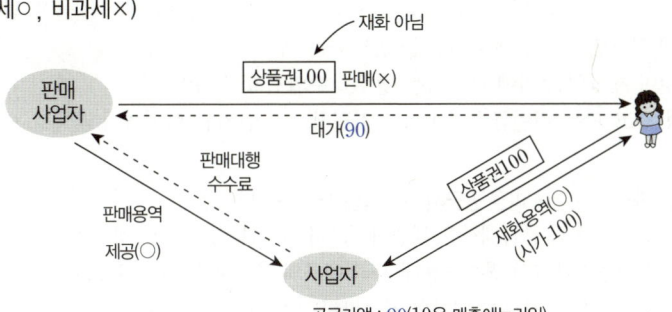

공급가액 : 90(10은 매출에누리임)

정리2 장기할부판매

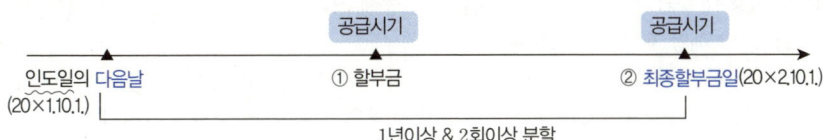

정리3 중간지급조건부 공급

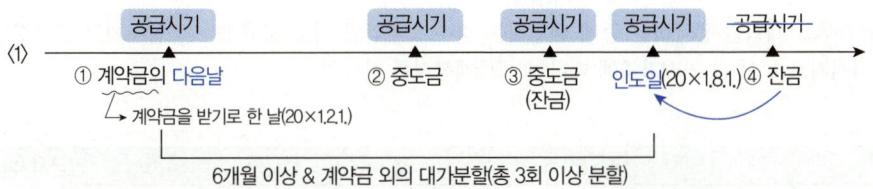

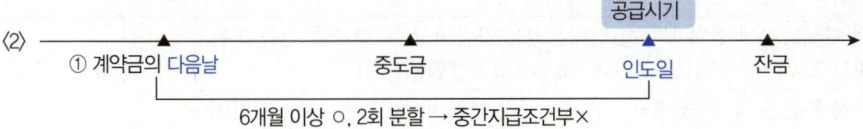

사례1 완성도기준지급조건부 공급 … 예 장기간이 소요되는 주문제작 재화

(1) 제1기 예정신고기간(1.1.~3.31.), 2월 10일 제품 20,000,000원 주문생산판매(3.31. 현재 완성도 30%)
(2) 대금수령약정 : ① 계약시 10%, ② 30% 완성시 40%, ③ 70% 완성시 30%, ④ 인도시 20%

• 제1기 예정신고기간의 공급가액 : $20,000,000 \times (10\% + 40\%) = 10,000,000$

사례2 계속적 공급 … 예 전기, 도시가스의 공급

태양열발전소가 전기를 공급하고 매월 전기요금을 다음 달 10일에 청구함(납부기한 20일)

• 공급시기 : 납부기한(20일)…대가의 각 부분을 받기로 한 때(약정일, 실지 대금수령 여부 관계없음)

정리4 수출재화 공급시기

┌ 수출재화 : 선적일 ← 중간지급조건부 or 완성도기준지급 조건부 or 검수조건부인 경우에도 동일함
└ 내국신용장에 의하여 공급하는 수출재화 : 인도일(if 검수조건부 → 검수일)

📖 **창고증권의 임치물 양도시 공급시기**
① 창고증권을 소지한 사업자가 조달청 창고 또는 런던금속거래소 지정창고에서 실물을 넘겨받은 후 보세구역의 다른 사업자에게 인도한 경우 : 해당 재화를 인도하는 때
② 실물을 넘겨받은 것이 재화의 수입에 해당하는 경우 : 수입신고 수리일
③ 국내로부터 조달청 창고 또는 런던금속거래소의 지정창고에 임치된 임치물이 국내로 반입되는 경우 : 반입신고 수리일

◁ **세부내용** ▷ **중간지급조건부계약의 변경에 따른 공급시기(부집행 15-28-5)**
① 중간지급조건부로 재화 또는 용역의 공급계약을 체결하였으나 그 내용이 변경된 경우의 공급시기
   ㈎ 당초 계약의 지급일자 변경 : 계약의 변경내용에 따라 대가의 각 부분을 받기로 한 때
   ㈏ 계약금 외의 대가 지급방법을 변경하여 대가의 각 부분을 일시에 받기로 변경한 경우 : 재화의 공급 또는 용역의 제공이 완료된 때
② 중간지급조건부로 재화를 공급하기로 하였으나 지급기간 중에 거래상대방에게 재화를 인도하는 경우 나머지 중도금 및 잔금의 공급시기 : 해당 재화를 인도한 때
③ 중간지급조건부로 제공하는 건설용역이 조기 준공으로 인하여 계약금 지급일부터 준공예정일까지의 기간이 6월 미만이 된 경우 : 이미 발행한 세금계산서는 적법하며, 나머지 용역대가는 준공일을 공급시기로 봄
④ 당초 재화의 공급계약이 중간지급조건부에 해당하지 아니하였으나, 당사자간에 계약조건을 변경하여 중간지급조건부계약으로 변경된 경우의 공급시기 : 계약변경 이전에 지급한 계약금 → 변경계약일, 변경계약일 이후 → 변경된 계약에 의하여 대가의 각 부분을 받기로 한 때
⑤ 중간지급조건부로 재화를 공급하는 중에 폐업하는 경우 : 폐업일 이후 도래하는 공급시기(잔금약정일 등)는 폐업일을 공급시기로 보아 그 거래가액에 대하여 세금계산서를 발급함

(2) 용역

구 분	공급시기
① 장기할부, 완성도기준지급, 중간지급 또는 기타 조건부로 용역을 공급하거나 그 공급단위를 구획할 수 없는 용역의 계속적 공급[*1]	대가의 각 부분을 받기로 한 때[*2]
② 둘 이상의 과세기간에 걸쳐 부동산 임대용역을 공급하고 그 대가를 선불 또는 후불로 받는 경우(월수로 나눈 임대료, 초월산입·말월불산입)	예정신고기간 또는 과세기간 종료일
③ 대가를 선불로 받은 장기공급용역 : 스포츠센터 연회비, 상표권 사용, 그 밖에 이와 유사한 용역[*3]을 둘 이상의 과세기간에 걸쳐 계속적으로 제공하고 그 대가를 선불로 받는 경우(월수로 나눈 대가, 초월산입·말월불산입)	
④ 사업자가 「사회기반시설에 대한 민간투자법」 제4조 제3호의 방식[BOT(build-operate-transfer)방식]을 준용하여 설치한 시설에 대하여 둘 이상의 과세기간에 걸쳐 계속적으로 그 시설을 이용하게 하고 그 대가를 받는 경우 $\left(\begin{array}{c}\text{용역제공기간 동안} \\ \text{지급받는 대가}\end{array} + \begin{array}{c}\text{시설의} \\ \text{설치가액}\end{array}\right) \times \dfrac{\text{각 과세대상 기간의 개월 수*}}{\text{용역제공기간의 개월 수*}}$ * 초월산입·말월불산입	
⑤ 간주임대료	
⑥ 폐업 전에 공급한 용역의 공급시기가 폐업일 이후에 도래하는 경우	폐업일
⑦ 역무의 제공이 완료되는 때 또는 대가를 받기로 한 때를 공급시기로 볼 수 없는 경우	역무의 제공이 완료되고 그 공급가액이 확정되는 때

*1) 용역의 계속적 공급 : 일정기간 동안 계속적으로 부동산 임대용역·경비용역·컴퓨터유지보수용역 등의 용역을 제공하는 것. 계속적 공급은 그 기간에 관계없이 대가의 각 부분을 받기로 한 때를 공급시기로 한다.
   예) 부동산을 2년간 임대, 매월분 임대료를 다음 달 10일에 받기로 한 경우 : 매월 10일이 공급시기임
*2) 완성도기준지급조건부와 중간지급조건부의 경우 역무의 제공이 완료되는 날 이후 받기로 한 대가의 부분에 대해서는 역무의 제공이 완료되는 날을 그 용역의 공급시기로 본다.

*3) 노인복지시설(유료인 경우에만 해당)을 설치·운영하는 사업자가 그 시설을 분양받은 자로부터 입주 후 수영장·헬스클럽장 등을 이용하는 대가를 입주 전에 미리 받고 시설 내 수영장·헬스클럽장 등을 이용하게 하는 것

사례1	중간조건부공급의 공급시기(20×1년)		
계약일(1월 1일) 100, 중도금(4월 1일) 200, 잔금(8월 1일) 300			
구분	계약 내용	공급시기(공급가액)	
①	계약상 인도일(8월 1일), 4월 1일에 계약변경 (인도일에 중도금과 잔금을 일시에 받기로 함)	계약금 TI 미발급	8월 1일(600)
		계약금 TI 발급	1월 1일(100), 8월 1일(500)
②	계약상 인도일(8월 1일), 실제 인도일(6월 30일)	1월 1일(100), 4월 1일(200), 6월 30일(300)	
③	이용가능일(7월 1일)	7월 1일(600) ← 중간지급조건부 아님	

사례2 부동산 임대용역의 공급시기
(원칙) 임대료를 받기로 한 날
(특례) 선불·후불의 임대료(둘 이상의 과세기간) … 예정신고기간 or 과세기간 종료일

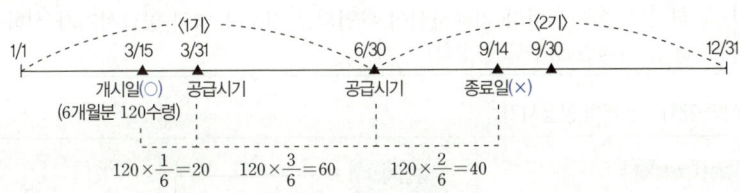

※ ┌ 계약기간의 개시일이 속하는 달 : 1개월 미만 → 1개월
  └ 계약기간의 종료일이 속하는 달 : 1개월 미만 → 없음

사례3 상표권 사용대가(선불수령) … 둘 이상의 과세기간

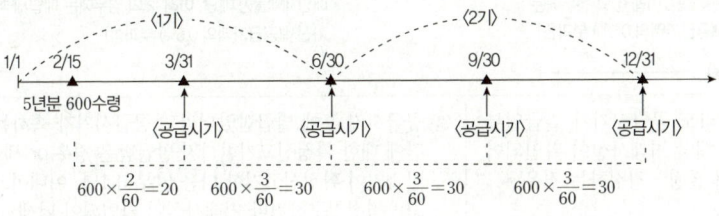

사례4 BOT방식 … 둘 이상의 과세기간

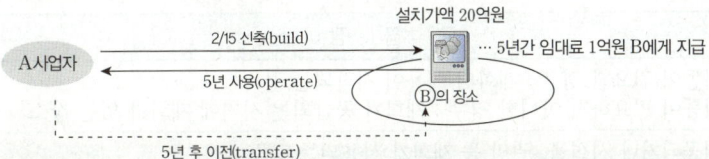

• B의 예정신고기간(2/15~3/31) 과세표준 : $(1억원 + 20억원) \times \dfrac{2개월}{60개월} = 7천만원$
  공급시기

3. 선발급세금계산서 특례

본래의 공급시기가 되기 전에 세금계산서 또는 영수증(①, ④, ⑤, ⑥만 해당)을 발급하는 경우로서 다음 중 어느 하나에 해당하는 경우에는 그 발급하는 때를 그 재화·용역의 공급시기로 본다.

구 분	내 용
대가수반 등의 경우	① 사업자가 공급시기가 되기 전에 재화·용역 대가의 전부나 일부를 받고, 그 받은 대가에 대하여 세금계산서 또는 영수증을 발급하는 경우 (∴ 대가를 먼저 받고 공급시기가 되기 전의 다른 과세기간에 세금계산서를 발급하는 경우도 포함) ② 사업자가 공급시기가 되기 전에 세금계산서를 발급하고 세금계산서 발급일로부터 7일 이내에 대가를 받는 경우 ③ 사업자가 공급시기가 되기 전에 세금계산서를 발급하고 그 세금계산서 발급일부터 7일이 지난 후 대가를 받더라도 다음 중 어느 하나에 해당하는 경우 ㈎ 거래 당사자 간의 계약서·약정서 등에 대금청구시기(세금계산서 발급일을 말함)와 지급시기를 따로 적고, 대금 청구시기와 지급시기 사이의 기간이 30일 이내인 경우 ㈏ 재화 또는 용역의 공급시기가 세금계산서 발급일이 속하는 과세기간 내(공급받는 자가 조기환급을 받은 경우에는 세금계산서 발급일부터 30일 이내)에 도래하는 경우 → 대금은 동일과세기간 내 수령하지 않아도 됨
선사용·소비등의 경우	④ 재화·용역의 장기할부의 경우 ⑤ 재화·용역의 계속적 공급의 경우(예 부동산임대용역, PC 보안용역) ⑥ 선박 또는 항공기에 의한 외국항행용역(영세율)을 공급하는 경우로서 상법에 따라 발행된 선하증권에 따라 거래사실이 확인되는 경우(용역의 공급시기가 선하증권 발행일부터 90일 이내인 경우로 한정함)

☑ 세금계산서 발급시기와 재화·용역의 공급시기

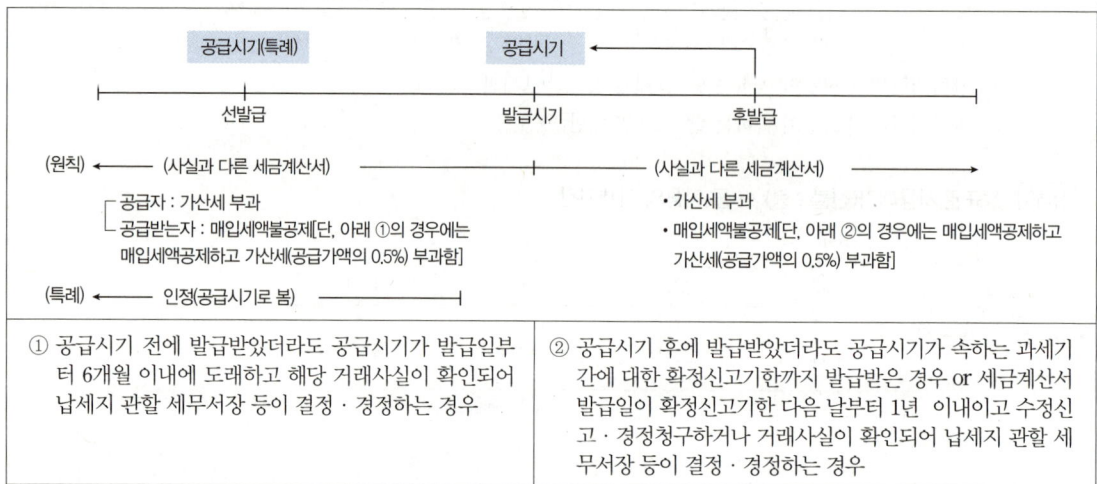

Ⅵ. 공급장소 : 과세권의 귀속 국가를 판단하는 기준

구 분	공 급 장 소
재화의 공급	① 재화의 이동이 필요한 경우 : 재화의 이동이 시작되는 장소 ② 재화의 이동이 필요하지 아니한 경우 : 재화가 공급되는 시기에 재화가 있는 장소
용역의 공급	③ 역무가 제공되거나 시설물, 권리 등 재화가 사용되는 장소 ④ 국내·외에 걸쳐 용역이 제공되는 국제운송인 경우 : 사업자가 비거주자 또는 외국법인이면 여객이 탑승하거나 화물이 적재되는 장소 ⑤ 국외사업자로부터 공급받는 전자적 용역의 경우 : 용역을 공급받는 자의 사업장 소재지, 주소지 또는 거소지

사례1 선발급세금계산서

①
```
  공급시기                공급서가        공급시기              공급서가
├──────▲─────────────────▲──────    ├──────▲────────────────▲──────
  대가전부·일부수령    재화인도       대가전부·일부수령---▶ TI 발급   재화인도
   + TI 발급           용역완료                                용역완료
```

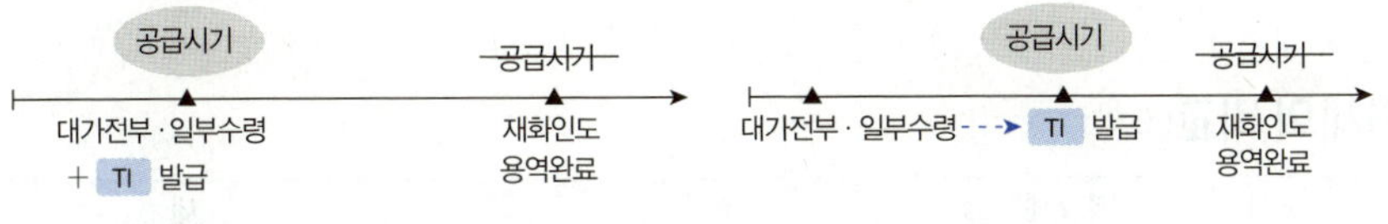

②
```
      공급시기                                  공급서가
├─────────▲──────────────────────────────────▲──────
      TI 발급  대가수령                    재화인도·용역완료
      └──7일 이내──┘
```

③ (가)
```
     공급시기              공급서가
├───────▲──────────────────▲──────
     TI 발급  대가수령   재화인도
                         용역완료
     └─30일 이내─┘ ← 계약서(대금청구시기와 지급시기 구분 기재)
```

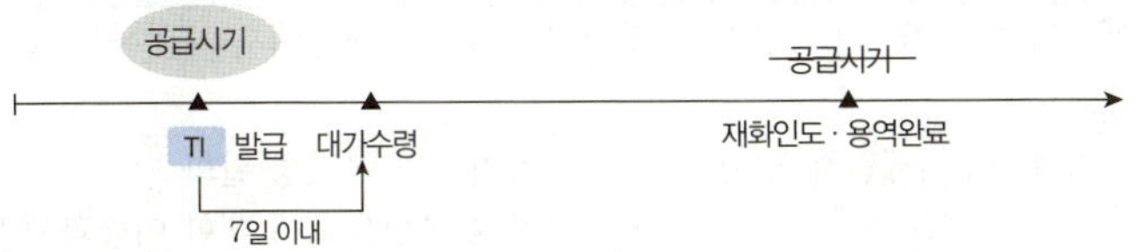

(나) 공급시기 1/1 ~ 공급서가 6/30
```
├──▲──────────────────────────▲──────
  TI 발급                  재화인도
                          용역완료
공급시기가 TI 발급일이 속하는 과세기간 내(조기환급시는 30일 이내) 도래
```

> 동일과세기간내
> ① TI 발급
> ② 공급시기도래

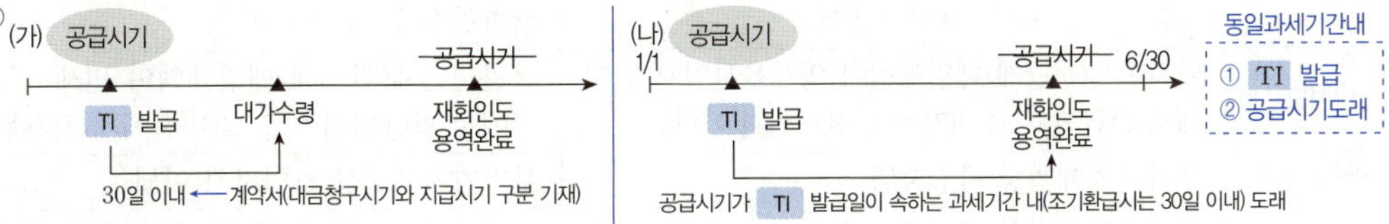

④ 장기할부
```
  공급시기  공급시기         공급서가    공급서가
├────▲──────▲─────────────────▲──────────▲──────
재화인도·용역완료  할부금 20  할부금 20  최종할부금 50
  (계약금 10)
         TI 10 발급  TI 90 발급
```

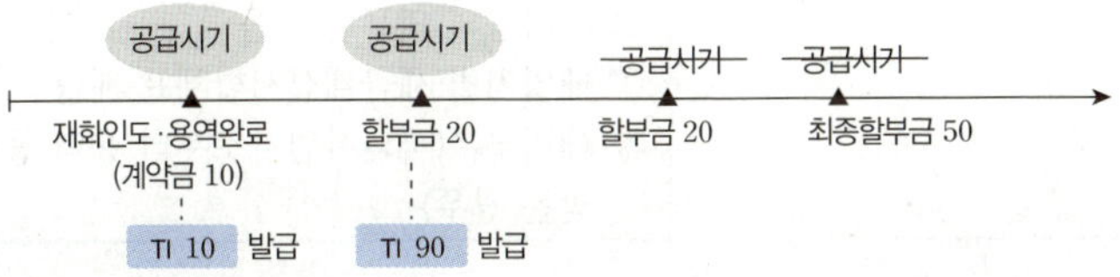

⑤ 계속적 공급 … ④와 동일

사례2 공급장소

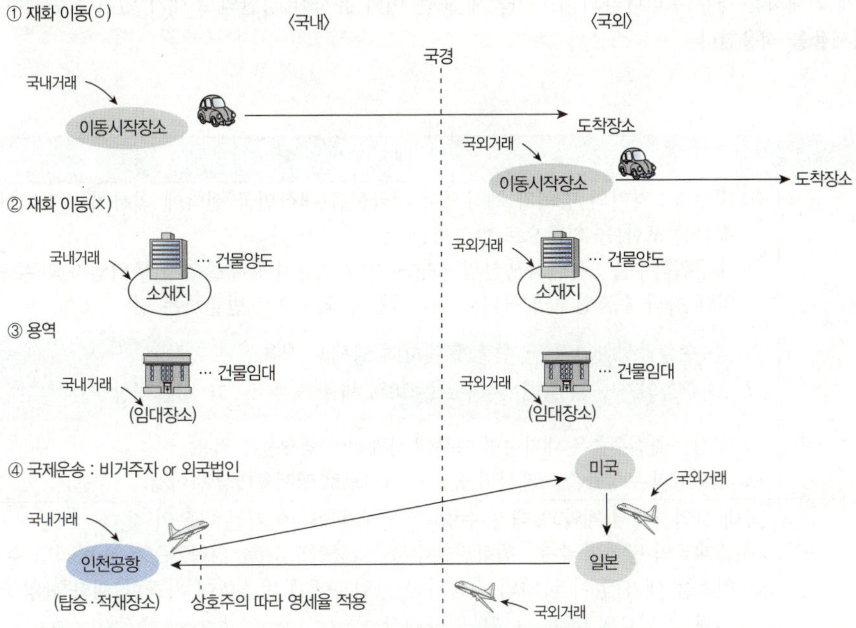

① 재화 이동(○)

〈국내〉 | 〈국외〉
국경

국내거래 → 이동시작소 🚗 → 도착장소
국외거래 → 이동시작소 🚗 → 도착장소

② 재화 이동(×)
국내거래 … 건물양도 소재지
국외거래 … 건물양도 소재지

③ 용역
국내거래 … 건물임대 (임대장소)
국외거래 … 건물임대 (임대장소)

④ 국제운송 : 비거주자 or 외국법인
미국 ─ 국외거래
국내거래 → 인천공항 ← 일본 ← 국외거래
(탑승·적재장소)   상호주의 따라 영세율 적용
☞ 거주자와 내국법인인 경우 모두 국내거래로 보아 과세(→ 영세율 적용)

⑤ 전자적 용역
국내거래 → 용역을 공급받는 자 (사업장) ← 전자적 용역 ← 국외사업자
                              (주거지·거소지)

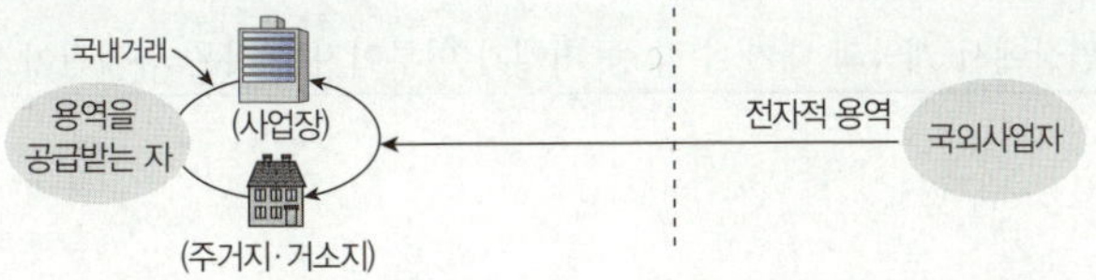

3 영세율과 면세

Ⅰ. 영세율과 면세의 비교(요약)

구 분	영 세 율	면 세
(1) 의의	부가가치세 과세대상에 포함하고 0%의 세율을 적용하는 것	부가가치세 과세대상에서 제외하는 것
(2) 목적	• 국제적 이중과세 방지(소비지국 과세원칙 실현) • 수출촉진	• 부가가치세의 역진성 완화 • 부가가치 구성요소에 대한 이중과세 방지 등
(3) 대상	수출 등 외화획득 재화·용역	생활필수품·요소용역 등
(4) 면세정도	완전면세(전단계 매입세액이 영세율사업자 단계에서 환급되고, 소비자에게 전가되지 아니함)	불완전면세(전단계 매입세액이 면세사업자 단계에서 환급되지 않고 소비자에게 전가됨)
(5) 사업자여부	부가가치세법상 사업자임	부가가치세법상 사업자가 아님
(6) 의무이행여부	부가가치세법상 제반의무를 이행하여야 함	부가가치세법상 각종 의무를 이행할 필요가 없으나 다음의 의무는 있음 ① 매입처별 세금계산서합계표 제출 ② 대리납부(국외사업자로부터 용역 등을 공급받는 경우)

Ⅱ. 영세율

…→ **상호주의 적용** : 사업자가 비거주자 또는 외국법인이면 그 해당 국가에서 대한민국의 거주자 또는 내국법인에 대하여 동일하게 면세하는 경우(우리나라의 부가가치세 또는 이와 유사한 성질의 조세가 없거나 면세하는 경우를 말함)에만 영세율을 적용한다.

1. 재화의 수출

구 분	내 용
(1) 내국물품의 국외 반출	① 직수출 : 자기의 명의와 계산으로 내국물품(대한민국 선박에 의하여 채집되거나 잡힌 수산물 포함)을 외국으로 반출하는 것 ② 대행위탁수출 : 수출품생산업자가 자기의 계산하에 수출업자(무역업자)와 수출대행계약에 따라 수출업자의 명의로 내국물품을 외국으로 반출하는 것 • 수출품생산업자 … 수출에 대하여 영세율 적용 • 수출업자 … 수출대행수수료는 10% 세율 적용 → TI 발급대상 ※ 무상수출 : 수출은 대가수령 여부에 관계없이 영세율을 적용 ※ 견본품의 무상반출 : 재화의 공급이 아니므로 영세율대상이 아님
(2) 특정무역방식 수출	국내 사업장에서 계약과 대가 수령 등 거래가 이루어지는 다음의 것 ① 중계무역 방식의 수출, 위탁판매수출, 외국인도수출, 위탁가공무역 방식의 수출 ② 원료를 대가 없이 국외의 수탁가공 사업자에게 반출하여 가공한 재화를 양도하는 경우에 그 원료의 반출 → TI 발급대상 ③ 「관세법」에 따른 수입신고 수리 전의 물품으로서 보세구역에 보관하는 물품의 외국으로의 반출 ※ 국외 사업장에서 계약과 대가 수령 등 거래가 이루어지는 것은 과세권이 없음

[사례1] 영세율(완전면세)와 면세(불완전면세)

	제조	도매	소매 (10%)	소매 (면세)	소매 (영세율)
매 출 액	100	300	600	630	600
(−) 매 입 액	−	100	300	330	300
부가가치	100	200	300	300	300
매출세액	10	30	60	−	0
(−) 매입세액	−	10	30	−	30
납부세액	10	20	30	−	△30
			660	630 (불완전면세)	600 (완전면세)

[사례2] 대행위탁수출

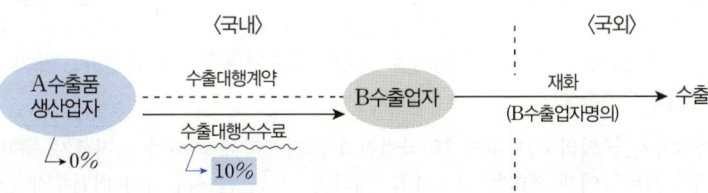

[사례3] 내국신용장·구매확인서에 의한 공급

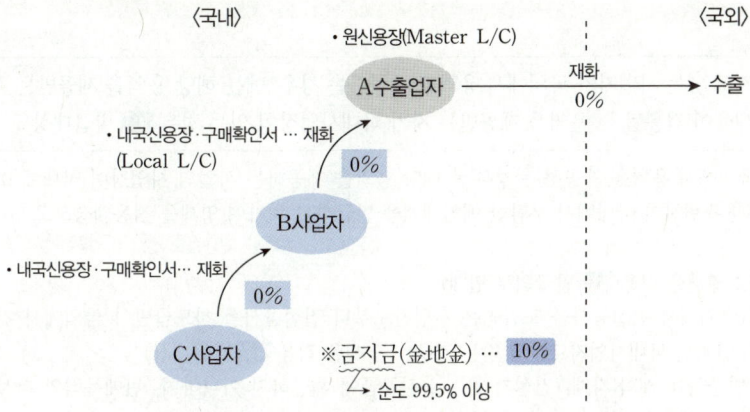

[사례4] 내국신용장·구매확인서 개설시기에 따른 영세율 적용

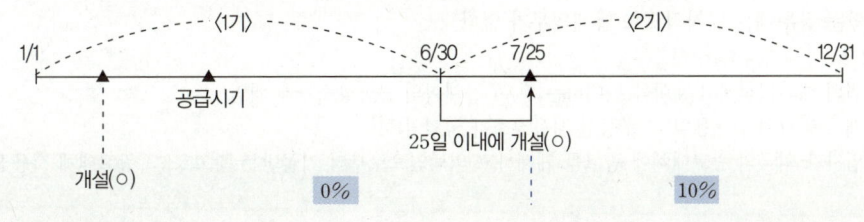

구 분	내 용

(3) 내국신용장 또는 구매확인서에 의하여 공급하는 재화 (금지금 제외) → TI 발급대상	• 공급시기 전에 내국신용장 또는 구매확인서가 개설·발급 ……………영세율
	• 공급시기 후에 개설·발급
	  공급일이 속한 과세기간 끝난 후 25일* 이내 개설·발급…………영세율
	  공급일이 속한 과세기간 끝난 후 25일이* 지나서 개설·발급…………10% 세율
	
	* 그날이 토요일, 일요일, 공휴일, 대체공휴일, 근로자의 날인 경우 바로 다음 영업일
	
	◁세부내용▷
	① 내국신용장·구매확인서에 의하여 공급하는 재화는 공급된 이후 해당 재화를 수출용도에 사용하였는지의 여부에 관계없이 영세율이 적용된다. 또한 내국신용장에 포함하지 않고 그 대가를 별도로 받는 경우에도 내국신용장 등에 의한 공급대가로 확인되면 영세율을 적용한다.
	② 외국으로 반출되지 아니하는 재화의 공급과 관련하여 개설된 내국신용장(주한미국군 군납계약서 등)에 의한 재화 또는 용역의 공급은 영세율이 적용되지 아니한다.

(4) 한국국제협력단 등에 공급하는 재화	사업자가 한국국제협력단, 한국국제보건의료재단 또는 대한적십자사에 공급하는 재화 (한국국제협력단 등이 해당 사업을 위하여 외국에 무상으로 반출하는 재화로 한정함) → TI 발급대상
(5) 수탁가공무역에 사용할 재화의 공급	사업자가 국외의 비거주자·외국법인과 직접계약에 의하여 비거주자 등이 지정하는 국내의 사업자에게 재화를 인도하고, 재화를 인도받은 사업자가 비거주자 등과 계약에 의하여 인도받은 재화를 그대로 반출하거나 제조·가공 후 반출하는 것으로 대금을 외국환은행에서 원화로 받을 것

2. 용역의 국외공급

국내에 사업장을 가지고 있는 사업자가 국외에서 용역을 제공하는 경우*에는 해당 용역을 제공받는 자, 대금결제수단에 관계없이 영세율이 적용됨 → 용역을 제공받는 자가 국내사업장이 있는 경우 TI 발급대상

* 영세율이 적용되는 '국외에서 용역을 제공하는 경우'란 해당 용역을 제공하는 사업의 사업장이 국내에 소재하는 경우를 말한다. 이는 그 용역과 관련하여 국내에서 부담한 매입세액을 환급하기 위하여 영세율 적용대상으로 규정한 것이다.
  예 해외건설용역
  • 원도급 건설사업자 : 영세율 적용(TI 발급의무 면제)
  • 하도급 건설사업자(국외에서 건설공사를 도급받은 사업자로부터 건설공사를 하도급받아 국외에서 건설용역을 제공하고 그 대가를 원도급자인 국내사업자로부터 받는 경우) : 영세율 적용(TI 발급대상)
  • 해외건설현장으로 반출하는 재화(자재, 건설기계) : 실질공급에 해당하지 아니하며, 판매목적의 타사업장 반출에도 해당하지 아니하므로 재화의 공급으로 보지 아니함

🏛 **국외공급의 취급** : 부가가치세의 납세의무는 우리나라 주권이 미치는 범위 내에서 적용되므로 재화나 용역이 국외에서 공급되는 경우에는 원칙적으로 납세의무가 없다.
  예 국외공급으로 과세되지 않는 것
    ① 내국법인의 해외지점에서 재화를 판매하는 경우(∵ 재화의 공급장소가 국외임)
    ② 국외소재 부동산의 임대용역(∵ 부동산 사용장소가 국외임)
    ③ 국내사업자가 외국의 광고매체에 광고를 게재하고 의뢰인으로부터 지급받는 광고료(∵ 광고매체 사용장소가 국외임)

사례1 내국신용장등에 의한 공급시 수출용도여부

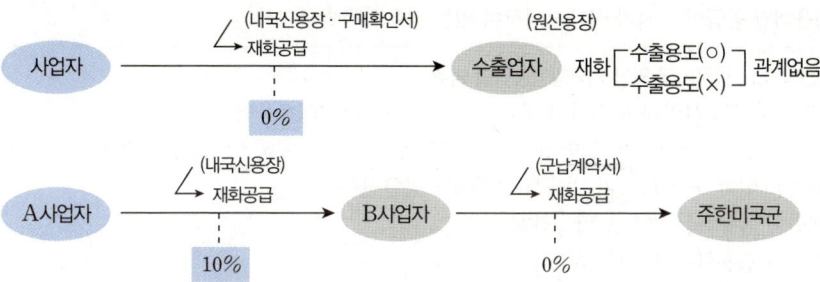

사례2 한국국제협력단 등에 재화공급

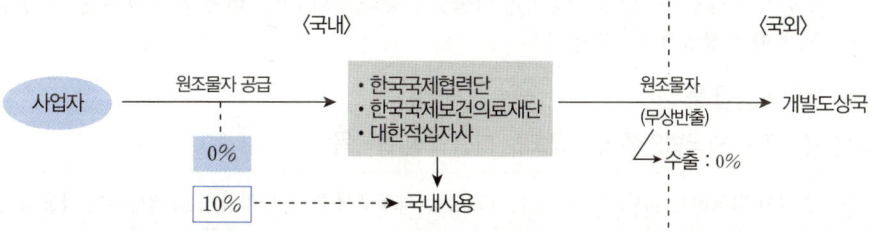

사례3 수탁가공무역에 사용할 재화의 공급

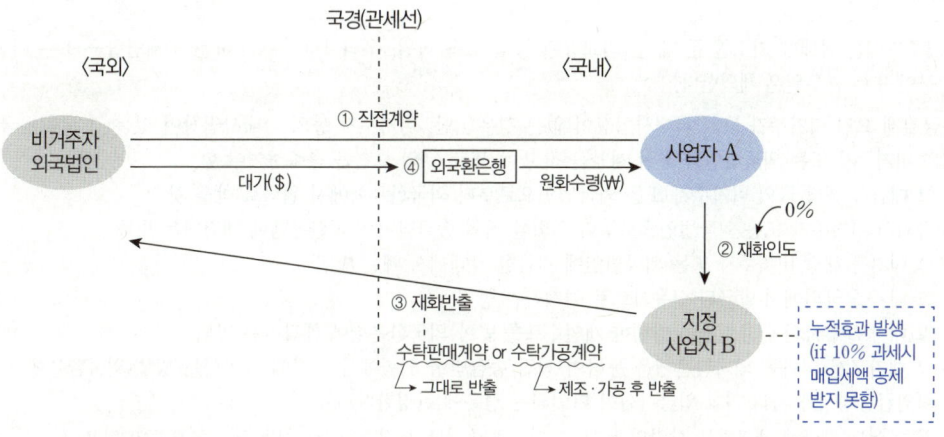

사례4 용역의 국외공급

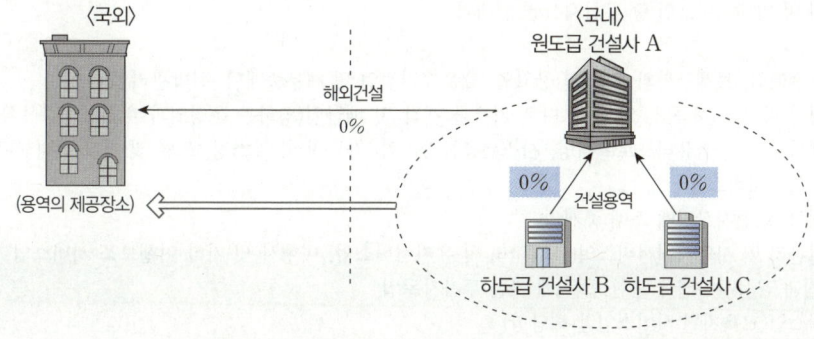

3. 외국항행용역의 공급

> 선박·항공기에 의하여 여객이나 화물을 국내에서 국외로, 국외에서 국내로 또는 국외에서 국외로 수송하는 것
> → 선박의 외국항행용역만 공급받는 자가 국내사업장이 있는 경우 TI 발급대상

☑ 영세율이 적용되는 선박 또는 항공기에 의한 외국항행용역의 범위
① 외국항행사업자가 자기의 사업에 부수하여 공급하는 다음의 재화 또는 용역
    ㈎ 다른 외국항행사업자가 운용하는 선박 또는 항공기의 탑승권을 판매하거나 화물운송계약을 체결하는 것
    ㈏ 외국을 항행하는 선박 또는 항공기 내에서 승객에게 공급하는 것
    ㈐ 자기의 승객만이 전용하는 버스를 탑승하게 하는 것
    ㈑ 자기의 승객만이 전용하는 호텔에 투숙하게 하는 것
② 다음 중 어느 하나에 해당하는 용역
    ㈎ 운송주선업자가 국제복합운송계약에 의하여 화주로부터 화물을 인수하고 자기 책임과 계산으로 타인의 선박 또는 항공기 등의 운송수단을 이용하여 화물을 운송하고 화주로부터 운임을 받는 국제운송용역
    ㈏ 「항공사업법」에 따른 상업서류 송달용역

4. 외화 획득 재화·용역의 공급 등

(1) 국내에서 비거주자[*1] 또는 외국법인에게 공급되는 다음의 재화·용역(대금결제요건[*2] 충족시)

> ① 비거주자·외국법인이 지정하는 국내사업자에게 인도되는 재화로서 해당 사업자의 과세사업에 사용되는 재화
>   ※ 주의 : 재화의 공급은 위 ①을 제외하고는 영세율 적용대상이 아니다.
> ② 일정한 사업의 용역[*3]

[*1] 비거주자에는 국내에 거소를 둔 개인, 외교공관 등의 소속 직원, 우리나라에 상주하는 국제연합군 또는 미합중국군대의 군인 또는 군무원은 제외한다.

[*2] 대금결제 요건(비거주자 등의 국내사업장이 없는 경우) 단, 비거주자 등의 국내사업장이 있는 경우에는 국내에서 국외의 비거주자 또는 외국법인과 직접 계약을 하고 ㈎ 또는 ㈏의 요건을 충족하여야 함.
   ㈎ 그 대금을 해당 국외 비거주자 또는 외국법인으로부터 외국환은행에서 원화로 받을 것
   ㈏ 국외의 비거주자 또는 외국법인으로부터 외화를 직접 송금받아 외국환은행에 매각하는 방법
   ㈐ 그 대가를 해당 비거주자 또는 외국법인에 지급할 금액에서 빼는 방법
   ㈑ 그 대가를 국외에서 발급된 신용카드로 결제하는 방법
   ㈒ 그 대가로서 국외 금융기관이 발행한 개인수표를 받아 외국환은행에 매각하는 방법
   ㈓ 그 대가로서 외화를 외국환은행을 통하여 직접 송금받아 외화예금 계좌에 예치하는 방법(외국환은행이 발급한 외화입금증명서에 따라 외화 입금사실이 확인되는 경우에 한정한다)

[*3] 다음 중 어느 하나에 해당하는 사업의 용역. 다만, ㈎ 중 전문서비스업과 ㈘ 및 ㈚는 상호주의 적용
   ㈎ 전문, 과학 및 기술서비스업(수의업, 제조업 회사본부 기타 산업 회사본부 제외)
   ㈏ 사업지원 및 임대서비스업 중 무형재산권 임대업
   ㈐ 통신업
   ㈑ 컨테이너수리업, 보세구역의 보관 및 창고업, 해운대리점업 및 해운중개업, 선박관리업
   ㈒ 정보통신업 중 뉴스제공업, 영상·오디오 기록물 제작 및 배급업(영화관 운영업과 비디오물감상실 운영업 제외), 소프트웨어개발업, 컴퓨터프로그래밍, 시스템통합관리업, 자료처리, 호스팅, 포털 및 기타 인터넷 정보매개서비스업, 기타 정보서비스업
   ㈓ 상품중개업 및 전자상거래 소매 중개업
   ㈔ 사업시설관리 및 사업지원서비스업(조경관리 및 유지서비스업, 여행사 및 기타 여행보조 서비스업 제외)
   ㈕ 「자본시장과 금융투자업에 관한 법률」에 따른 투자자문업
   ㈖ 교육서비스업(교육지원 서비스업만 해당함)
   ㈗ 보건업(임상시험용역을 공급하는 경우로 한정함)
   ㈘ 보세운송업자가 제공하는 보세운송용역

(2) 수출재화 임가공용역 →  발급대상

① 내국신용장·구매확인서에 의하여 공급하는 수출재화 임가공용역
② 수출업자(내국신용장 등에 의한 수출업자 제외)와 직접 도급계약에 의하여 수출재화를 임가공하는 수출재화 임가공용역(수출재화 염색임가공 포함). 단, 사업자가 부가가치세를 별도로 적은 세금계산서를 발급한 경우는 제외함.

✔ 수출업자와 직접 도급계약에 의하여 수출재화의 부분품, 반제품 및 포장재를 임가공하는 용역은 직접 도급계약을 체결한 사업자 자신이 임가공하였는지의 여부에 불구하고 수출재화 임가공용역으로 본다.

(3) 외국을 항행하는 선박 및 항공기 또는 원양어선에 공급하는 재화 또는 용역(단, 사업자가 부가가치세를 별도로 적은 세금계산서를 발급한 경우는 제외함) → 공급받는자가 국내사업장이 있는 경우  발급대상

Check

사례1 비거주자 등에게 공급하는 재화(국내사업장이 있는 경우)

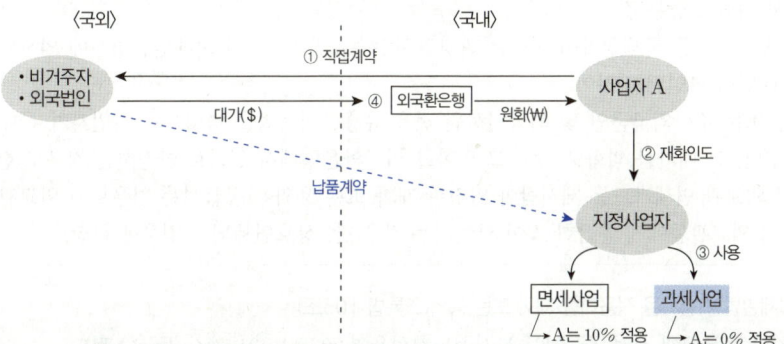

정리 국내에서 비거주자 등에게 공급하는 용역 중 10% 세율 적용: 건설업, 부동산임대업, 음식점업 등

사례2 수출재화 임가공용역

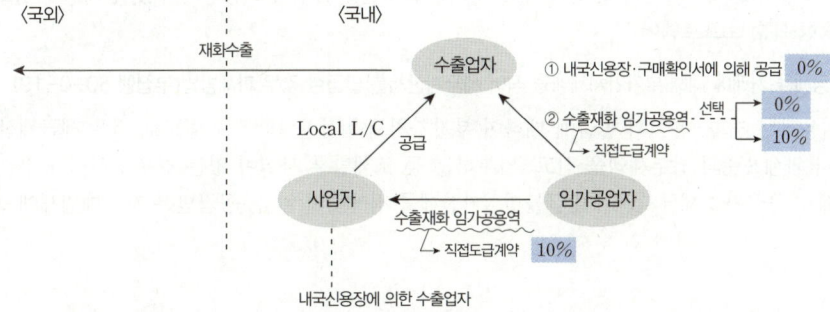

사례3 외국항행 선박·항공기·원양어선에 공급하는 재화·용역

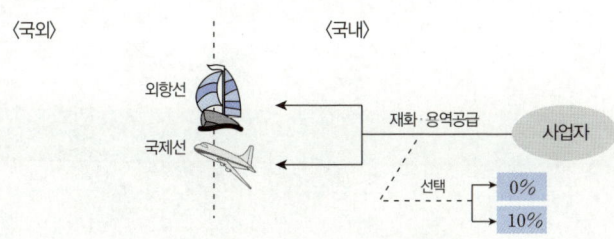

(4) 주한 외국공관등과 주한 국제연합군·미군에 공급(대금결제수단에 관계없이 영세율 적용)

> ① 우리나라에 상주하는 외교공관, 영사기관(명예영사관원을 장으로 하는 영사기관 제외), 국제연합과 이에 준하는 국제기구(우리나라가 당사국인 조약과 그 밖의 국내법령에 따라 특권과 면제를 부여받을 수 있는 경우만 해당한다) 등에 재화 또는 용역을 공급하는 경우
> ② 우리나라에 상주하는 국제연합군 또는 미합중국군대(SOFA협정*에 따른 공인 조달 기관 포함)에 공급하는 재화·용역
>   * SOFA협정 : 「대한민국과 아메리카합중국간의 상호방위조약 제4조에 의한 시설과 구역 및 대한민국에서의 합중국군대의 지위에 관한 협정」

(5) 그 밖의 외화 획득 재화·용역의 공급

> ① 「관광진흥법 시행령」에 따른 종합여행업자가 외국인 관광객에게 공급하는 관광알선용역(다만, 그 대가를 다음 중 어느 하나의 방법으로 받는 경우로 한정함)
>   (가) 외국환은행에서 원화로 받는 것
>   (나) 외화 현금으로 받은 것 중 국세청장이 정하는 관광알선수수료명세표와 외화매입증명서에 의하여 외국인 관광객과의 거래임이 확인되는 것
> ② 외국인전용판매장 또는 주한외국군인 및 외국인선원 전용 유흥음식점업을 경영하는 사업자가 국내에서 공급하는 재화·용역(단, 그 대가를 외화로 받고 그 외화를 외국환은행에서 원화로 환전하는 경우로 한정함)
> ③ 외교관면세점에서 외교관 면세카드를 제시받아 일정한 재화 또는 용역을 공급하는 경우로서 외교관면세 판매 기록표에 의하여 외교관등에게 공급한 것이 확인되는 경우(단, 상호면세되는 경우에 한함)

◀**세부내용1**▶ 조세특례제한법상 영세율 적용대상 재화 또는 용역(조특법 105조)
① 국가 및 지방자치단체 등에게 직접 공급하는 도시철도건설용역(2026.12.31.까지 공급한 것)
② 「사회기반시설에 대한 민간투자법」에 따른 사업시행자가 부가가치세가 과세되는 사업을 한 목적으로 민간투자사업의 추진방식[BTO(Build Transfer Operate), BTL(Build Transfer Lease), BOT방식]으로 국가 또는 지방자치단체에 공급하는 사회기반시설 또는 사회기반시설의 건설용역
③ 장애인용 보장구(예 팔·다리의지, 휠체어, 보청기), 장애인용 특수 정보통신기기 및 장애인의 정보통신기기 이용에 필요한 특수 소프트웨어

◀**세부내용2**▶ 영세율 거래에 대해 부가가치세액을 적어 세금계산서를 발급한 경우 과세방법(부집행 60-0-19)
  영세율이 적용되는 재화·용역의 공급에 대하여 부가가치세액(세율 10%)을 별도로 적은 세금계산서를 발급하고 이에 따라 과세표준과 납부세액을 신고·납부하는 등 조세탈루 사실이 없는 경우 : 사실과 다른 세금계산서로 보지 않음(∴공급자 : 세금계산서 발급불성실가산세를 적용하지 않음, 공급받은 자 : 매입세액 공제함)

> [정리] 중계무역방식의 수출 등

1. <u>중계무역방식의 수출</u>(수출할 것을 목적으로 물품 등을 수입하여 보세구역 및 보세구역 외 장치의 허가를 받은 장소 또는 자유무역지역 외의 국내에 반입하지 아니하는 방식의 수출)

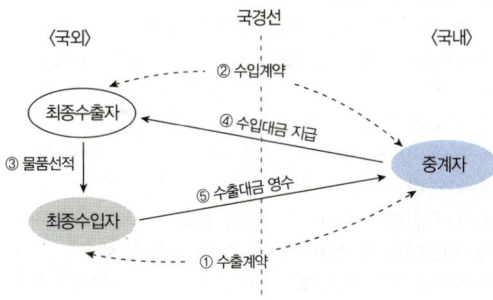

2. <u>위탁판매수출</u>(물품 등을 무환으로 수출하여 해당 물품이 판매된 범위에서 대금을 결제하는 계약에 의한 수출)

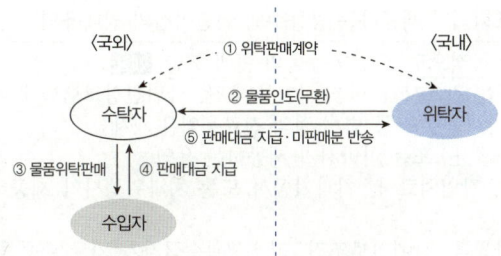

3. <u>외국인도수출</u>(수출대금은 국내에서 영수하지만 국내에서 통관되지 아니한 수출물품 등을 외국으로 인도하거나 제공하는 수출)

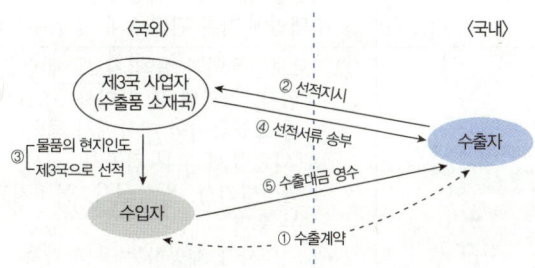

4. <u>위탁가공무역 방식의 수출</u>[가공임을 지급하는 조건으로 외국에서 가공(제조, 조립, 재성, 개조 포함)할 원료의 전부 또는 일부를 거래 상대방에게 수출하거나 외국에서 조달하여 가공한 후 가공물품 등을 외국으로 인도하는 방식의 수출]

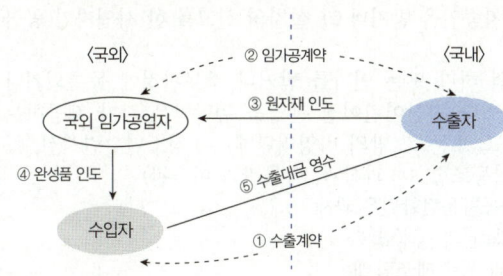

5. <u>국외위탁가공 원료의 반출</u>(원료를 대가 없이 국외의 수탁가공 사업자에게 반출하여 가공한 재화를 양도하는 경우에 그 원료의 반출)

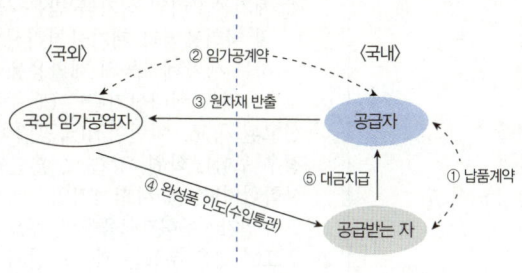

제3장 영세율과 면세 41

Ⅲ. 면세

1. 재화·용역의 공급에 대한 면세

구 분	내 용
(1) 기초생활 필수품·용역	① 미가공 식료품(국내산·외국산 불문) ※ ㈎ 농·축·수·임산물·소금(천일염, 재제소금) … 본래의 성질 변화 시 과세 　 ㈏ 단순가공식료품 … 거래단위로서 포장 시 과세(단, 2022.7.1.~2025.12.31.까지는 면세함) ② 국내생산 비식용 미가공 농·축·수·임산물(외국산은 과세) ※ 본래의 성상(성질과 상태·모양)이 변하면 과세 ③ 수돗물[생수와 항계(항구·항만의 경계) 내에서 선박 등에 물을 공급하는 것은 과세] ④ 연탄과 무연탄(유연탄·갈탄·착화탄·숯·톱밥은 과세) ⑤ 주택과 부수토지의 임대용역(☞ 세부내용 p56) ⑥ 여객운송 용역. 단, 다음에 의한 여객운송 용역은 과세 　 ㈎ 항공기, 시외우등고속버스 및 시외고급고속버스(일반시외고속버스는 면세), 전세버스, 택시(일반택시·개인택시), 자동차대여사업, 특종선박(수중익선, 에어쿠션선, 자동차운송 겸용 여객선, 항해시속 20노트 이상의 여객선) 또는 고속철도 　 ㈏ 관광 또는 유흥 목적의 운송수단 : 삭도, 관광유람선, 관광순환버스, 관광궤도운송수단, 관광 사업을 목적으로 운영하는 일반철도(철도사업자가 국토교통부장관에게 신고한 여객 운임·요금을 초과해 용역의 대가를 받는 경우로 한정함) ⑦ 여성용 생리처리 위생용품 ⑧ 주택법에 따른 관리주체 및 입주자대표회의가 제공하는 공동주택 어린이집의 임대용역
(2) 국민후생관련 재화·용역	① 의료보건용역과 혈액(치료·예방·진단 목적으로 조제한 동물의 혈액 포함) 개정 　 ㈎ 의사, 치과의사, 한의사, 조산사 또는 간호사가 제공하는 용역(단, 국민건강보험법에 따라 요양급여의 대상에서 제외되는 쌍꺼풀수술 등 법 소정의 진료용역은 과세) 　 ㈏ 「의료법」에 따른 접골사, 침사, 구사(灸士) 또는 안마사가 제공하는 용역 　 ㈐ 임상병리사, 방사선사, 물리치료사, 작업치료사, 치과기공사 또는 치과위생사가 제공하는 용역 　 ㈑ 수의사가 제공하는 용역(가축, 수산동물, 장애인보조견, 기초생활수급자가 기르는 동물, 질병 예방 및 치료를 목적으로 하는 동물의 진료용역으로서 농림축산식품부장관 또는 해양수산부장관이 기획재정부장관과 협의하여 고시하는 용역에 한정하여 면세함) 　 ㈒ 약사가 제공하는 의약품의 조제용역(단, 의약품의 단순판매는 과세) 　 ㈓ 산후조리원에서 분만 직후의 임산부나 영유아에게 제공하는 급식·요양 등의 용역 　 ㈔ 장의업자가 제공하는 장의용역 　 ㈕ 사설묘지, 사설화장시설, 사설봉안시설 또는 사설자연장지를 설치·관리 또는 조성하는 자(공설묘지 등인 경우에는 관리를 위탁받은 자)가 제공하는 묘지분양, 화장, 유골 안치, 자연장지분양 및 관리업 관련 용역 　 ㈖ 폐기물처리업 허가를 받은 사업자가 공급하는 생활폐기물 또는 의료폐기물의 수집·운반 및 처리용역과 폐기물처리시설의 설치승인을 받거나 그 설치의 신고를 한 사업자가 공급하는 생활폐기물의 재활용용역 ② 교육용역(면세대상기관 : ㈎ 주무관청의 허가 또는 인가를 받거나 주무관청에 등록되거나 신고된 학교, 어린이집(국공립어린이집이나 직장어린이집 운영을 위탁받은 자가 제공하는 경우 포함), 학원, 강습소, 훈련원, 교습소 또는 그 밖의 비영리단체, ㈏ 청소년수련시설, ㈐ 산학협력단, ㈑ 사회적기업, ㈒ 사회적협동조합, ㈓ 과학관, 박물관과 미술관) ※ 무인가·무허가교육용역, 무도학원, 자동차운전학원은 과세 ③ 우표(수집용 우표는 과세), 인지, 증지, 복권과 공중전화 ④ 제조담배로서 200원 이하(20개비)의 것과 특수제조담배
(3) 문화관련 재화·용역	① 도서(도서대여 및 실내 도서열람 용역·전자출판물[*1] 포함), 신문 및 인터넷 신문, 잡지, 관보, 뉴스통신.[*2] (단, 광고는 과세) 　 *1) 문화체육관광부장관이 정하는 기준에 맞는 전자출판물(다만, 「음악산업진흥에 관한 법률」, 「영화 및 비디오물의 진흥에 관한 법률」 및 「게임산업진흥에 관한 법률」의 적용을 받는 것은 과세) 　 *2) 뉴스통신사업 경영법인이 특정회원을 대상으로 금융정보 등을 제공하는 경우는 과세

(3) 문화관련 재화·용역	② 예술창작품[미술·음악·사진·연극·무용에 속하는 창작품. 단, 골동품(제작 후 100년을 초과하는 것)과 모조품은 과세], 예술행사(영리를 목적으로 하지 아니하는 발표회, 연구회, 경연대회 또는 그 밖에 이와 유사한 행사), 문화행사(영리를 목적으로 하지 아니하는 전시회, 박람회, 공공행사 또는 그 밖에 이와 유사한 행사), 아마추어운동경기(대한체육회 및 그 산하 단체와 국기원이 주최, 주관 또는 후원하는 운동경기나 승단·승급·승품 심사로서 영리를 목적으로 하지 않는 것) ③ 도서관, 과학관, 박물관, 미술관, 동물원(해양수족관 포함), 식물원, 민속문화자원을 소개하는 장소·고분·사찰, 전쟁기념관에 입장하게 하는 것(오락·유흥시설과 함께 있는 동물원·식물원 및 해양수족관은 과세)

Check

◁세부내용1▷ 면세하는 미가공식료품과 과세되는 식료품 등

면세하는 미가공 식료품*	과세되는 식료품 등
① 농산물·축산물·수산물·임산물·소금(천일염과 재제소금) : 전혀 가공되지 아니하였거나 탈곡, 정미, 정맥, 제분, 정육, 건조, 냉동, 염장, 포장 기타 원생산물의 본래의 성질이 변하지 아니하는 정도의 1차 가공을 거쳐 식용으로 제공하는 것 ② 단순가공식료품 : 데친 채소류·김치·단무지·장아찌·젓갈류·계장·두부·메주·간장·된장·고추장(단, 제조시설을 갖추고 판매목적으로 독립된 거래단위로 관입·병입 또는 이와 유사한 형태로 포장하여 2026.1.1.부터 공급하는 것을 과세하되, 단순하게 운반편의를 위하여 일시적으로 관입·병입 등의 포장을 하는 것은 면세함)	① 조미료·향신료(고추·후추 등) 등을 가미하여 가공처리한 식료품(단, 어류 등의 신선도 유지·저장·운반 등을 위하여 화학물질 등을 첨가하는 때에는 면세함) : 맛김, 볶거나 조미한 멸치, 조미하여 건조한 쥐치포 등의 어포류, 생크림·유당·카제인·우유향 등을 배합하여 제조한 가공 우유 등 제품(단, 영유아용 분유는 면세) ② 본래의 성질이 변한 정도의 가공을 거친 식료품 : 전분, 면류, 팥·콩 등의 앙금, 떡, 한천, 묵, 인삼차, 엿기름 등 ③ 공업용 소금·맛소금·공업용 천일염 ④ 미숫가루

* 미가공식료품에는 농산물 등의 1차 가공과정에서 발생한 부산물, 미가공 식료품을 단순히 혼합한 것, 기능성 쌀(쌀에 식품첨가물 등을 첨가 또는 코팅하거나 버섯균 등을 배양시킨 것)을 포함한다.

◁세부내용2▷ 우리나라에서 생산된 식용에 사용하지 않는 농·축·수·임산물의 면세 범위(부집행 26-34-1)

면세	과세
① 국내산 관상용의 새·열대어·금붕어 및 갯지렁이 ② 국내산 화초·수목 등 ③ 국내산 단순 건조한 크로레라(이끼) ④ 국내산 조개껍질(패각) ⑤ 잠견류, 마른 누에고치(건견) 및 누에가루(식용) ⑥ 국내산 볏짚·왕골·청올치(갈저)	① 조경공사용역의 공급가액에 포함된 국내산 화초·수목 등(∵부수재화) ② 크로레라에 벌꿀 등을 가미·정제한 크로레라제품 ③ 국내산 조개껍질(패각)을 분쇄한 패분 ④ 제사공정에서 부산물로 산출되는 번데기 ⑤ 국내산 볏짚 등으로 제조한 돗자리·공예품 등

◁세부내용3▷ 과세되는 진료용역(국민건강보험 요양급여대상 제외 진료용역)

① 쌍꺼풀수술, 코성형수술, 유방확대·축소술(유방암 수술에 따른 유방 재건술 제외), 지방흡인술, 주름살제거술, 안면윤곽술, 치아성형(치아미백, 라미네이트와 잇몸성형술을 말함) 등 성형수술(성형수술로 인한 후유증 치료, 선천성 기형의 재건수술과 종양 제거에 따른 재건수술 제외)과 악안면 교정술(치아교정치료가 선행되는 악안면 교정술 제외)
② 색소모반·주근깨·흑색점·기미 치료술, 여드름 치료술, 제모술, 탈모치료술, 모발이식술, 문신술 및 문신제거술, 피어싱, 지방융해술, 피부재생술, 피부미백술, 항노화치료술 및 모공축소술

구 분	내 용

(4) 부가가치 구성요소	① 토지의 공급(단, 토지의 임대는 과세)
	② 저술가·작곡가 등의 인적용역(단, 변호사 등의 전문인적용역은 과세)
	③ 금융·보험용역(금융·보험업을 영위하지 않는 사업자가 주된 사업에 부수하여 금융·보험용역과 동일 또는 유사한 용역을 제공한 경우에도 면세)
	※ 면세대상인 금융·보험용역으로 보지 아니하는 것 → 과세함
	  ㈎ 은행업무 중 보호예수, 복권·입장권·상품권·지금형주화 또는 금지금에 관한 대행용역(다만, 수익증권 등 금융업자의 금융상품 판매대행용역, 유가증권의 명의개서대행용역, 수납·지급대행용역 및 국가·지방자치단체의 금고대행용역은 면세함)
	  ㈏ 기업합병 또는 기업매수의 중개·주선·대리, 신용정보서비스 및 은행업에 관련된 전산시스템과 소프트웨어의 판매·대여용역
	  ㈐ 부동산의 임대용역
	  ㈑ 감가상각자산의 대여용역(시설대여업자가 제공하는 시설대여용역을 면세하되, 동 시설대여업자가 자동차를 대여하고 정비용역을 함께 제공하는 경우에는 과세함)
	  ㈒ 집합투자업과 투자일임업 중 부동산·실물자산, 지상권·전세권·임차권 등 부동산 관련 권리, 어업권·광업권 등(이하 '부동산·실물자산 등')에 투자하는 업무, 투자자문업
	  ㈓ 신탁업 중 부동산·실물자산 등에 투자하는 금전투자신탁, 부동산신탁 중 관리·처분·분양관리업무(다만, 신탁업자가 위탁자로부터 부동산 등의 재산을 수익자에 대한 채무이행을 담보하기 위하여 수탁받아 운용하는 업무와 부동산 등을 수탁받아 부동산개발사업을 하는 업무는 면세함)
	  ㈔ 보험업 중 보험계리용역 및 연금계리용역

(5) 공적단체의 거래	① 국가·지방자치단체·지방자치단체조합이 공급하는 재화·용역
	※ 국가 등이 공급하는 다음의 재화·용역은 과세
	  ㈎ 고속철도에 의한 여객운송용역
	  ㈏ 우정사업조직이 소포우편물을 방문접수하여 배달하는 용역과 우편주문 판매대행 용역
	  ㈐ 부동산임대업, 도매 및 소매업, 음식점업·숙박업, 골프장·스키장운영업, 기타스포츠 시설운영업. 단, 다음은 면세한다.
	    ㉠ 국방부 또는 국군이 군인, 일반군무원, 그 밖에 이들의 배우자와 직계존비속에게 공급하는 소매업, 음식점업·숙박업, 기타 스포츠시설 운영업(골프 연습장 운영업 제외) 관련 재화 또는 용역
	    ㉡ 국가 등이 그 소속 직원의 복리후생을 위하여 구내식당을 직접 경영하여 공급하는 음식용역
	    ㉢ 국가 또는 지방자치단체가 「사회기반시설에 대한 민간투자법」에 따른 사업시행자로부터 민간투자사업의 추진방식(BTO, BTL방식)에 따라 사회기반시설 또는 사회기반시설의 건설용역을 기부채납받고 그 대가로 부여하는 시설관리운영권
	  ㈑ 부가가치세 과세대상인 진료용역과 동물의 진료용역
	② 국가·지방자치단체(동 조합 포함)·공익단체*에 무상으로 공급하는 재화·용역(단, 국가 등에 유상으로 공급하는 재화·용역은 과세)
	  * 공익단체: 주무관청의 허가·인가를 받거나 주무관청에 등록된 단체로서 공익법인등(상증령 12조)을 말함. 공익사업을 위하여 주무관청의 승인을 받아 금품을 모집하는 단체는 이에 해당하지 아니하더라도 공익단체로 봄.
	③ 공익단체가 공급하는 법 소정 재화·용역

(6) 조세특례제한법상 면세 (주요내용)	① 국민주택 및 국민주택 건설용역(법 소정 리모델링 용역 포함) ※ 국민주택규모 초과 주택의 공급은 과세 ② 영유아용 기저귀와 분유(액상 형태의 분유 포함) ③ 정부업무대행단체가 공급하는 재화 또는 용역

정리1 면세하는 인적용역

인적용역은 독립된 사업(여러 개의 사업을 겸영하는 사업자가 과세사업에 필수적으로 부수되지 아니하는 용역을 독립하여 공급하는 경우를 포함한다)으로 공급하는 다음의 용역으로 한다.

개인이 물적 시설 없이 근로자를 고용(고용 외의 형태로 해당 용역의 주된 업무에 대해 타인으로부터 노무 등을 제공받는 경우를 포함한다)하지 아니하고 독립된 자격으로 용역을 공급하고 대가를 받는 다음의 인적용역	개인, 법인 또는 법인격 없는 사단·재단, 그 밖의 단체가 독립된 자격으로 용역을 공급하고 대가를 받는 다음의 인적용역
① 저술·서화·도안·조각·작곡·음악·무용·만화·삽화·만담·배우·성우·가수 또는 이와 유사한 용역 ② 연예에 관한 감독·각색·연출·촬영·녹음·장치·조명 또는 이와 유사한 용역 ③ 건축감독·학술 용역 또는 이와 유사한 용역 ④ 음악·재단·무용(사교무용 포함)·요리·바둑의 교수 또는 이와 유사한 용역 ⑤ 직업운동가·역사·기수·운동지도가(심판 포함) 또는 이와 유사한 용역 ⑥ 접대부·댄서 또는 이와 유사한 용역 ⑦ 보험가입자의 모집, 저축의 장려 또는 집금(集金) 등을 하고 실적에 따라 보험회사 또는 금융기관으로부터 모집수당·장려수당·집금수당 또는 이와 유사한 성질의 대가를 받는 용역과 서적·음반 등의 외판원이 판매실적에 따라 대가를 받는 용역 ⑧ 저작자가 저작권에 의하여 사용료를 받는 용역 ⑨ 교정·번역·고증·속기·필경(筆耕)·타자·음반취입 또는 이와 유사한 용역 ⑩ 고용관계 없는 사람이 다수인에게 강연을 하고 강연료·강사료 등의 대가를 받는 용역 ⑪ 라디오·텔레비전 방송 등을 통하여 해설·계몽 또는 연기를 하거나 심사를 하고 사례금 또는 이와 유사한 성질의 대가를 받는 용역 ⑫ 작명·관상·점술 또는 이와 유사한 용역 ⑬ 개인이 일의 성과에 따라 수당이나 이와 유사한 성질의 대가를 받는 용역	① 형사소송법 및 군사법원법 등에 따른 국선변호인의 국선변호, 국세기본법에 따른 국선대리인의 국선대리, 법률구조법에 따른 법률구조 및 변호사법에 따른 법률구조사업 ② 학술연구용역과 기술연구용역(새로운 학술 또는 기술 개발을 위하여 수행하는 새로운 이론·방법·공법 또는 공식 등에 관한 연구용역) ③ 직업소개소가 제공하는 용역 및 상담소 등을 경영하는 자가 공급하는 용역으로서 인생상담, 직업재활상담 및 그 밖에 이와 유사한 상담(결혼상담 제외)용역과 중소기업상담회사가 제공하는 창업상담용역 ④ 장애인보조견 훈련 용역 ⑤ 외국 공공기관 또는 국제금융기구로부터 받은 차관자금으로 국가 또는 지방자치단체가 시행하는 국내사업을 위하여 공급하는 용역(국내사업장이 없는 외국법인 또는 비거주자가 공급하는 용역 포함) ⑥ 민법에 따른 후견인과 후견감독인이 제공하는 후견사무 용역 ⑦ 가사서비스 제공기관이 가사서비스 이용자에게 제공하는 가사서비스 용역 ⑧「직업안정법」에 따른 근로자공급 용역 ⑨ 다른 사업자의 사업장(다른 사업자가 제공하거나 지정한 경우로서 그 사업자가 지배·관리하는 장소 포함)에서 그 사업자의 시설 또는 설비를 이용하여 물건의 제조·수리, 건설, 그 밖에 이와 유사한 것으로서 기획재정부령으로 정하는 작업을 수행하기 위한 단순 인력 공급용역(「파견근로자보호 등에 관한 법률」에 따른 근로자파견 용역은 제외함)

정리2 「은행법」에 따른 은행업무 및 부수업무로서 면세되는 용역의 범위(부령 40조 ① 1호)

① 예금·적금의 수입 또는 유가증권 및 그 밖의 채무증서 발행
② 자금의 대출 또는 어음의 할인
③ 내국환·외국환
④ 채무의 보증 또는 어음의 인수
⑤ 상호부금
⑥ 팩토링(기업의 판매대금 채권의 매수·회수 및 이와 관련된 업무)
⑦ 수납 및 지급 대행
⑧ 지방자치단체의 금고대행
⑨ 전자상거래와 관련한 지급대행

2. 재화의 수입에 대한 면세

구 분	내 용
(1) 기초생활필수품과 문화관련 등	① 미가공 식료품(식용으로 제공되는 농산물, 축산물, 수산물 및 임산물 포함) ※ 커피 및 커피의 껍데기·껍질과 웨이스트, 코코아두(원래모형이나 부순 것으로서 볶은 것 포함), 코코아의 껍데기와 코코아 웨이스트의 수입에 대하여는 2022.6.28.부터 2025.12.31.까지 면세한다. 커피두·코코아두 등을 2026.1.1.이후 수입하는 경우에는 면세하지 아니한다. 다만, 수입시 부가가치세를 과세한 커피두 등을 미가공의 상태로 국내에서 공급하는 때에는 면세한다(부집행 27-49-1①). ② 서적, 신문, 잡지나 그 밖의 정기간행물, 수제문서 및 타자문서와 전자출판물 ③ 학술연구단체, 교육기관, 한국교육방송공사 또는 문화단체가 과학용·교육용·문화용으로 수입하는 재화로서 대통령령으로 정하는 것 ④ 종교의식, 자선, 구호, 그 밖의 공익을 목적으로 외국으로부터 종교단체·자선단체 또는 구호단체에 기증되는 재화로서 대통령령으로 정하는 것 ⑤ 외국으로부터 국가, 지방자치단체 또는 지방자치단체조합에 기증되는 재화
(2) 관세가 면세되거나 감면된 재화	① 거주자가 받는 소액물품으로서 관세가 면제되는 재화 ② 이사, 이민 또는 상속으로 인하여 수입하는 재화로서 관세가 면제되거나 관세법에 따른 간이세율이 적용되는 재화 ③ 여행자의 휴대품, 별송물품 및 우송물품으로서 관세가 면제되거나 관세법에 따른 간이세율이 적용되는 재화 ④ 수입하는 상품의 견본과 광고용 물품으로서 관세가 면제되는 재화 ⑤ 국내에서 열리는 박람회, 전시회, 품평회, 영화제 또는 이와 유사한 행사에 출품하기 위하여 무상으로 수입하는 물품으로서 관세가 면제되는 재화 ⑥ 수출된 후 다시 수입하는 재화로서 관세가 감면되는 것(단, 관세가 경감되는 경우에는 경감되는 비율만큼만 면제함) ⑦ 다시 수출하는 조건으로 일시 수입하는 재화로서 관세가 감면되는 것(단, 관세가 경감되는 경우에는 경감되는 비율만큼만 면제함)

3. 면세 포기

구 분	내 용
(1) 면세포기대상	① 영세율 적용대상인 재화·용역 ② 학술 등 연구단체*가 그 연구와 관련하여 실비 또는 무상으로 공급하는 재화 또는 용역 * 학술 및 기술의 발전을 위하여 학술 및 기술의 연구와 발표를 주된 목적으로 하는 단체
(2) 면세포기절차 (승인×)	면세 포기를 하고자 하는 사업자는 면세 포기신고를 하고 지체 없이 사업자등록을 하여야 한다. → 세무서장의 승인×, 면세 포기신고 기한의 규정×
(3) 면세적용신고	면세의 포기를 신고한 사업자는 신고한 날부터 3년간 부가가치세를 면제받지 못한다. 면세포기신고를 한 날부터 3년이 지난 뒤 부가가치세를 면제받으려면 면세적용신고서와 함께 발급받은 사업자등록증을 제출하여야 하며, 면세적용신고서를 제출하지 아니하면 계속하여 면세를 포기한 것으로 본다.
(4) 면세포기의 효력 발생시기	면세사업자가 면세 포기신고를 한 때에는 사업자등록을 한 이후 거래분부터 면세 포기의 효력이 발생한다(부가 46015-2244, 1998.10.2.).
(5) 면세포기범위	면세되는 2 이상의 사업 또는 종목을 영위하는 사업자는 면세 포기하고자 하는 재화·용역의 공급만을 구분하여 면세 포기할 수 있다. 영세율이 적용되는 것만을 면세 포기한 경우에는 국내에 공급하는 재화·용역에 대하여는 면세 포기의 효력이 없다. 예 영세율대상을 면세 포기한 사업자가 일부 재화는 수출하고 일부 재화는 국내에 공급하는 경우 → 수출재화에만 면세 포기의 효력이 있으며 국내 공급분은 그대로 면세됨

정리1 면세포기대상(2개) 취지
① 영세율 적용대상 재화·용역 … 가격경쟁력 문제
② 학술 등 연구단체가 그 연구와 관련하여 실비 또는 무상으로 공급하는 재화·용역 … 과세사업자와 거래문제

정리2 면세포기

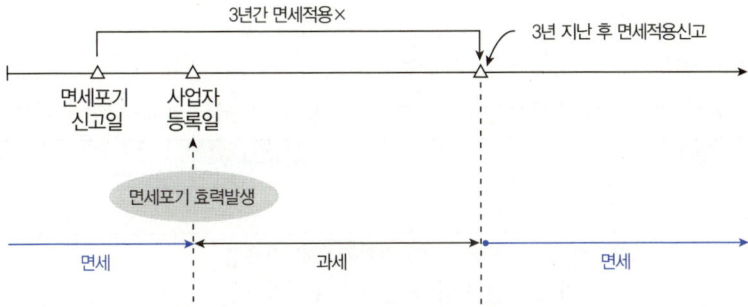

정리3 면세포기 … 2 이상 사업 또는 종목 영위 사업자

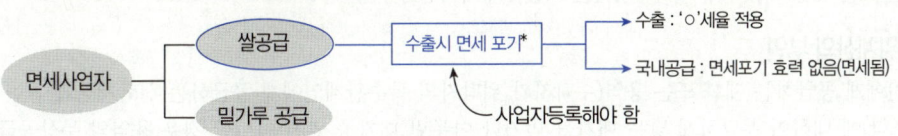

* 수출하는 경우라도 면세포기를 하지 아니하면 면세대상이다.(면세우선의 원칙)

정리4 면세포기 시 의제매입세액 공제여부(부집행 28-57-1 ⑦)

구 분	의제매입세액공제 여부
① 면세농산물 등을 그대로 또는 단순(1차)가공을 거쳐 수출하여 영세율이 적용되는 경우에 해당 사업자가 면세포기하는 경우	×
② 면세농산물 등을 제조·가공한 후 수출하여 영세율이 적용되는 경우에 해당 사업자가 면세포기하는 경우	○

과세표준과 매출세액

```
        과 세 표 준  … 해당 과세기간에 공급한 과세 재화·용역의 공급가액의 합계액
  (×)   세      율  … 10%(영세율 : 0%)
        매 출 세 액  … 대손세액 가감
```

Ⅰ. 과세표준

1. 일반적인 경우

재화·용역의 공급에 대한 과세표준은 해당 과세기간에 공급한 재화·용역의 「공급가액」을 합한 금액으로 한다.

구 분	공급가액*
(1) 금전으로 대가를 받은 경우	그 대가
(2) 금전 외의 대가를 받은 경우	적용방법 : ① → ② → ③ 순차적으로 적용함 ① 자기가 공급한 재화 또는 용역의 시가 ② 공급받은 재화 또는 용역의 시가 ③ 법인세법·소득세법상 부당행위계산의 부인시 적용가격(감정가액 → 상증법상 보충적 평가액 → 자산의 임대·용역의 제공시 특례시가)

* 공급가액에는 대금, 요금, 수수료, 그 밖에 어떤 명목이든 상관없이 재화 또는 용역을 공급받는 자로부터 받는 금전적 가치 있는 모든 것을 포함하되, 부가가치세는 포함하지 아니한다.

2. 부당행위계산의 부인

특수관계인에게 공급하는 재화 또는 용역(수탁자가 위탁자의 특수관계인에게 공급하는 신탁재산과 관련된 재화 또는 용역 포함)에 대하여 부당하게 낮은 대가를 받거나 아무런 대가를 받지 아니한 경우(용역의 무상공급은 사업용 부동산의 임대용역의 경우만 해당함)로서 조세의 부담을 부당하게 감소시킬 것으로 인정되는 경우에는 공급한 재화 또는 용역의 시가를 공급가액으로 본다.

구 분		거래상대방	
		특수관계인	비특수관계인
재화	저가공급	시가	실제 공급가액
	무상공급	시가*1)	시가(개인적공급·사업상증여의 경우)
용역	저가공급	시가	실제 공급가액
	무상공급	• 사업용 부동산 무상임대용역*2) : 시가 • 위 외의 용역 : 과세대상 아님	과세대상 아님

*1) 특수관계인에게 무상으로 공급하는 재화가 조세의 부담을 부당하게 감소시킬 것으로 인정되지 않는 경우 : 간주공급(개인적공급·사업상증여)에 해당하면 시가로 과세하나, 간주공급에 해당하지 않으면 과세대상이 아님
*2) 산학협력단과 대학 간, 공공주택사업자와 부동산투자회사 간 사업용 부동산의 무상임대용역은 제외함

정리1 공급가액(부가가치세 제외 가격), 공급대가(부가가치세 포함 가격)

사례1 교환거래

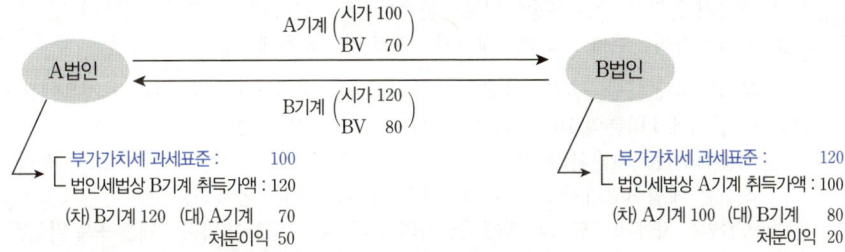

        (차) B기계 120 (대) A기계   70   (차) A기계 100 (대) B기계   80
                      처분이익 50   처분이익 20

사례2 금전 외의 대가를 받는 경우의 공급가액(20×1년 제2기 확정신고 시 공급가액)

(1) 사업자가 10월 18일 기계장치A(시가 10,000,000원, 감정가액 11,000,000원)를 거래처의 기계장치B(시가 8,000,000원, 감정가액 9,000,000원)와 교환하였다.
(2) 사업자가 12월 2일 사업용 트럭A(시가는 불분명, 감정가액 3,500,000원)를 거래처의 트럭B(시가 3,000,000원, 감정가액 4,000,000원))와 교환하였다.
(3) ㈜A가 하치장(보유기간 5년, 시가 219,000,000원)을 대표이사에게 10월 1일부터 무상으로 임대하였다. 적정임대료는 알 수 없으며 정기예금이자율은 3.5%이다.(1년은 365일로 계산함)

  (1) 자기가 공급한 재화의 시가 : 10,000,000원
  (2) 공급받은 재화의 시가 : 3,000,000원
  (3) 자산의 임대 시 특례시가 : (해당 자산의 시가×50%−받은 전세금 또는 보증금)×임대일수×정기예금이자율× $\dfrac{1}{365(6)}$ = (219,000,000−0)×92일×3.5%× $\dfrac{1}{365}$ = 1,932,000원

사례3 재화·용역의 저가공급 또는 무상공급

(1) 사업자가 종업원에게 사무실 중 일부(월임대료 시가 1,500,000원)를 1개월간 무상으로 임대한 경우
(2) 사업자가 제품(시가 3,000,000원, 원가 2,000,000원)을 지방자치단체에게 2,500,000원에 판매한 경우
(3) ㈜A(제조업)가 임원에게 개별소비세 과세대상인 업무용 승용차(시가 10,000,000원, 장부가액 8,000,000원)를 무상으로 공급한 경우(매입세액은 불공제됨)

  (1) 특수관계인에게 사업용 부동산의 무상임대(부당행위계산의 부인) : 1,500,000원
  (2) 비특수관계인에게 저가공급(부당행위 아님) : 2,500,000원
  (3) 과세대상 아님(매입세액이 불공제된 재화이므로 재화의 공급으로 보지 않음, 부당행위 아님)

정리2 마일리지등과 자기적립마일리지등

1. **마일리지등** : 재화 또는 용역의 구입실적에 따라 마일리지, 포인트 또는 그 밖에 이와 유사한 형태로 별도의 대가 없이 적립받은 후 다른 재화 또는 용역 구입 시 결제수단으로 사용할 수 있는 것과 재화 또는 용역의 구입실적에 따라 별도의 대가 없이 교부받으며 전산시스템 등을 통하여 그 밖의 상품권과 구분 관리되는 상품권
2. **자기적립마일리지등** : 당초 재화 또는 용역을 공급하고 마일리지등을 적립(다른 사업자를 통하여 적립하여 준 경우 포함)하여 준 사업자에게 사용한 마일리지등(여러 사업자가 적립하여 줄 수 있거나 여러 사업자를 대상으로 사용할 수 있는 마일리지등의 경우 다음의 요건을 모두 충족한 경우로 한정함)
   ① 고객별·사업자별로 마일리지등의 적립 및 사용 실적을 구분하여 관리하는 등의 방법으로 당초 공급자와 이후 공급자가 같다는 사실이 확인될 것
   ② 사업자가 마일리지등으로 결제받은 부분에 대하여 재화 또는 용역을 공급받는 자 외의 자로부터 보전받지 아니할 것

3. 공급가액과 과세표준 관련 항목의 처리

구 분	내 용
(1) 공급가액에 포함하는 금액	① 할부판매 및 장기할부판매의 이자상당액 ② 대가의 일부로 받는 운송보험료 · 산재보험료 · 운송비 · 포장비 · 하역비 ③ 개별소비세 · 주세 · 「교통 · 에너지 · 환경세」· 교육세 · 농어촌특별세
(2) 공급가액에 포함하지 않는 금액	① 부가가치세(다만, 부가가치세가 포함되어 있는지가 분명하지 아니한 경우에는 그 대가로 받은 금액에 110분의 100을 곱한 금액을 공급가액으로 함) ② 매출에누리 · 매출환입 및 매출할인(매출환입과 매출할인은 환입일 또는 감액사유발생일이 속하는 예정신고기간 또는 과세기간의 과세표준에서 공제함) ③ 공급받는 자에게 도달하기 전에 공급자의 귀책사유로 인하여 파손 · 훼손 또는 멸실된 재화의 가액 ④ 재화 또는 용역의 공급과 직접 관련되지 아니한 국고보조금과 공공보조금 ⑤ 통상적으로 용기 또는 포장을 해당 사업자에게 반환할 것을 조건으로 그 용기대금과 포장비용을 공제한 금액으로 공급하는 경우의 용기대금과 포장비용(단, 반환조건으로 공급한 용기 · 포장을 회수할 수 없어 변상금형식으로 변제받을 때에는 공급가액에 더함) ⑥ 사업자가 음식 · 숙박 용역이나 개인서비스 용역을 공급하고 그 대가와 함께 받는 종업원(자유직업소득자 포함)의 봉사료를 세금계산서, 영수증 또는 신용카드매출전표 등에 그 대가와 구분하여 적은 경우로서 봉사료를 해당 종업원에게 지급한 사실이 확인되는 경우의 그 봉사료(단, 사업자가 자기의 수입금액에 계상하는 경우에는 공급가액에 포함) ⑦ 거래상대방으로부터 인도받은 원자재 등을 사용하여 제조 · 가공한 재화를 공급하거나 용역을 제공하는 경우에 해당 원자재 등의 가액(다만, 재화 또는 용역을 공급하고 그 대가로 원자재 등을 받는 경우에는 공급가액에 포함) ⑧ 공급대가의 지급이 지연되어 지급받는 연체이자(소비대차 전환 여부 무관)
(3) 과세표준에서 공제하지 않는 금액	① 대손금 ② 거래상대방에게 지급한 장려금(현물로 지급하는 경우 현물의 시가를 과세표준에 포함) → 사업상 증여임 ③ 하자보증금 등(건설용역 대가의 일부인 하자보증금과 유보금) ④ 관세환급금 : 수출대가의 일부로 받는 관세환급금[주]

주) 내국신용장에 의하여 재화를 수출업자 또는 수출품생산업자에게 공급하고 해당 수출업자 또는 수출품생산업자로부터 그 대가의 일부로 받는 관세환급금에 대하여는 영세율이 적용된다. 다만, 수출업자 또는 내국신용장에 의하여 완제품을 수출업자에게 공급한 자가 세관장으로부터 직접 받는 관세환급금과 수출품생산업자가 수출대행업자로부터 받는 관세환급금에 대하여는 과세하지 아니한다(부집행 21-31-8④).

[정리] 마일리지 등으로 대금의 전부 또는 일부를 결제받은 경우

구 분		공급가액
자기적립마일리지등	전부 결제받은 금액	공급으로 보지 않음
	일부 결제받은 금액	공급가액에서 제외
자기적립마일리지등 외의 마일리지등(제3자 적립마일리지등)으로 전부 또는 일부 결제 받은 부분	재화 또는 용역을 공급받는 자 외의 자로부터 보전받았거나 보전받을 금액	공급가액에 포함
	보전받지 아니하고 간주공급에서 규정한 자기생산 · 취득재화를 공급한 경우(사업상 증여)	공급한 재화 · 용역의 시가
	특수관계인으로부터 부당하게 낮은 금액을 보전받거나 아무런 금액을 받지 아니하여 조세의 부담을 부당하게 감소시킬 것으로 인정되는 경우(부당행위)	

사례1 마일리지 등 결제

① 자기적립마일리지 등 결제액 … 공급가액에서 제외

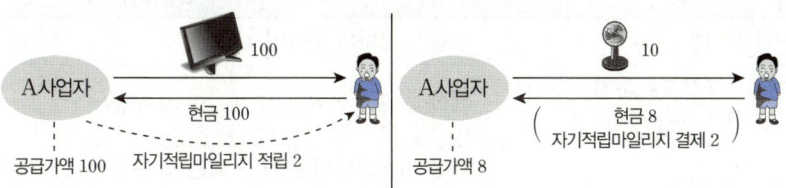

② 제3자 적립마일리지 등 결제액 … (원칙) 사업자가 실제로 받은 대가만큼만 공급가액에 포함

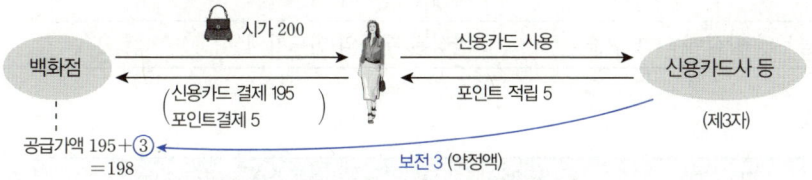

③ 제3자 적립마일리지 등 결제액 … 재화(시가 100, 매입세액 공제받음)를 공급함
  ㈎ 현금 70과 제3자 적립마일리지 30으로 결제받았으나, 보전 받은 금액이 없는 경우 ⇨ 공급가액 100(시가)
  ㈏ 제3자 적립마일리지 100으로 결제받았으나, 보전 받은 금액이 없는 경우 ⇨ 공급가액 100(시가)

사례2 매출할인

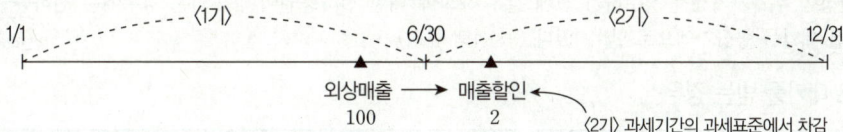

사례3 대손금 … 공급시기 이후 발생

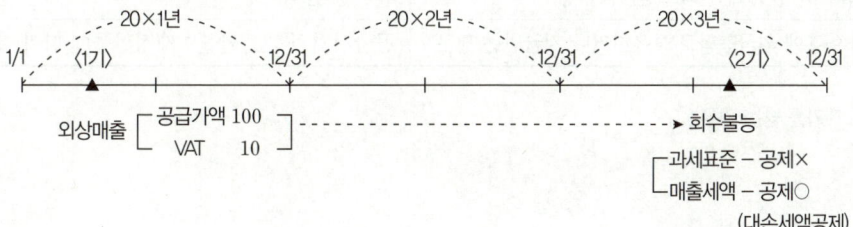

사례4 판매장려금

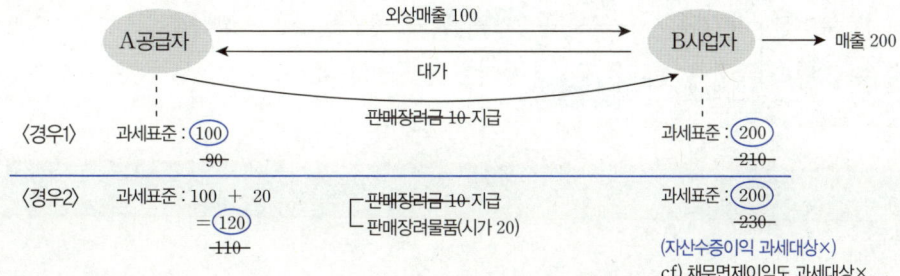

4. 거래형태별 공급가액

(1) 일반거래의 공급가액

구 분	공급가액
① 외상판매 · 할부판매	공급한 재화의 총가액
② 장기할부판매 · 완성도기준지급조건부 및 중간지급조건부 공급 · 계속적 공급	계약에 따라 받기로 한 대가의 각 부분
③ 기부채납	해당 기부채납의 근거가 되는 법률에 따라 기부채납된 가액(부가가치세가 포함된 경우 그 부가가치세는 제외)
④ 공유수면 매립용역	「공유수면 관리 및 매립에 관한 법률」에 따라 산정한 해당 매립공사에 든 총사업비
⑤ 위탁가공무역 방식에 의한 수출	완성된 제품의 인도가액

(2) 재화 수입

구 분	공급가액
① 수입재화의 과세표준	관세의 과세가격＋관세 · 개별소비세 · 주세 ·「교통 · 에너지 · 환경세」＋교육세＋농어촌특별세
② 사업자가 보세구역 내에 보관된 재화를 공급하고, 공급받는 자가 그 재화를 보세구역으로부터 반입하는 경우	공급가액＊＝그 재화의 공급가액－수입세금계산서에 적힌 공급가액 (＝수입재화의 과세표준) 이중과세 방지

＊ 다만, 세관장이 부가가치세를 징수하기 전에 같은 재화에 대한 선하증권이 양도되는 경우에는 선하증권의 양수인으로부터 받은 대가를 공급가액으로 할 수 있다.(▸선택 규정) → 선하증권의 금액×

(3) 외국통화로 대가를 받는 경우

구 분	공급가액
① 공급시기가 되기 전에 원화로 환가한 경우	환가한 금액
② 공급시기 이후에 외국통화로 보유하거나 지급받는 경우	공급시기의 기준환율 · 재정환율에 따라 계산한 금액

🚢 외국통화로 대가를 받는 경우

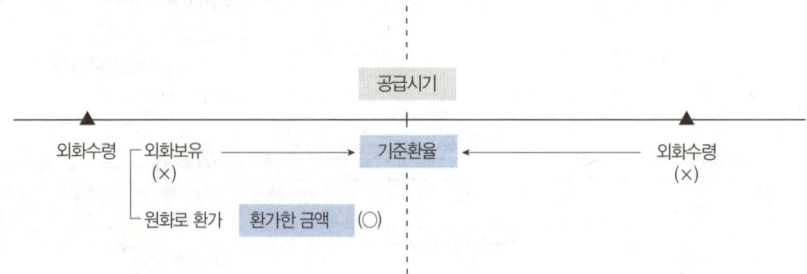

사례1 보세구역 내에서 보세구역 밖으로 수입재화를 공급하는 경우

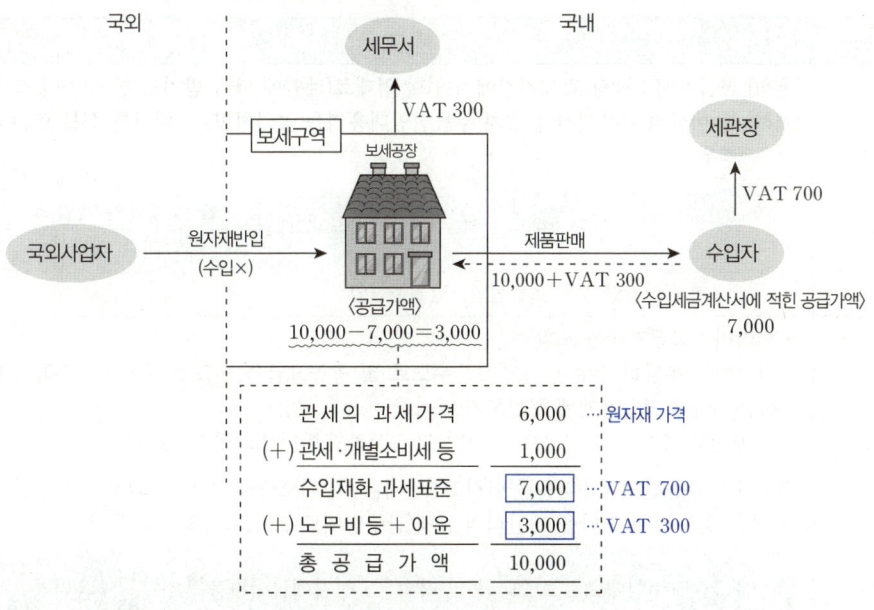

사례2 보세공장의 공급가액

(1) 관세의 과세가격 6,000, 관세 400, 보세공장의 총공급가액 10,000
(2) 세관장이 징수한 부가가치세가 〈경우1〉 700으로 제시된 경우와 〈경우2〉 제시되지 않은 경우

〈경우1〉 보세공장의 공급가액 : $10,000 - (700 \div 10\%) = 3,000$
〈경우2〉 보세공장의 공급가액 : $10,000 - (6,000 + 400) = 3,600$

사례3 수입재화에 대한 선하증권의 양도(세관장이 부가가치세 징수하기 전)

선하증권의 양도가액 1,200, 선하증권의 금액 1,000, 수입재화의 과세표준 1,050

- 선택
  - 공급가액 : 1,200 ← 선하증권의 양도일(명의개서일 or 배서일)
  - 공급가액 : 1,200 - 1,050 = 150 ← 수입신고 수리일

사례4 외화로 대가를 받는 경우

(1) 수출제품 선적일 5.15.
(2) 수출대금 중 $20,000은 5.5. 수령[그 중 $15,000은 5.10. 원화로 환가함(15,900,000원)]
(3) 나머지 $80,000은 5.20. 수령하여 5.25.에 원화로 환가함(95,000,000원)

일자	5.5.	5.10.	5.15.	5.20.	5.25.
기준환율/$	1,000	1,050	1,100	1,150	1,200

- 공급가액 : $15,900,000 + \$5,000 \times 1,100 + \$80,000 \times 1,100 = 109,400,000$
  (실제환가액) (선적일)

5. 부동산임대용역의 경우

(1) 일반적인 경우

구 분	내 용
임대료	[원칙] 공급가액 : 해당 과세기간에 수입할 임대료(계약에 따라 받기로 한 대가의 각 부분) [특례] 둘 이상의 과세기간에 걸쳐 부동산임대용역을 공급하고 그 대가를 선불 또는 후불로 받는 경우 $$공급가액 = 선불 \cdot 후불로 받는 임대료 \times \frac{각\ 과세기간\ 개월\ 수^*}{계약기간\ 개월\ 수^*}$$ * 1개월 미만인 경우 초월산입·말월불산입
관리비· 공공요금	• 관리비 : 공급가액에 포함 • 임차인이 부담하여야 할 보험료·수도료 및 공공요금을 별도로 구분·징수하여 납입을 대행하는 경우 : 공급가액에 포함하지 아니함 ※ 보험료·수도료 및 공공요금을 별도로 구분하지 아니하고 영수하는 때에는 공급가액에 포함
간주임대료	사업자가 부동산임대용역을 공급하고「전세금·임대보증금」을 받는 경우에는 금전 이외의 대가를 받은 것으로 보아 다음 계산식의 금액(간주임대료)을 공급가액으로 한다. $$간주임대료 = 보증금\ 등의\ 적수^{*1)} \times 정기예금이자율^{*2)} \times \frac{1}{365}\left(윤년\ \frac{1}{366}\right)$$ *1) 보증금 등의 적수 : 전세금 또는 임대보증금×임대일수(초일산입·말월불산입) 　① 사업자가 계약에 따라 전세금이나 임대보증금을 임대료에 충당하였을 때에는 그 금액을 제외한 가액을 전세금 또는 임대보증금으로 한다. 　② 임대일수 : 임차인이 해당 부동산을 사용하거나 사용하기로 한 때를 기준으로 하므로 전세금 등의 수령 여부와 관계없이 임대개시일을 기준으로 계산한다. *2) 정기예금이자율 : 기획재정부령으로 정하는 1년 만기 정기예금이자율을 말한다. 해당 기간 중 이자율이 변동된 경우에도 예정신고기간·과세기간 종료일 현재의 이자율로 한다.

◀세부내용▶ 간주임대료 계산 특례

① 기부채납한 지하도 건설비의 공제 : 국가·지방자치단체의 소유로 귀속되는 지하도의 건설비를 전액 부담한 자가 지하도로 점용허가(1차 무상점용기간으로 한정함)를 받아 대여하는 경우의 다음 산식에 의하여 계산한 건설비 상당액을 보증금 등에서 차감한다.

$$차감할\ 건설비 = 기부채납된\ 지하도의\ 건설비 \times \frac{전세금\ 등을\ 받고\ 임대한\ 면적}{임대\ 가능\ 면적}$$

② 전대한 경우 임차보증금의 공제 : 사업자가 부동산을 임차하여 다시 임대용역을 제공하는 경우에는 "해당 임대보증금(전세금 포함) − 임차시 지급한 임차보증금(전세금 포함)"에 대하여 간주임대료를 계산한다. 임차한 부동산 중 직접 자기의 사업에 사용하는 부분이 있는 경우에는 다음과 같이 면적비율로 안분한 금액을 차감한다.

$$임차시\ 지급한\ 임차보증금 = 임차보증금 \times \frac{임차한\ 부동산\ 총면적^* - 자기\ 사용\ 면적^*}{임차한\ 부동산\ 총면적^*}$$

* 예정신고기간 또는 과세기간 종료일 현재의 면적을 기준으로 한다.

> **사례1** 부동산 임대
>
> 일반과세자인 ㈜A의 20×2년 제2기 예정신고기간(7.1.~9.30.)의 과세표준은? (1년은 365일로 계산할 것)
>
> (1) 임대현황
>
> | 임차인 | 용 도 | 임대보증금 | 임대료 | 임대기간(1년) |
> |---|---|---|---|---|
> | A | 상 가 | 50,000,000원 | 1년분 12,000,000원*1) | 20×1.9.20.~20×2.9.20. |
> | B | 사무실 | 100,000,000원 | 매월 1,000,000원*2) | 20×1.10.1.~20×2.9.30. |
>
> *1) 1년분 임대료 12,000,000원을 임대개시일에 전액 수령함.
> *2) 지급약정일은 매월 초이나 20×2년 9월분은 10.12.에 수령함, 임대료 외에 별도로 관리비 월 300,000원(임차인이 부담하여야 할 전기료 및 수도료 100,000원이 포함되어 있으나 별도로 구분·징수함)을 수령함.
> (2) 상가임대보증금 중 30,000,000원을 예금에 가입하여 20×2년 제2기 예정신고기간에 이자수익 50,000원이 발생함
> (3) 기획재정부령으로 정하는 정기예금이자율 : 종전 2.5%에서 20×2.9.1에 2%로 개정됨.
>
> - 과세표준
>
>   A : 월임대료 $12{,}000{,}000 \times \dfrac{2}{12} =$ (7월~8월(말월 불산입)) 2,000,000
>
>   간주임대료 $50{,}000{,}000 \times 81일 \times 2\% \times \dfrac{1}{365} =$ 221,917
>   (7.1.~9.19.(말일 불산입))
>
>   2,221,917
>
>   B : 월임대료 $1{,}000{,}000 \times 3 =$ (전기료 등을 구분·징수하는 경우 제외함) 3,000,000
>
>   관리비 $(300{,}000 - 100{,}000) \times 3 =$ 600,000
>
>   간주임대료 $100{,}000{,}000 \times 92일 \times 2\% \times \dfrac{1}{365} =$ 504,109
>   (7.1.~9.30.*)
>
>   4,104,109
>
>   * 9.30.은 오후 24시로 종료되므로 포함된다.
>
> **사례2** 전대의 경우 간주임대료
>
>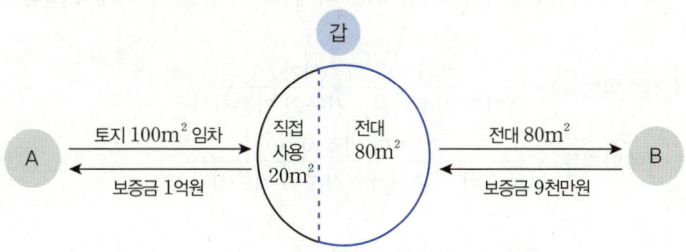
>
> 갑의 간주임대료 : $\left(90{,}000{,}000 - 100{,}000{,}000 \times \dfrac{80m^2}{100m^2}\right) \times 일수 \times 정기예금이자율 \times \dfrac{1}{365}\left(윤년\ \dfrac{1}{366}\right)$

(2) 주택을 임대한 경우

1) 주택과 이에 부수되는 토지의 임대 용역으로서 면세하는 것의 범위

> ① 상시주거용(사업을 위한 주거용의 경우는 제외한다)으로 사용하는 건물(이하 '주택')과 이에 부수되는 토지[*1]의 임대 용역
> ② 「주택법」에 따른 토지임대부 분양주택[*2](국민주택규모로 한정한다)에 부수되는 토지[*1]의 임대 용역

*1) 부수되는 토지의 면적이 다음의 면적 중 넓은 면적을 초과하는 경우 그 초과하는 부분의 임대 용역은 부가가치세 면제 대상이 되는 임대 용역에서 제외한다.
  ① 주택의 연면적(지하층의 면적, 지상층의 주차용으로 사용되는 면적 및 주민공동시설의 면적은 제외함)
  ② 건물이 정착된 면적×5배(도시지역 밖의 토지의 경우에는 10배)
*2) 토지임대부 분양주택 : 토지의 소유권은 사업계획의 승인을 받아 토지임대부 분양주택 건설사업을 시행하는 자가 가지고, 건축물 및 복리시설 등에 대한 소유권(건축물의 전유부분에 대한 구분소유권은 이를 분양받은 자가 가지고, 건축물의 공용부분·부속건물 및 복리시설은 분양받은 자들이 공유한다)은 주택을 분양받은 자가 가지는 주택(주택법 2조 9호)

2) **겸용주택의 임대** : 과세대상인 사업용 건물과 면세대상인 주택이 함께 설치되어 있는 겸용주택을 임대한 경우에는 다음과 같이 면세 여부를 판정한다. 부동산을 2인 이상에게 임대한 경우에는 임차인별로 이를 적용한다.

구 분	주택면적＞사업용 건물면적	주택면적≤사업용 건물면적
건물분 면세범위	주택면적＋사업용 건물면적	주택면적
부수토지분 면세범위	① 토지 총면적 ② (한도) 　Max[건물 연면적, 건물정착면적[*1]] 　×5배(도시지역 밖 10배)]	① 토지총면적 × $\dfrac{주택연면적}{건물연면적}$ ② (한도) 　Max[주택 연면적, 주택정착면적[*2]] 　×5배(도시지역 밖 10배)]

*1) 건물정착면적＝주택정착면적＋사업용건물정착면적
*2) 복층건물의 주택정착면적은 다음과 같이 계산한다.
　　주택정착면적＝건물정착면적 × $\dfrac{주택연면적}{건물연면적}$

부동산 임대용역과 면세되는 주택 임대용역을 함께 공급하여 그 임대구분과 임대료 등의 구분이 불분명한 경우에는 다음의 계산식을 순차로 적용하여 공급가액을 계산한다.

> (1) 토지 임대료와 건물 임대료의 안분계산 : 예정신고기간 또는 과세기간이 끝난 날 현재의 소득세법에 따른 **기준시가**에 따라 안분계산
>   ① 건물 임대료＝(임대료＋간주임대료)× $\dfrac{건물의 기준시가}{토지의 기준시가＋건물의 기준시가}$
>   ② 토지 임대료＝(임대료＋간주임대료)× $\dfrac{토지의 기준시가}{토지의 기준시가＋건물의 기준시가}$
> (2) **면적**에 의한 안분계산
>   ① 건물 임대 공급가액＝건물 임대료× $\dfrac{과세되는 건물임대면적}{총건물임대면적}$
>   ② 토지 임대 공급가액＝토지 임대료× $\dfrac{과세되는 토지임대면적}{총토지임대면적}$
> (3) 공급가액＝건물 임대 공급가액＋토지 임대 공급가액

사례1 겸용주택 임대

① 주택면적 > 상가면적

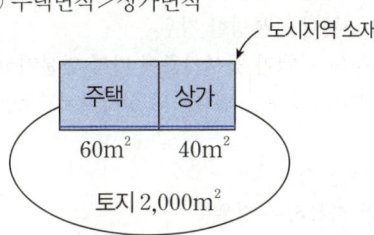

	면세	과세
건물	100	—
토지 ① 2,000 ② (한도) Max[100, 100×5]=500	1,500	
⇒ 500		

② 주택면적 ≤ 상가면적

[경우1]

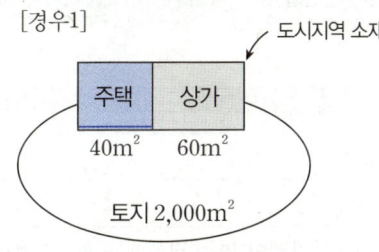

	면세	과세
건물	40	60
토지 ① $2,000 \times \frac{40}{100} = 800$ ② (한도) Max[40, 40×5]=200	1,800	
⇒ 200		

[경우2]

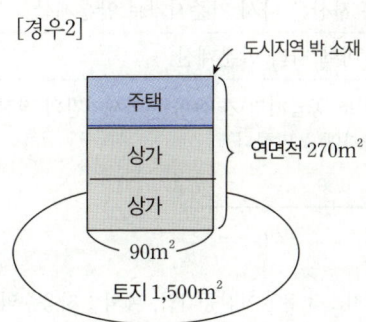

	면세	과세
건물	90	180
토지 ① $1,500 \times \frac{90}{270} = 500$ ② (한도) Max$\left[90, \left(90 \times \frac{90}{270}\right) \times 10\right] = 300$	1,200	
⇒ 300		

사례2 겸용주택 임대시 공급가액 ⋯ 사례1의 ②[경우1] 추가자료

20×1년 제2기 예정신고기간(7.1.~9.30.)의 과세표준은? (1년은 365일로 계산할 것)

> (1) 임대보증금 73,000,000원, 월임대료 2,000,000원 ⋯ 실지 귀속의 구분 불분명
> (2) 임대계약기간 : 20×1.1.1.~20×1.12.31.
> (3) 20×1년 제2기 예정신고기간 종료일 현재 : 정기예금이자율 2%(가정치)
>   ① 감정평가가액(건물 4억원, 토지 4억원)   ② 기준시가(건물 3억원, 토지 1억원)

① 임대료와 간주임대료 : $2,000,000 \times 3 + 73,000,000 \times 92일 \times 2\% \times \frac{1}{365} = 6,368,000$

② 과세표준 : (건물) $6,368,000 \times \frac{3억원}{4억원} \times \frac{60m^2}{100m^2} =$ 2,865,600

　　　　　　(토지) $6,368,000 \times \frac{1억원}{4억원} \times \frac{1,800m^2}{2,000m^2} =$ <u>1,432,800</u>

　　　　　　　　　　　　　　　　　　　　　　　　　　<u>4,298,400</u>

6. 부동산(토지와 건물 등) 공급의 경우

(1) 공급가액의 구분이 분명한 경우 : 실지거래가액(부가가치세 제외) → 토지는 면세, 건물 등은 과세
(2) (1) 외의 경우 : 다음 중 어느 하나에 해당하는 경우에는 아래와 같이 안분계산한 금액을 공급가액으로 한다.
   ① 실지거래가액 중 토지의 가액과 건물 또는 구축물 등의 가액의 구분이 불분명한 경우
   ② 사업자가 실지거래가액으로 구분한 토지와 건물 또는 구축물 등의 가액이 안분기준에 따라 안분계산한 금액과 30% 이상 차이가 있는 경우. 다만, 다음 중 어느 하나에 해당하는 경우는 건물등의 실지거래가액을 공급가액으로 한다.
      ㈎ 다른 법령에서 정하는 바에 따라 토지와 건물등의 가액을 구분한 경우
      ㈏ 토지와 건물등을 함께 공급받은 후 건물등을 철거하고 토지만 사용하는 경우

$$\text{건물 등의 공급가액} = \text{일괄공급가액} \times \frac{\text{건물 등의 가액}}{\text{토지가액} + \text{건물 등의 가액}}$$

1) 안분기준

구 분		내 용
감정가액이 있는 경우		〈1순위〉 감정평가법인등의 감정가액[*1]
감정가액이 없는 경우	기준시가가 모두 있는 경우	〈2순위〉 공급계약일의 기준시가
	기준시가가 모두 없거나 일부가 없는 경우	〈3순위〉 장부가액[*2](장부가액이 없는 경우에는 취득가액) → 기준시가가 있는 자산은 다시 기준시가로 안분계산
위의 규정을 적용할 수 없거나 적용하기 곤란한 경우		국세청장이 정하는 바에 따라 안분계산

[*1] 감정가액은 공급시기(중간지급조건부 또는 장기할부판매의 경우는 최초 공급시기)가 속하는 과세기간의 직전 과세기간 개시일부터 공급시기가 속하는 과세기간의 종료일까지의 감정평가액을 말한다.

```
   1/1        7/1       12/31   공급일  6/30      12/31
    |----------|----------|        ▼     |----------|
    |------(×)------|----감정가액(○)----|------(×)------|
```

☞ 부동산 양도 시 공급시기 : 해당 부동산이 이용가능하게 된 때(원칙 : 소유권이전등기일, 예외 : 사용수익일). 단, 중간지급조건 또는 장기할부판매의 경우에는 각 대가를 받기로 한 때

[*2] 장부가액은 세무회계상 장부가액(재무상태표상 장부가액±유보잔액)을 말한다(부가 46015-929, 1994.5.7.).

2) 일괄공급가액에 부가가치세가 포함된 경우

① 안분기준 : VAT가 포함된 금액(건물 등의 가액×110%)으로 환산
② 안분계산 :

$$\text{건물등의 공급가액(VAT 제외)} = \text{일괄공급가액}^* \times \frac{\text{건물 등의 가액}^*}{\text{토지가액} + \text{건물 등의 가액}^*} \times \frac{100}{110}$$

   * 일괄공급가액과 건물 등의 가액은 VAT 포함된 금액임

✔ 토지에 대한 부가가치세법상 취급

구 분		취 급
토지의 공급(실질공급 · 간주공급 · 부수재화)		면 세
토지의 임대	전 · 답 · 과수원 · 목장용지 · 임야 · 염전	과세제외
	주택부수토지	면 세
	위 외의 토지	과 세

사례1 부동산 일괄공급

(단위 : 백만원)

구분	토지	건물	기계장치	계
감정가액	8	13	7	28
기준시가	4	6	–	10
장부가액	7.5	12.5	5	25
취득가액	7.5	20	12	39.5

〈경우 1〉 일괄양도가액이 36,400,000원(부가가치세 제외)인 경우 공급가액은?

① 건　물 : $36,400,000 \times \dfrac{13}{28} = 16,900,000$ ⎤
　　　　　　　　　　　　　　　　　　　　　　　　 ⎬ 26,000,000
② 기계장치 : $36,400,000 \times \dfrac{7}{28} = 9,100,000$ ⎦

〈경우 2〉 일괄양도가액이 36,400,000원(부가가치세 제외)인 경우 공급가액은? 단, 감정가액은 없다고 가정함.

① 건　물 : $36,400,000 \times \dfrac{7.5+12.5}{25} \times \dfrac{6}{10} = 17,472,000$ ⎤
　　　　　　　　　　　　　　　　　　　　　　　　　　　　　　　 ⎬ 24,752,000
② 기계장치 : $36,400,000 \times \dfrac{5}{25} \qquad\qquad = 7,280,000$ ⎦

〈경우 3〉 일괄양도가액이 43,666,700원(부가가치세 포함)인 경우 공급가액은? 단, 감정가액은 없다고 가정함.

① 건　물 : $43,666,700 \times \dfrac{7.5+13.75}{26.75} \times \dfrac{6.6}{10.6} \times \dfrac{100}{110} = 19,635,000$ ⎤
　　　　　　　　　　　　　　　　　　　　　　　　　　　　　　　　　　　　 ⎬ 27,797,000
② 기계장치 : $43,666,700 \times \dfrac{5.5}{26.75} \times \dfrac{100}{110} \qquad\quad = 8,162,000$ ⎦

* 부가가치세 포함금액(단위 : 백만원)

	토지	건물	기계장치	계
기준시가	4	6.6	–	10.6
장부가액	7.5	13.75	5.5	26.75

사례2 감정가액과 기준시가 … 중간지급조건부 또는 장기할부판매의 경우

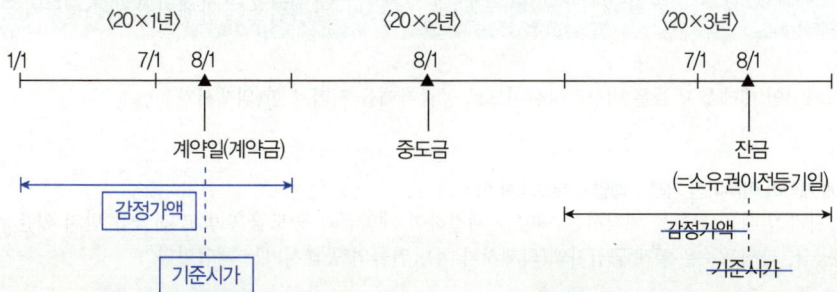

7. 간주공급(재화 공급의 특례) … 자가공급ㆍ개인적공급ㆍ사업상증여ㆍ폐업시 재고재화

(1) 완전전용의 경우

구 분		공급가액
비상각자산	일반적인 경우	시가
	판매목적 타사업장 반출의 경우	① 일반적인 경우 : 법인세법ㆍ소득세법상 취득가액[*1] ② 취득가액에 일정액을 더하여 공급하는 경우 : 법인세법ㆍ소득세법상 취득가액[*1] + 일정액 ③ [특례] 개별소비세ㆍ주세ㆍ「교통ㆍ에너지ㆍ환경세」가 부과되는 재화의 경우 : 개별소비세 등의 과세표준 + 개별소비세ㆍ주세ㆍ「교통ㆍ에너지ㆍ환경세」 + 교육세ㆍ농어촌특별세
감가상각자산	건물과 구축물	취득가액[*2] × (1 − 5% × 경과된 과세기간의 수[*3])
	그 밖의 상각자산	취득가액[*2] × (1 − 25% × 경과된 과세기간의 수[*3])

[*1] 법인세법ㆍ소득세법상 취득가액 : 매입세액 공제 여부에 관계없는 해당 재화의 가액을 말한다.
[*2] 취득가액 : 매입세액을 공제받은 해당 재화의 가액을 말한다.
- 취득가액 포함 : 매입세액공제를 받은 현재가치할인차금
- 취득가액 제외 : 매입세액공제를 받지 않은 취득세, 건설자금이자, 연지급수입이자

[*3] 취득일부터 공급일까지의 경과된 과세기간 수 : 과세기간의 개시일 후에 감가상각자산을 취득하거나 해당 재화가 공급된 것으로 보게 되는 경우에는 그 과세기간의 개시일에 해당 재화를 취득하거나 해당 재화가 공급된 것으로 본다.

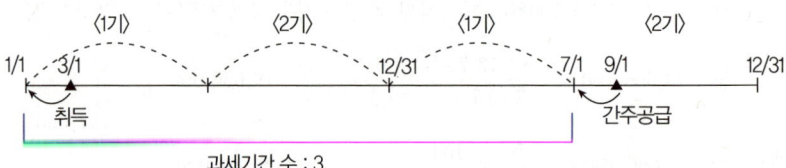

☞ 취득일 : 해당 재화가 실제로 사업에 사용된 날을 말한다. 또한, 사업의 포괄적양수로 승계한 자산(양수자가 부가가치세액을 대리납부한 자산은 제외)의 경우 취득일은 양도자가 당초 취득하여 사업에 사용한 날을 기준으로 한다.

(2) 감가상각자산의 일부면세전용

과세사업에 사용하던 감가상각자산을 면세사업에 일부 사용하는 경우 공급가액은 다음과 같이 계산한다. 다만, 총공급가액 중 면세공급가액의 비율이 5% 미만인 경우에는 공급가액이 없는 것으로 본다.

$$\text{취득가액} \times (1 - \text{상각률} \times \text{경과된 과세기간의 수}) \times \frac{\text{일부전용한 과세기간의 면세공급가액}}{\text{일부전용한 과세기간의 총공급가액}}$$

✔ 주의 : 재고자산인 매매용 건물은 비상각자산이므로 공급가액을 시가로 함(의제시가 ×).

📚 폐업일 전에 계약이 이루어진 거래 : 폐업시 재고재화 아님
부동산임대업자가 임대용 건물을 매각하는 계약을 체결하여 계약금과 중도금을 받고 잔금을 받지 않은 상태에서 폐업한 경우 → 실질공급, 과세표준은 실제 공급가액(의제시가 ×), 건물의 공급시기는 폐업일임

사례1 판매목적 타사업장 반출

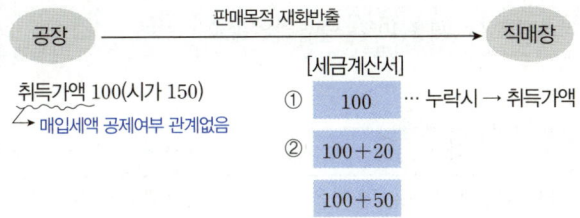

사례2 폐업시 재고재화 … 사업장 폐업일 2025.10.20
(별도의 언급이 없는 한 해당 재화의 매입세액은 취득당시 적법하게 공제 받았음)

(단위 : 원)

구 분	취 득 일	취득가액	시 가	비 고
제 품	2025. 3. 2.	30,000,000	40,000,000	
토 지	2022. 6. 3.	80,000,000	120,000,000	
건물A	2022. 6. 3.	60,000,000	70,000,000	• 사업의 포괄적 양수로 승계취득한 자산임 • 사업양도자의 취득·사용일(2019.12.2.)
구축물	2024. 3. 5.	41,000,000	30,000,000	• 취득가액에 취득세 1,000,000원 포함됨
기계C	2024. 3. 5.	82,000,000	86,000,000	• 사용일(2024.12.31.) • 취득가액에 건설자금이자 2,000,000원 포함됨
비 품	2023. 6.30.	12,000,000	8,000,000	
승용차	2024. 7.10.	9,000,000	7,000,000	• 매입세액 불공제된 자동차임
건물B	2024. 6. 1.	50,000,000	60,000,000	• 재고자산(매매용 건물)
기계D	2024. 9. 3.	30,000,000	9,000,000	• 판매가액 1천만원 ─ 계약시 5백만원(2025.10.1) └ 인도시 5백만원(2025.11.1.)

구 분	계산근거	과세표준	비 고
제 품		40,000,000	비상각자산은 시가
토 지		―	면세대상
건물A	60,000,000×(1−5%×12)	24,000,000	2019년 제2기~2025년 제1기
구축물	40,000,000×(1−5%×3)	34,000,000	취득세 제외, 2024년 제1기~2025년 제1기
기계C	80,000,000×(1−25%×2)	40,000,000	건설자금이자 제외, 2024년 제2기~2025년 제1기
비 품	12,000,000×(1−25%×4)	―	2023년 제1기~2025년 제1기(5기 → 4기)
승용차		―	매입세액 불공제 재화
건물B		60,000,000	재고자산은 폐업 당시 시가
기계D		10,000,000	실질공급, 판매가액이 공급가액임(공급일 : 폐업일)
합 계		208,000,000	

Ⅱ. 매출세액

1. 매출세액

> 매출세액 = 과세표준 × 세율(10%, 영세율은 0%)

2. 대손세액의 공제특례

구 분	내 용
대손요건	① 대손사유 : 부가가치세가 과세되는 재화 또는 용역을 공급하고 외상매출금이나 그 밖의 매출채권(부가가치세 포함)의 전부 또는 일부가 다음 중 어느 하나에 해당하는 경우 　㉮ 소득세법 및 법인세법상 대손사유에 따라 대손금으로 인정되는 경우(채권·채무재조정에 의한 장부가액과 현재가치 차액은 제외) 　㉯ 「채무자 회생 및 파산에 관한 법률」에 따른 법원의 회생계획인가 결정에 따라 채무를 출자전환하는 경우(이 경우 대손되어 회수할 수 없는 금액은 출자전환하는 시점의 출자전환된 매출채권 장부가액과 출자전환으로 취득한 주식 또는 출자지분의 시가와의 차액으로 함) ② 대손세액공제 범위 : 공급일부터 10년이 지난 날이 속하는 과세기간에 대한 확정신고 기한까지 대손사유로 확정되는 대손세액(결정 또는 경정으로 증가된 과세표준에 대하여 부가가치세액을 납부한 경우 해당 대손세액 포함) 　📌 대손확정기한 　　2015.7.1(공급일) ─── 2025.7.2(10년이 지난 날) ─ 2기 ─ 2026.1.25(확정신고기한(대손확정기한)) 　　←────── 대손기간(○) ──────→ ┆--(×)--┆ 　📌 공급일 2015.6.30.인 경우 : 공급일부터 10년이 지난 날(2025.7.1.)이 속하는 과세기간의 확정신고기한(2026.1.25.)까지 대손이 확정되어야 함
공제시기	대손사유가 발생한 과세기간의 확정신고시 공제(주의 : 예정신고시 공제받을 수 없음)
대손세액	대손세액 = 대손금액(부가가치세 포함) × $\dfrac{10}{110}$
대응조정	<table><tr><th>구분</th><th>공급자</th><th>공급받는 자</th></tr><tr><td>대손확정시</td><td>매출세액에서 뺄 수 있다</td><td>매입세액에서 뺀다*</td></tr><tr><td>대손금회수 또는 변제시</td><td>매출세액에 더한다</td><td>매입세액에 더한다</td></tr></table>* 공급받은 사업자가 대손세액의 전부 또는 일부를 매입세액으로 공제받은 경우로서 그 사업자가 폐업하기 전에 공급하는 자가 대손세액공제를 받은 경우에는 그 공급받은 사업자는 관련 대손 세액을 대손이 확정된 날이 속하는 과세기간에 자신의 매입세액에서 뺀다. ☞ 공급자가 대손세액을 매출세액에서 차감한 경우 공급자의 관할 세무서장은 대손세액 공제사실을 공급받는 자의 관할 세무서장에게 통지하여야 하며, 통지를 받은 세무서장은 공급받은 자가 관련 대손세액을 매입세액에서 차감하여 신고하지 아니한 경우에는 세액을 결정·경정하여야 한다. 이 경우 매입자는 공급자가 대손세액공제를 한 것을 알 수 없으므로 매입세액에서 대손세액을 빼지 않은 경우에도 신고불성실가산세·납부지연가산세를 부과하지 아니한다.
공제절차	대손세액공제를 받으려 하거나 대손변제세액을 매입세액에 더하는 것을 적용받고자 하는 사업자는 부가가치세의 확정신고시 확정신고서에 대손세액공제(변제)신고서와 그 사실을 증명하는 서류를 제출하여야 한다(증명서류는 확정신고 이후에 제출해도 공제함). ☞ 사업자의 착오 등으로 확정신고시 대손세액공제를 받지 못한 경우에도 경정청구하여 대손세액공제가 가능하다(부집행 45-87-11).

> **정리1** 대손사유 … 법인세법 시행령 제19조의2 ①, 소득세법 시행령 제55조 ②(⑪, ⑫는 제외)
>
> ① 소멸시효 완성 채권(외상매출금·미수금, 어음, 수표, 대여금·선급금)
> ②「채무자 회생 및 파산에 관한 법률」에 따른 회생계획인가의 결정 또는 법원의 면책결정에 따라 회수불능으로 확정된 채권
> ③ 민사집행법에 따라 채무자의 재산에 대한 경매가 취소된 압류채권
> ④「서민의 금융생활 지원에 관한 법률」에 따른 채무조정을 받아 신용회복지원협약에 따라 면책으로 확정된 채권
> ⑤ 채무자의 파산, 강제집행, 형의 집행, 사업의 폐지, 사망, 실종, 행방불명으로 회수할 수 없는 채권
> ⑥ 부도발생일부터 6개월 이상 지난 수표 또는 어음상의 채권 및 중소기업의 외상매출금으로서 부도발생일 이전의 것(저당권 설정된 경우 제외)
> ⑦ 중소기업의 외상매출금 및 미수금으로서 회수기일이 2년 이상 지난 외상매출금 및 미수금(단, 특수관계인과의 거래로 인하여 발생한 것은 제외)
> ⑧ 회수기일이 6개월 이상 지난 채권 중 30만원 이하(채무자별 채권가액의 합계액 기준)인 채권
> ⑨ 재판상 화해 등 확정판결과 같은 효력을 가지는 것으로서 「민사소송법」에 따른 화해와 화해권고결정 및 「민사조정법」에 따른 조정과 조정을 갈음하는 결정에 따라 회수불능으로 확정된 채권
> ⑩ 물품의 수출 또는 외국에서의 용역제공으로 발생한 채권으로서 기획재정부령으로 정하는 사유에 해당하여 무역에 관한 법령에 따라 한국무역보험공사로부터 회수불능으로 확인된 채권
> ⑪ 금융회사의 채권 중 금융감독원장으로부터 대손금으로 승인받은 것과 대손처리 요구를 받아 대손금으로 계상한 것
> ⑫ 벤처투자회사의 창업자에 대한 채권으로서 중소벤처기업부장관이 기획재정부장관과 협의하여 정한 기준에 해당한다고 인정한 것

☑ 결산조정 여부와 대손세액공제 시기 : 대손사유에 해당하면 결산시 비용계상 여부와 관계없이 대손세액공제를 받을 수 있음(서면3팀-431, 2007.2.6.)

> **정리2** 대손세액의 대응조정 … 모두 확정신고시 빼거나 더함(예정신고시×)

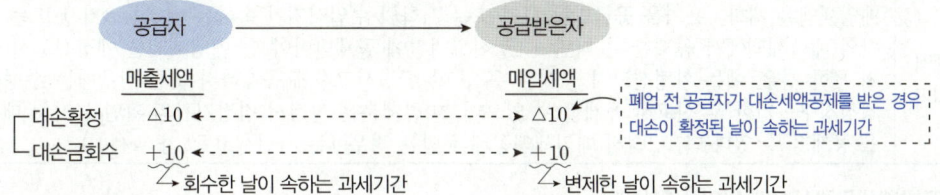

사례	대손세액공제			
매출처	대 손 사 유	공 급 일	대손금액(부가가치세 포함)	
갑	2025.7.30. 파산	2015.3.10.	9,900,000원	
을	2025.6.30. 부도발생(받을어음)	2023.4. 7.	7,700,000원	
병	2025.9.15. 상법상 소멸시효 완성	2022.5. 2.	6,600,000원	

① 2025년 제2기 예정신고시 :   ―   (공제받을 수 없음)

② 2025년 제2기 확정신고시 : $6,600,000 \times \dfrac{10}{110} = 600,000$(대손세액공제)

※ ┌ 갑 채권 : 공급일부터 10년이 지난 날이 속하는 2025년 제1기 확정신고기한(2025.7.25.)을 지나서 대손이 발생함
   └ 을 채권 : 부도발생일부터 6개월 이상 지나지 않음(6개월 이상 지난 날 : 2026.1.1.)

매입세액과 차가감납부세액

Ⅰ. 매입세액

```
        세 금 계 산 서 수 취 분 매 입 세 액 …… 매입세액공제 여부에 관계없이 총액으로 기재
  (+) 예    정    신    고    누    락    분
  (+) 매 입 자 발 행 세 금 계 산 서 에  의 한  매 입 세 액
  (+) 신 용 카 드 매 출 전 표 등 수 령 명 세 서  제 출 분 …… 매입세액공제분만 순액(공통매입세액은 총액)으로 기재
  (+) 의        제        매        입        세        액
  (+) 재  활  용  폐  자  원  등  매  입  세  액
  (+) 과  세  사  업  전  환  매  입  세  액
  (+) 재        고        매        입        세        액
  (+) 변        제        대        손        세        액
        합                                          계
  (-) 공  제  받  지  못  할  매  입  세  액 …… 사·등·세·차·토·면·기
  (-) 공 통 매 입 세 액 중 면 세 사 업 등 해 당 세 액
  (-) 대     손     처     분     받     은     세     액
        매     입     세     액     공     제     액
```

1. 세금계산서 수취분 매입세액

구 분	내 용
공제요건	사업자가 자기의 사업을 위하여 사용하였거나 사용할 목적으로 재화 또는 용역을 공급받거나 재화를 수입할 때 세금계산서를 발급받은 매입세액(사업양수자의 대리납부규정에 따라 납부한 부가가치세액 포함)은 매출세액에서 공제한다. → 재고자산으로 보유하고 있는 것, 외상매입 등 거래형태나 공급자의 신고에 관계없이 공제 가능
매입세액 공제시기	매입세액은 재화·용역을 공급받는 시기 또는 재화의 수입시기가 속하는 예정신고기간 또는 과세기간의 매출세액에서 공제한다. 다만, 예정신고기간에 공제받아야 할 매입세액을 예정신고시 공제하지 못한 경우*에는 확정신고시 공제할 수 있고, 확정신고시에 공제하지 못한 경우에는 수정신고·경정청구·기한 후 신고시 공제할 수 있으며, 미공제분은 경정시 경정기관의 확인을 거쳐 매입세액을 공제할 수 있다(단, 경정시 매입세액공제를 받는 경우에는 가산세 0.5%가 과세됨).

2. 매입자발행세금계산서에 의한 매입세액

구 분	내 용
매입자 발행 세금계산서	납세의무자로 등록한 사업자가 재화 또는 용역을 공급하고 세금계산서 발급 시기에 세금계산서를 발급하지 아니한 경우(사업자의 부도·폐업, 공급 계약의 해제·변경 또는 그 밖에 대통령령으로 정하는 사유가 발생한 경우*로서 사업자가 수정세금계산서 또는 수정전자세금계산서를 발급하지 아니한 경우 포함) 그 재화 또는 용역을 공급받은 자는 공급시기가 속하는 과세기간의 종료일부터 1년 이내에 거래사실의 확인신청을 하고 관할 세무서장의 확인을 받아 세금계산서를 발행할 수 있다. * 재화 또는 용역을 공급한 자가 소재불명 또는 연락두절 상태인 경우 or 휴업이나 그 밖의 부득이한 사유로 세금계산서를 발급받는 것이 곤란하다고 국세청장이 인정하는 경우
공급자	납세의무자로 등록한 사업자로서 세금계산서 발급의무가 있는 사업자(영수증발급사업자 중 세금계산서 발급의무가 있는 사업자 포함) → 미등록사업자, 면세사업자 및 영수증 발급 적용기간의 간이과세자는 제외함
공급받은자	모든 사업자(일반과세자·간이과세자·면세사업자 포함)
발행대상	거래사실의 확인신청 대상이 되는 거래는 거래 건당 공급대가가 5만원 이상인 경우

정리1 매입세액의 공제시기

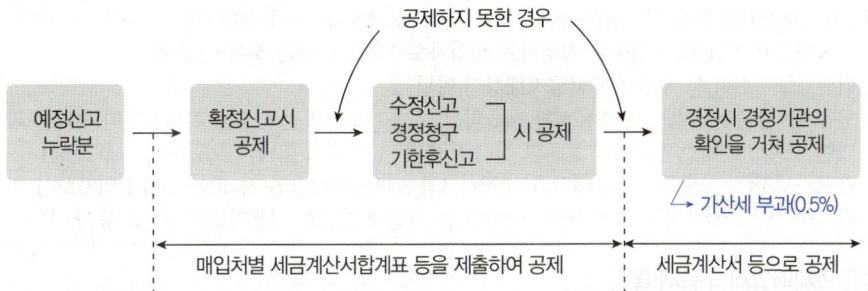

※ 세금계산서가 발급될 수 없는 매입세액 … 공제대상 아님(예 간주임대료)

정리2 예정신고 누락분 매입세액(적법하게 세금계산서 등을 수령한 경우)

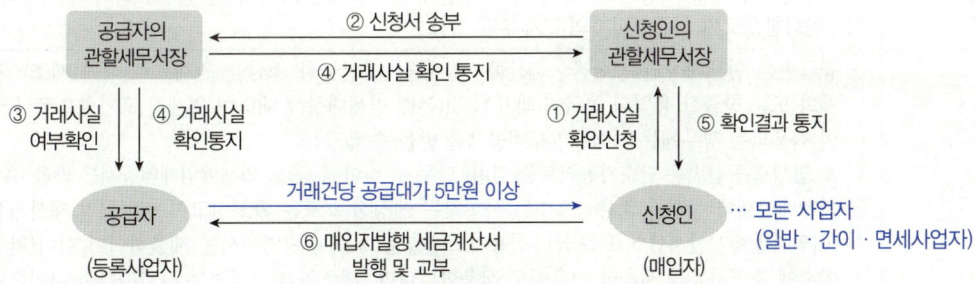

정리3 매입자발행세금계산서 발행절차

① 거래사실 확인신청 : 공급시기가 속하는 과세기간의 종료일부터 1년 이내 신청
② 신청서 송부 : 거래사실확인신청서가 제출된 날(신청일부터 7일 이내에 일정한 기간을 정하여 보정을 요구한 때에는 보정이 된 날)부터 7일 이내에 신청서와 제출된 증빙서류를 송부하여야 함
③ 거래사실 여부 확인 : 거래사실의 존재 및 그 내용에 대한 입증책임은 신청인에게 있음
④ 거래사실 확인통지 : 신청일의 다음달 말일까지 거래사실여부를 확인하여 거래사실 확인 통지 또는 거래사실 확인불가 통지를 공급자와 신청인 관할세무서장에게 하여야 함(다만, 공급자의 부도, 일시 부재 등의 불가피한 사유가 있는 경우에는 거래사실 확인기간을 20일 이내의 범위에서 연장할 수 있음)
⑤ 확인결과 통지 : ④의 통지를 받은 후 즉시 신청인에게 그 확인결과를 통지
⑥ 매입자발행세금계산서 발행 및 교부 : 공급자 관할세무서장이 확인한 거래일자를 작성일자로 하여 매입자발행세금계산서를 발행하여 공급자에게 교부하여야 함(다만, 신청인 및 공급자가 관할세무서장으로부터 거래사실 확인 통지를 받은 경우에는 매입자발행세금계산서를 교부한 것으로 봄)

◀세부내용▶ 공급계약 취소에 따른 매입세액 납부(부집행 38-0-6)

사업자가 중간지급조건부로 재화를 공급받기로 약정하고 계약금 및 중도금에 대한 세금계산서를 발급받아 매입세액으로 공제받았으나, 거래상대방의 폐업으로 당초 계약이 취소되어 재화를 공급받지 못한 경우 : 그 사유가 발생한 때가 속하는 과세기간에 당초에 공제받은 매입세액을 납부세액에 가산하여 납부해야 함.

3. 신용카드매출전표 등 수취분 매입세액

구 분	내 용
의의	신용카드매출전표 등[*1]은 영수증으로 본다. 영수증은 매입세액 공제대상이 아니나, 신용카드매출전표 등은 매입세액 공제를 허용한다.[*2] → 거래투명성 등 제고 *1) 신용카드매출전표등 : 신용카드매출전표, 현금영수증(부가통신사업자가 통신판매업자를 대신하여 발급하는 현금영수증 포함), 직불카드영수증, 결제대행업체를 통한 신용카드매출전표, 선불카드영수증(실제 명의가 확인되는 것으로 한정함), 직불전자지급수단 영수증, 선불전자지급수단 영수증(실제 명의가 확인되는 것으로 한정함), 전자지급결제대행에 관한 업무를 하는 금융회사 또는 전자금융업자를 통한 신용카드매출전표 *2) 타인(종업원·가족 제외)의 신용카드 등으로 대금을 결제하는 경우 공제할 수 있는 매입세액 아님.
공제할 수 있는 매입세액	사업자가 일반과세자 또는 간이과세자로부터 재화·용역을 공급받고 부가가치세액이 별도로 구분 되는 신용카드매출전표 등을 발급받은 경우(다음의 요건을 모두 충족 시 공제) ① 세금계산서 발급 금지 업종을 경영하는 사업자로부터 발급받은 것이 아닐 것 ② 기업업무추진비 등 매입세액 불공제대상이 아닐 것 ③ 신용카드매출전표 등 수령명세서를 제출하고, 신용카드매출전표 등을 거래사실이 속하는 과세기간에 대한 확정신고 기한 후 5년간 보존할 것(소득세법·법인세법에 따라 보관하는 경우 포함) ④ 간이과세자(직전연도의 공급대가 합계액이 4천 800만원 미만인 자 또는 신규사업자로서 최초과세기간 중에 있는 자)가 영수증을 발급하여야 하는 기간에 발급한 신용카드매출전표 등이 아닐 것

4. 면세농산물등 의제매입세액 공제 특례

구 분	내 용
취지	중간단계에 면세를 적용하고 그 후의 거래단계에서 과세함으로 인한 환수효과와 누적효과를 제거·완화함으로써 최종소비자의 조세부담 경감
적용요건	① 공급받은 면세대상인 농산물·축산물·임산물·수산물과 소금을 원재료로 하여 제조·가공한 재화 또는 창출한 용역의 공급이 과세될 것(본래 면세대상에 대하여 면세를 포기함으로써 영세율이 적용되는 경우에는 의제매입세액공제를 받을 수 없음) ※ 면세로 공급받은 단순가공식료품(김치, 단무지, 장아찌 등)도 의제매입세액공제를 받을 수 있음. ② 의제매입세액 공제를 적용받으려는 사업자는 예정신고 또는 확정신고시 매입처별 계산서합계표(매입자발행계산서합계표 포함), 신용카드매출전표 등 수령명세서를 제출하여야 한다(확정신고 이후에 증명서류를 제출한 경우에도 적용함). 다만, 제조업을 경영하는 사업자가 농어민으로부터 면세농산물 등을 직접 공급받는 경우에는 의제매입세액 공제신고서만 제출한다. → 음식점 ×
의제매입세액 계산	(1) 예정신고·조기환급신고시 의제매입세액 = 매입가액① × 공제율② (2) 확정신고시 의제매입세액 = Min[해당 과세기간의 매입가액①, 과세표준③ × 한도율④] × 공제율② − (1) ① 매입가액 : 면세농산물 등의 매입가액 | 구분		매입가액
---	---	---
매입	국내매입분	순수한 매입가액(운임 등 부대비용 제외*)
	수입분	관세의 과세가격 → 관세 불포함
자가제조, 채취 등에 의한 취득분		법인세법 또는 소득세법에 따른 취득가액	 * ┌ 운송업자에게 운임 지급시 : 세금계산서를 발급받아 매입세액 공제가 가능함. 　└ 면세사업자에게 농산물가액에 포함하여 운임 지급시 : 운임은 농산물의 매입가액에 포함되므로 의제매입세액 공제대상임(∵ 운송용역은 농산물 판매에 대한 부수용역임) ✓ 부패 재화의 의제매입세액 공제 : 면세로 공급받은 농·축·수·임산물을 원재료로 하여 제조·생산된 부가가치세 과세재화가 부패하여 폐기되거나 화재로 소실된 경우 의제매입세액으로 공제할 수 있음 (부집행 42−84−7)

Check

사례1 의제매입세액 … 면세농산물 등의 매입가액

① 과세사업자가 운송업자에게 운임을 지급하는 경우

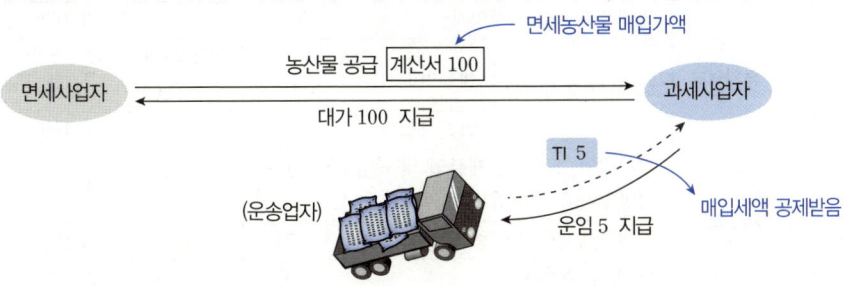

② 면세사업자가 운임을 부담한 경우

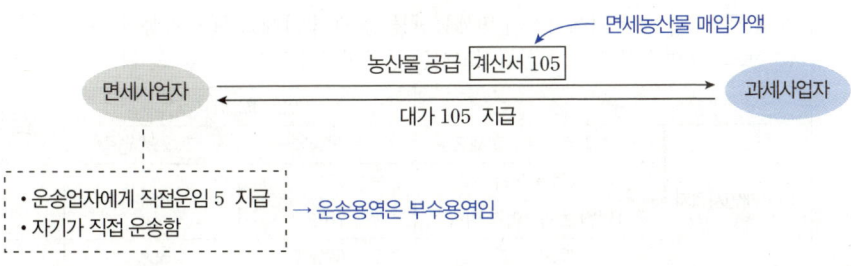

③ 면세 수입농산물의 경우

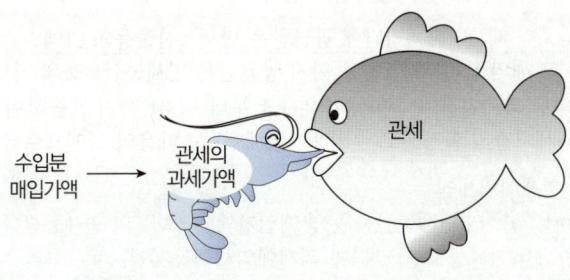

유의 과세농산물 등 수입(예 목재) - 관세의 과세가격＋관세 등 … 수입세금계산서상 매입세액

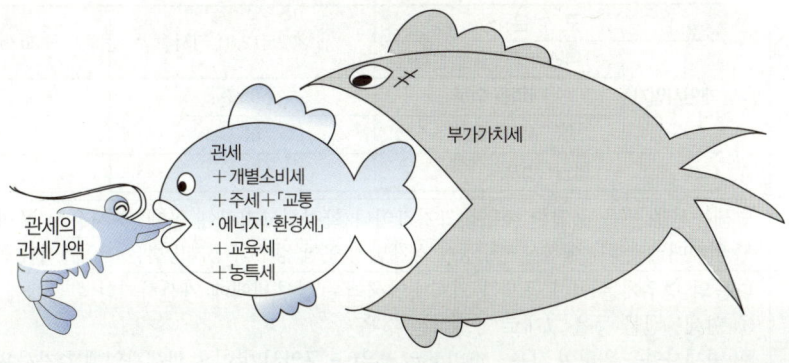

구 분	내 용
의제매입세액 계산	② 공제율 	구 분			의제매입세액 공제율
---	---	---	---
음식점업	과세유흥장소의 경영자		2/102
	위 외의 음식점	개인사업자	8/108(과세표준 2억원 이하인 경우 2026.12.31.까지 9/109)
		법인사업자	6/106
제조업	과자점업, 도정업, 제분업 및 떡류 제조업 중 떡방앗간을 경영하는 개인사업자		6/106
	조세특례제한법상 중소기업 및 개인사업자		4/104
	위 외의 사업자		2/102
위 외의 사업			2/102 | ③ 과세표준 : 해당 과세기간의 면세농산물 등 관련 과세표준(이하 동일함) ④ 한도율 : 예정신고·조기환급신고시는 공제한도를 적용하지 않고, 확정신고시만 적용함 | 구 분		2025.12.31.까지		2026.1.1. 이후
---	---	---	---	---
	해당 과세기간의 과세표준	음식점업	그 밖의 업종	
개인사업자	1억원 이하	75%	65%	50%
	1억원 초과 2억원 이하	70%		
	2억원 초과	60%	55%	40%
법인사업자		50%		30%	
매입시기 집중 제조업의 공제한도 특례	(요건) 다음의 요건을 모두 충족한 사업자 ① $\dfrac{\text{제1기 과세기간에 공급받은 면세농산물등의 가액}}{\text{그 해의 1.1.부터 12.31.까지 공급받은 면세농산물등의 가액}}$: 75% 이상이거나 25% 미만일 것 ② 해당 과세기간이 속하는 해의 1.1.부터 12.31.까지 계속하여 제조업을 영위하였을 것 (제2기 과세기간의 확정신고시 의제매입세액) … 다음의 금액으로 선택 가능 제2기 의제매입세액 =Min[1역년*1)의 면세농산물 등의 매입가액, 1역년*1)의 면세농산물 등 관련 과세표준 합계액 ×한도율*2)]×공제율－제1기 의제매입세액공제액 *1) 1역년 : 해의 1월 1일부터 12월 31일까지(이하 같음) *2) 한도율 	구 분		2025.12.31.까지	2026.1.1. 이후
---	---	---	---
	1역년의 과세표준 합계액		
개인사업자	4억원 이하	65%	50%
	4억원 초과	55%	40%
법인사업자		50%	30%	
의제매입세액 공제시기	면세농산물 등을 구입한 예정신고기간이나 확정신고기간에 공제 → 사용시 공제× * 의제매입세액을 예정신고시 등에 공제받지 못한 경우의 공제방법은 매입세액과 동일함
의제매입세액의 추징	다음의 경우에는 이미 공제한 의제매입세액을 납부세액에 가산하거나 환급세액에서 뺀다. ① 면세농산물 등을 그대로 양도하는 경우 ② 면세사업을 위하여 사용·소비하는 경우(← 구입시기 이후 과세사업에 추가사용시 추가공제×) ③ 그 밖의 목적을 위하여 사용·소비하는 경우(예 개인적 공급·사업상 증여)

✔ 겸영사업자의 의제매입세액(☞ p78)

[사례1] 의제매입세액 계산

㈜A의 제1기 예정신고와 확정신고시 의제매입세액 공제액은? [(2)의 경우별로 계산할 것]

(1) 통조림 제조업, 비중소기업
(2) 면세농산물의 매입가액 및 면세농산물 관련 과세표준

(단위 : 만원)

구 분	예정신고기간(1.1.~3.31.)	확정신고기간(4.1.~6.30.)	합계
매입가액	2,040	1,785	3,825
〈경우1〉 과세표준	3,500	4,500	8,000
〈경우2〉 과세표준	1,172	2,500	3,672

〈경우 1〉

(1) 예정신고시 : $2,040 \times \frac{2}{102} = 40$ … 공제한도 적용 ×

(2) 확정신고시 … 공제한도 적용 ○

$\text{Min}[3,825, \ 8,000 \times 50\%] \times \frac{2}{102} - 40 = 35$

〈경우 2〉

(1) 예정신고시 : 40

(2) 확정신고시

$\text{Min}[3,825, \ 3,672 \times 50\%] \times \frac{2}{102} - 40 = \triangle 4$

의제매입세액 추징함

[유의] 공제한도 계산시 과세표준 : 면세농산물 관련 매출액○, 유형자산매각액×, 면세전용○, 판매목적의 타사업장 반출액×

[사례2] 매입시기 집중 제조업의 공제한도 특례

통조림 제조업을 영위하는 ㈜A(중소기업 아님)의 제2기 확정신고시 의제매입세액 공제액은?

구 분	제1기 과세기간 (1.1.~6.30.)	제2기 예정신고기간 (7.1.~9.30.)	제2기 확정신고기간 (10.1.~12.31.)	합계
면세농산물 매입가액	10,200,000원	5,100,000원	45,900,000원	61,200,000원
과세표준	100,000,000원	40,000,000원	50,000,000원	190,000,000원

〈요건〉 $\frac{10,200,000}{61,200,000} ≒ 16.6\% < 25\%$ ← 충족

1역년 의제매입세액 : $\text{Min}[61,200,000, \ 190,000,000 \times 50\%] \times \frac{2}{102} = 1,200,000$

제1기 의제매입세액 : $\text{Min}[10,200,000, \ 100,000,000 \times 50\%] \times \frac{2}{102} = $ (200,000)

제2기 예정신고시 의제매입세액 : $5,100,000 \times \frac{2}{102} = $ (100,000)

제2기 확정신고시 의제매입세액   900,000

📖 재활용폐자원 등에 대한 의제매입세액(조특법 108조) … 2025.12.31.까지 적용

구 분		내 용
공 제 대 상		세금계산서를 발급할 수 없는 자 등[부가가치세 과세사업을 영위하지 아니하는 자(면세사업과 과세사업을 겸영하는 경우 포함)와 영수증 발급에 관한 규정이 적용되는 기간에 재화 또는 용역을 공급하는 간이과세자]으로부터 재활용 폐자원과 중고자동차를 취득하여 제조 또는 가공하거나 이를 공급하는 경우 ※ 일반과세자, 세금계산서 의무발급 간이과세자, 국가·지방자치단체로부터 매입한 경우 : 공제대상 아님

공 제 액	재활용폐자원	Min[①, ②] × $\frac{3}{103}$
		① 재활용폐자원* 취득가액(운임 등 부대비용 제외)
		② 재활용폐자원 관련 과세표준×80%−세금계산서 수취분 재활용폐자원 매입가액(사업용 유형자산 매입분 제외)
		  * 재활용폐자원 : 고철, 폐지, 폐유리, 폐합성수지, 폐합성고무, 폐금속캔, 폐건전지, 폐비철금속류, 폐타이어, 폐섬유, 폐유
		  ☞ 예정신고와 조기환급시 한도규정(②)을 적용하지 않고 확정신고시 정산함

	중고자동차	중고자동차 취득가액× $\frac{10}{110}$ (2025.12.31.까지 취득분)

5. 과세사업 전환 매입세액

구 분	내 용
공제요건 (모두 충족)	① 면세사업(비과세사업 포함)분으로서 매입세액이 공제되지 아니한 감가상각자산을 과세사업에 사용·소비하는 경우 → 원재료 등의 비상각자산 × ② 과세사업에 전환한 확정신고시 신고할 것 → 예정신고시 공제×
과세사업 전환 매입세액공제액	해당 재화의 매입세액×(1−상각률[*1]× 경과된 과세기간의 수)× $\frac{과세공급가액^{*2}}{총공급가액}$ *1) 건물과 구축물 5%, 그 밖의 감가상각자산 25% *2) 일부전용한 과세기간의 과세공급가액비율이 5% 미만인 경우에는 공제세액이 없는 것으로 본다. ※ 공급가액이 없는 경우 | 매입세액 공제액의 계산 | 매입세액 공제액의 정산 | |---|---| | 해당 과세기간 중 과세사업과 면세사업의 공급가액이 없거나 그 어느 한 사업의 공급가액이 없는 경우에는 다음 순서에 따라 안분계산함* | 확정되는 과세기간에 정산 | | ① 매 입 가 액 비 율 : $\frac{과세사업 관련 매입가액}{총매입가액(공통매입가액 제외)}$ ② 예정공급가액비율 : $\frac{과세사업 관련 예정공급가액}{총예정공급가액}$ | → 공급가액 확정시 정산 | | ③ 예정사용면적비율 : $\frac{과세사업 관련 예정사용면적}{총예정사용면적}$ | → 사용면적 확정시 정산 | * 다만, 건물 또는 구축물은 과세사업과 면세사업에 제공할 예정면적을 구분할 수 있는 경우에는 ③ 예정사용면적비율을 ① 매입가액비율이나 ② 예정공급가액비율보다 우선 적용한다.

Check

정리1 환수효과와 누적효과

	과세	면세	과세	계
매 출 액	100	310	610	
매 입 액	—	110	310	
부 가 가 치	100	200	300	600
매 출 세 액	10	—	61	
매 입 세 액	—	—	—	
납 부 세 액	10	—	61	71

① 환수효과 : 면세단계 부가가치 × 10%
  $200 \times 10\% = 20$

② 누적효과 :
  • 전체 부가가치세 − (전체 부가가치 × 10%)
    $= 71 - 600 \times 10\% = 11$
  • 면세 전단계 부가가치세
    + 면세 전단계 부가가치세 × 10%
    $= 10 + 10 \times 10\% = 11$

정리2 과세사업 전환 매입세액

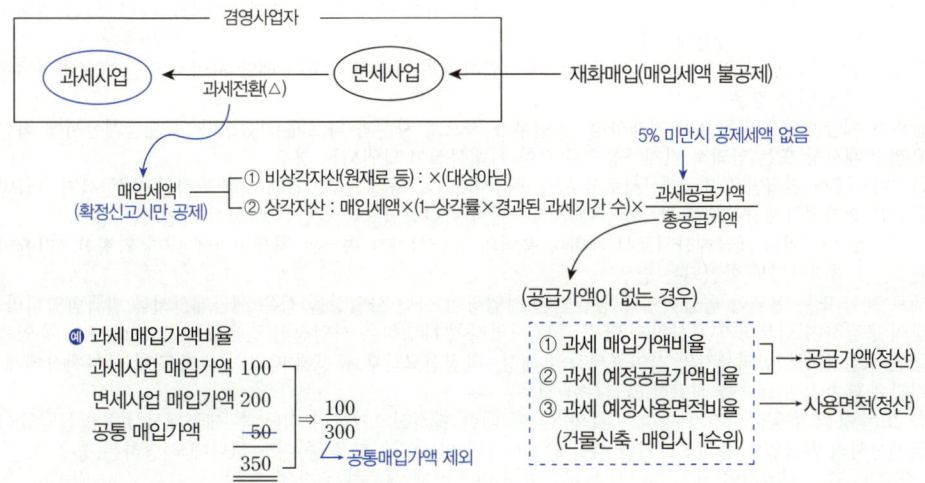

사례 과세사업 전환 매입세액

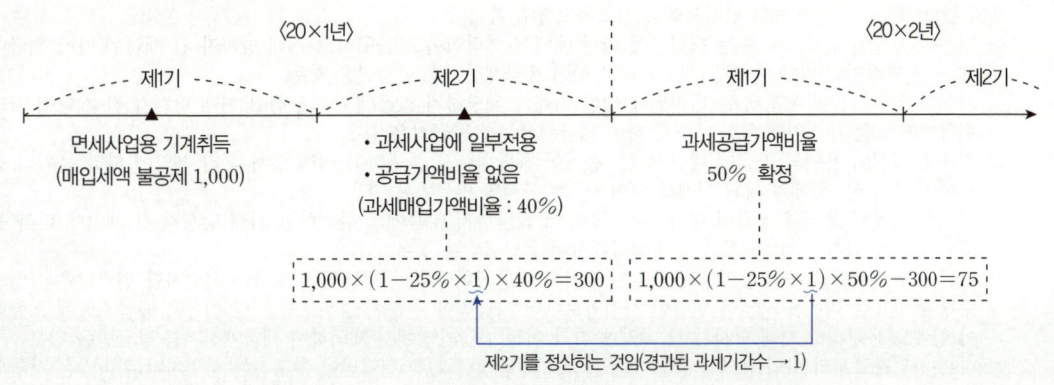

6. 매입세액 불공제

> (1) 사업과 직접 관련이 없는 매입세액(법인세법·소득세법의 업무무관비용, 법인세법상 공동경비 초과부담액)
> (2) 사업자등록을 신청하기 전의 매입세액[다만, 공급시기가 속하는 과세기간이 끝난 후 20일 이내에 등록을 신청한 경우 등록신청일부터 공급시기가 속하는 과세기간 기산일(1월 1일 또는 7월 1일)까지 역산한 기간 내의 것은 공제함]
> (3) 세금계산서 미수취·부실기재분 매입세액[*1] 및 매입처별 세금계산서합계표의 미제출·부실기재(거래처별 등록번호 또는 공급가액의 전부 또는 일부가 적히지 아니하였거나 사실과 다르게 적힌 경우)분 매입세액[*2]
> (4) 개별소비세 과세대상 자동차의 구입과 임차 및 유지에 관한 매입세액[다만, 운수업, 자동차 판매업, 자동차 임대업, 운전학원업, 경비업법상 기계경비업무를 하는 경비업(출동차량에 한정함) 및 이와 유사한 업종에 직접 영업으로 사용되는 것은 공제함]
> (5) 토지의 자본적지출 관련 매입세액[*3]
> (6) 면세사업(비과세사업 포함) 관련 매입세액(면세사업등을 위한 투자 관련 매입세액 포함)
> (7) 기업업무추진비 관련 매입세액

[*1] 세금계산서 또는 수입세금계산서를 발급받지 아니한 경우 또는 발급받은 세금계산서 또는 수입세금계산서에 필요적 기재사항의 전부 또는 일부가 적히지 아니하였거나 사실과 다르게 적힌 경우의 매입세액(공급가액이 사실과 다르게 적힌 경우에는 실제 공급가액과 사실과 다르게 적힌 금액의 차액에 해당하는 세액을 말함). 다만, 다음 경우의 매입세액은 공제한다(③, ⑦, ⑧은 가산세 0.5% 적용).
① 사업자등록을 신청한 사업자가 사업자등록증 발급일까지의 거래에 대하여 해당 사업자 또는 대표자의 주민등록번호를 적어 발급받은 경우
② 발급받은 세금계산서의 필요적 기재사항 중 일부가 착오로 사실과 다르게 적혔으나 그 세금계산서에 적힌 나머지 필요적 기재사항 또는 임의적 기재사항으로 보아 거래사실이 확인되는 경우
③ 공급시기 이후에 발급받은 세금계산서로서 해당 공급시기가 속하는 과세기간에 대한 확정신고기한까지 발급받은 경우
④ 발급받은 전자세금계산서로서 국세청장에게 전송되지 아니하였으나 발급한 사실이 확인되는 경우
⑤ 전자세금계산서 외의 세금계산서로서 재화나 용역의 공급시기가 속하는 과세기간에 대한 확정신고기한까지 발급받았고, 그 거래사실도 확인되는 경우
⑥ 실제로 재화 또는 용역을 공급하거나 공급받은 사업장이 아닌 사업장을 적은 세금계산서를 발급받았더라도 그 사업장이 총괄하여 납부하거나 사업자 단위 과세 사업자에 해당하는 사업장인 경우로서 그 재화 또는 용역을 실제로 공급한 사업자가 일반과세자와 간이과세자의 예정·확정신고납부 규정에 따라 납세지 관할 세무서장에게 해당 과세기간에 대한 납부세액을 신고하고 납부한 경우
⑦ 재화 또는 용역의 공급시기가 속하는 과세기간에 대한 확정신고기한이 지난 후 세금계산서를 발급받았더라도 그 세금계산서의 발급일이 확정신고기한 다음 날부터 1년 이내이고 다음 중 어느 하나에 해당하는 경우
  ㈎ 과세표준수정신고서와 경정 청구서를 세금계산서와 함께 제출하는 경우
  ㈏ 해당 거래사실이 확인되어 납세지 관할 세무서장, 납세지 관할 지방국세청장 또는 국세청장(이하 "납세지 관할 세무서장등")이 결정 또는 경정하는 경우
⑧ 재화 또는 용역의 공급시기 전에 세금계산서를 발급받았더라도 재화 또는 용역의 공급시기가 그 세금계산서의 발급일부터 6개월 이내에 도래하고 해당 거래사실이 확인되어 납세지 관할 세무서장등이 결정 또는 경정하는 경우
⑨ 거래의 실질을 착오한 경우 : 다음의 경우로서 그 거래사실이 확인되고 거래 당사자가 예정신고 및 확정신고 시 납세지 관할 세무서장에게 해당 납부세액을 신고하고 납부한 경우
  ㈎ 거래의 실질이 위탁매매 또는 대리인에 의한 매매에 해당함에도 불구하고 거래 당사자 간 계약에 따라 위탁매매 또는 대리인에 의한 매매가 아닌 거래로 하여 세금계산서를 발급받은 경우
  ㈏ 거래의 실질이 위탁매매 또는 대리인에 의한 매매에 해당하지 않음에도 불구하고 거래 당사자 간 계약에 따라 위탁매매 또는 대리인에 의한 매매로 하여 세금계산서를 발급받은 경우
  ㈐ 거래의 실질이 용역의 공급에 대한 주선·중개에 해당함에도 불구하고 거래 당사자 간 계약에 따라 용역의 공급에 대한 주선·중개가 아닌 거래로 하여 세금계산서를 발급받은 경우
  ㈑ 거래의 실질이 용역의 공급에 대한 주선·중개에 해당하지 않음에도 불구하고 거래 당사자 간 계약에 따라 용역의 공급에 대한 주선·중개로 하여 세금계산서를 발급받은 경우
  ㈒ 다른 사업자로부터 사업(용역을 공급하는 사업으로 한정한다)을 위탁받아 수행하는 사업자가 위탁받은 사업의 수행에 필요한 비용을 사업을 위탁한 사업자로부터 지급받아 지출한 경우로서 해당 비용을 공급가액에 포함해야 함에도 불구하고 거래 당사자 간 계약에 따라 이를 공급가액에서 제외하여 세금계산서를 발급받은 경우
  ㈓ 다른 사업자로부터 사업(용역을 공급하는 사업으로 한정한다)을 위탁받아 수행하는 사업자가 위탁받은 사업의 수행에 필요한 비용을 사업을 위탁한 사업자로부터 지급받아 지출한 경우로서 해당 비용을 공급가액에서 제외해야 함에도 불구하고 거래 당사자 간 계약에 따라 이를 공급가액에 포함하여 세금계산서를 발급받은 경우

㈏ 매출에누리를 공급가액에 포함하지 않아야 함에도 불구하고 거래 당사자 간 계약에 따라 해당 금액을 판매장려금이나 이와 유사한 금액으로 보고 이를 공급가액에 포함하여 세금계산서를 발급받은 경우
⑩ 신탁재산별로 부가가치세를 납부해야 하는 수탁자가 위탁자를 재화 또는 용역을 공급받는 자로 하여 발급된 세금계산서의 부가가치세액을 매출세액에서 공제받으려는 경우로서 그 거래사실이 확인되고 재화 또는 용역을 공급한 자가 예정신고 및 확정신고 시 납세지 관할 세무서장에게 해당 납부세액을 신고하고 납부한 경우
⑪ 부가가치세를 납부해야 하는 위탁자가 수탁자를 재화 또는 용역을 공급받는 자로 하여 발급된 세금계산서의 부가가치세액을 매출세액에서 공제받으려는 경우로서 그 거래사실이 확인되고 재화 또는 용역을 공급한 자가 예정신고 및 확정신고 시 납세지 관할 세무서장에게 해당 납부세액을 신고하고 납부한 경우

*2) 다만, 매입처별 세금계산서합계표의 거래처별 등록번호 또는 공급가액이 착오로 사실과 다르게 적힌 경우로서 발급받은 세금계산서에 의하여 거래사실이 확인되는 경우, 수정신고·경정청구·기한후신고의 경우 및 발급받은 세금계산서 등을 경정기관의 확인을 거쳐 해당 경정기관에 제출하는 경우(가산세 적용)에는 매입세액을 공제한다.

*3) 토지의 조성 등을 위한 자본적 지출에 관련된 매입세액으로서 다음 중 어느 하나에 해당하는 경우를 말한다.
① 토지의 취득 및 형질변경, 공장부지 및 택지의 조성 등에 관련된 매입세액
② 건축물이 있는 토지를 취득하여 그 건축물을 철거하고 토지만 사용하는 경우(또는 건축물을 신축하는 경우)에는 철거한 건축물의 취득 및 철거 비용과 관련된 매입세액
③ 토지의 가치를 현실적으로 증가시켜 토지의 취득원가를 구성하는 비용에 관련된 매입세액

☑ 재화를 국가·지방자치단체 등에 무상으로 공급하는 경우(면세대상○, 면세사업×) 해당 재화의 매입세액 : 사업자가 자기의 과세사업과 관련하여 생산·취득한 재화이면 공제하나, 사업과 관련 없이 취득한 재화는 불공제함.

☑ 주식의 발행·취득 또는 매각과 관련된 수수료 등에 대한 매입세액 : 과세사업과 직접 관련이 있는 지출인 경우에는 공제대상이나, 과세사업과 관련이 없는 경우에는 불공제함(부가-0270, 대법원 '17두52320).

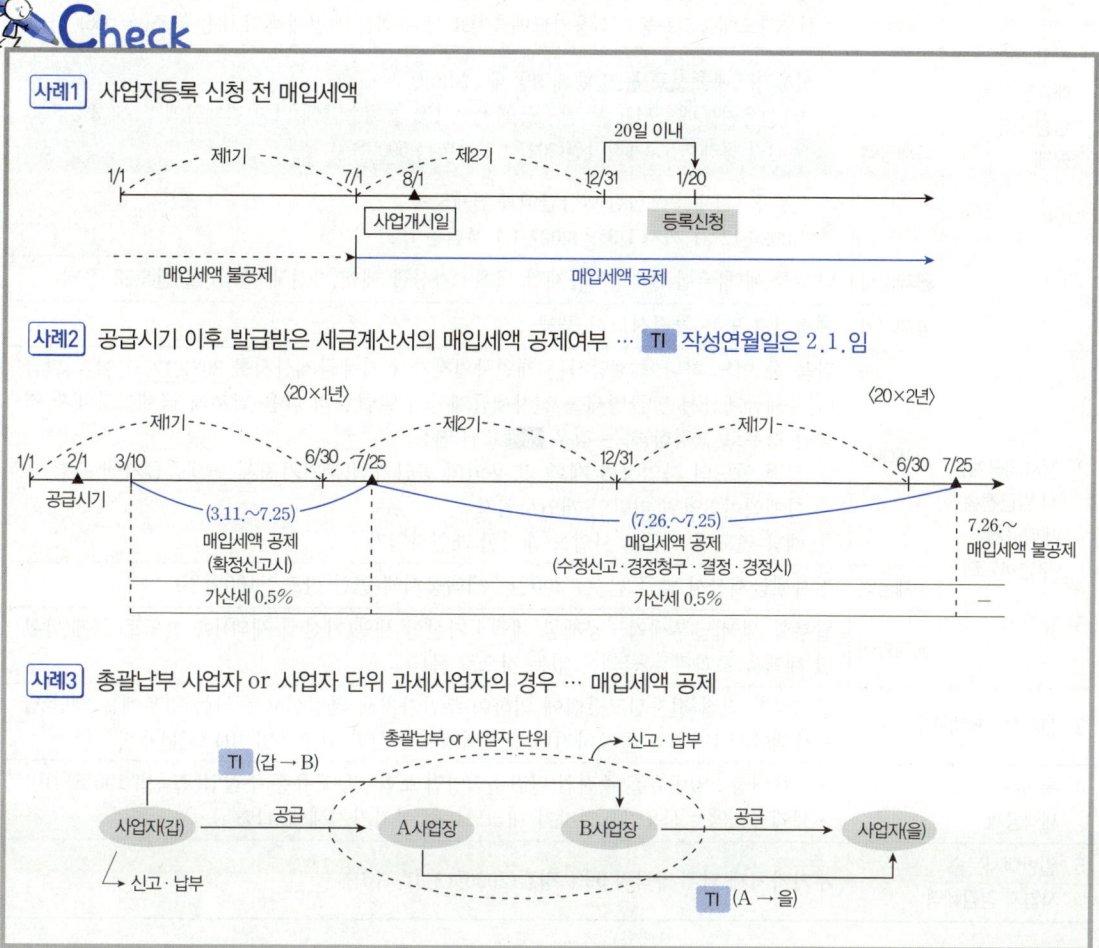

Ⅱ. 차가감납부세액

```
매      출      세      액 …… 과세표준×세율(10%, 0%)
(-) 매      입      세      액
    납   부 ( 환  급 ) 세   액
(-) 경   감 · 공   제   세   액 …… 신용카드매출전표 등 발행세액공제, 기타 경감공제세액
(-) 예정신고미환급세액 및 예정고지세액
(-) 수   시   부   과   세   액 개정
(-) 대  리  납  부  기  납  부  세  액 …… 사업양수자의 대리납부, 신용카드업자의 대리납부
(+) 가      산      세      액
    차 가 감 납 부 세 액 (환급받을 세액) …… 74.7%는 부가가치세(국세), 25.3%는 지방소비세*
```

* 부가가치세와 지방소비세를 신고·납부·경정 및 환급할 경우에는 부가가치세와 지방소비세를 합친 금액을 신고·납부·경정 및 환급한다.

구 분		내 용
1. 신용카드 매출전표 등 발행세액 공제	공제대상	영수증 발급대상 사업을 하는 개인사업자(각 사업장의 직전 연도의 재화 또는 용역의 공급가액의 합계액이 10억원을 초과하는 개인사업자는 제외)가 재화 또는 용역을 공급하고 세금계산서의 발급시기에 신용카드매출전표 등*을 발급하거나 전자적 결제수단에 의하여 대금을 결제받는 경우 → 법인사업자는 공제대상이 아님. * 신용카드매출전표등 : '신용카드매출전표 등 수취분 매입세액'의 내용 참조(☞ p66)
	공제금액	신용카드매출전표 등 발행세액공제 : Min[①, ②] ① (신용카드매출전표 등 발급금액+전자적 결제수단에 의한 결제금액)*1)×1.3%*2) ② 연간 공제한도 : 1천만원(2027.1.1.부터는 500만원) *1) 부가가치세를 포함한 발급금액과 결제금액 *2) 2026.12.31.까지 1.3%, 2027.1.1.부터는 1%
	공제방식	납부할 세액[=납부세액-공제할 세액+가산할 세액(가산세 제외)]을 한도로 공제
	공제시기	예정신고 또는 확정신고시 공제
2. 전자세금계산서 발급전송 세액공제 (부법 47조)	공제대상	다음 중 어느 하나에 해당하는 개인사업자가 전자세금계산서를 2027.12.31.까지 발급(전자세금계산서 발급명세를 전자세금계산서 발급일의 다음 날까지 국세청장에게 전송한 경우로 한정함)하는 경우 개정 (3년 연장) ① 직전 연도의 사업장별 재화 및 용역의 공급가액(부가가치세 면세공급가액 포함)의 합계액이 3억원 미만인 개인사업자 ② 해당 연도에 신규로 사업을 개시한 개인사업자
	공제금액	전자세금계산서 발급 건수×200원=세액공제액(연간 한도 : 100만원)
	공제방식	납부할 세액[납부세액-공제할 세액+가산할 세액(가산세 제외)]을 한도로 공제(납부할 세액을 초과하는 금액은 없는 것으로 봄)
3. 전자신고세액공제		납세자가 직접 전자신고방법에 의하여 부가가치세 확정신고를 하는 경우에는 해당 납부세액에서 1만원을 공제하거나 환급세액에 가산한다(조특법 104조의8 ②).
4. 특례사업자의 세액공제		• 적용대상 : 일반유흥 주점업(단란주점영업 포함), 무도유흥 주점업(조특법 106조의10) • 세액공제액=신용카드업자가 대리납부한 부가가치세액×1%
5. 일반택시운송 사업자 경감세액		부가가치세 납부세액의 99% 경감(2026.12.31.까지)

≪세부내용1≫ 화재 등으로 멸실된 재고상품과 용역의 무상 공급에 관련된 매입세액

① 과세사업에 사용 또는 소비하기 위하여 구입한 재화가 화재, 도난, 파손, 부패 등으로 멸실된 경우 해당 재화의 취득과 관련된 매입세액은 자기의 매출세액에서 공제한다.(부집행 38-0-1⑨)
② 사업자가 사용인에 대한 복리후생, 고객에 대한 판매 확대를 위하여 용역을 무상으로 공급하는 경우 해당 용역의 공급에 관련된 매입세액은 매출세액에서 공제한다.(부집행 38-0-1⑩)

≪세부내용2≫ 토지 관련 매입세액으로 보지 않는 것…매입세액 공제함(부집행 39-80-1 ②)

① 토지와 구분되는 감가상각자산인 구축물(옹벽, 석축, 하수도, 맨홀 등) 공사 관련 매입세액
② 공장 구내의 토지 위에 콘크리트 포장공사를 하는 경우 해당 공사 관련 매입세액
③ 과세사업에 사용하여 오던 자기 소유의 노후 건물을 철거하고 신축하는 경우 해당 철거비용과 관련된 매입세액
④ 공장 또는 건물을 신축하면서 건축물 주변에 조경공사를 하여 정원을 만든 경우 해당 공사 관련 매입세액
⑤ 토지에 대한 수익적지출(오염된 토지의 복원공사, 수해로 인한 복구비용 등) 관련 매입세액

사례 차가감납부세액 … 일반과세자인 음식점업 경영 개인사업자, 제2기(7.1.~12.31.) 확정신고

(1) 신용카드매출전표 발급금액 : 110,000,000원(부가가치세 포함)
(2) 현금매출액 ┌현금영수증 발급금액 : 55,000,000원(부가가치세 포함)
           └현금영수증 발급하지 않은 공급가액 : 10,000,000원
(3) 매입세액 ┌세금계산서 등 수취분 : 6,400,000원
           └영수증 수취분 : 1,000,000원
(4) 면세농산물 매입액 : 43,600,000원
   ※ 과세표준이 1억원 초과 2억원 이하인 경우의 한도율 : 70%
(5) 제1기 신용카드매출전표 등 발행세액공제 : 8,100,000원
(6) 사업자가 직접 전자신고방법에 의하여 신고함
(7) 제2기 예정신고기간의 고지세액 : 2,000,000원

(1) 매출세액 : $(110{,}000{,}000+55{,}000{,}000) \times \frac{10}{110} + 10{,}000{,}000 \times 10\% =$	16,000,000
(2) 매입세액	(10,000,000)
① 세금계산서 수취분 : 6,400,000	
② 의제매입세액 : $\text{Min}[43{,}600{,}000,\ 160{,}000{,}000^{*1)} \times 70\%] \times \frac{9^{*2)}}{109} = 3{,}600{,}000$	
(3) 납부세액	6,000,000
(4) 경감·공제세액 : ①+②	(1,910,000)
① 신용카드매출전표등 발행세액공제 :	
$\text{Min}[165{,}000{,}000 \times 1.3\%,\ 10{,}000{,}000-8{,}100{,}000]=1{,}900{,}000$	
② 전자신고세액공제 : 10,000	
(5) 예정고지세액	(2,000,000)
(6) 차가감납부세액	2,090,000

*1) $(110{,}000{,}000+55{,}000{,}000) \times \frac{100}{110} + 10{,}000{,}000 = 160{,}000{,}000$
*2) 과세표준 2억원 이하인 개인음식점 : $\frac{9}{109}$ (2026.12.31.까지)

6 과세·면세 겸영사업자의 특례

Ⅰ. 공통사용재화의 공급가액 안분계산

구 분	내 용
안분계산 대상	과세사업과 면세사업등*에 공통으로 사용된 재화를 공급한 경우 * 면세사업등 : 면세사업 및 부가가치세가 과세되지 아니하는 재화 또는 용역을 공급하는 사업
안분계산 시기	공통사용 재화를 공급한 시점
안분계산 방법	<table><tr><th>구 분</th><th>과세표준에 포함되는 공급가액</th></tr><tr><td>일반적인 경우</td><td>공급가액 × (직전 과세기간의 과세공급가액 / 직전 과세기간의 총공급가액)</td></tr><tr><td>공통매입세액을 사용면적비율로 안분계산하였거나 납부·환급세액을 사용면적 비율로 재계산한 재화를 공급한 경우</td><td>공급가액 × (직전 과세기간의 과세사용면적 / 직전 과세기간의 총사용면적)</td></tr></table> ※ 휴업 등으로 직전 과세기간의 공급가액비율 또는 사용면적비율이 없는 경우에는 해당 재화의 공급일에 가장 가까운 과세기간의 공급가액비율 또는 사용면적비율로 계산한다.
안분계산 생략	다음의 경우에는 안분계산 생략 → 공급가액 전부를 과세표준으로 함. ① 직전 과세기간의 총공급가액 중 면세공급가액이 5% 미만인 경우*. 다만, 해당 재화의 공급가액이 5천만원 이상인 경우는 제외한다. ② 재화의 공급가액이 50만원 미만인 경우 ③ 재화공급일이 속하는 과세기간에 신규로 사업을 시작하여 직전 과세기간이 없는 경우 　　* [주의] 면세사용면적이 5% 미만인 경우에는 안분계산함

☑ 감가상각자산의 일부면세전용 시 공급가액 안분계산(☞ p.60)

Ⅱ. 공통매입세액의 안분계산

구 분	내 용
안분계산 대상	과세사업과 면세사업등의 공통매입세액(단, 기업업무추진비 관련 매입세액 등과 같이 본래 매입세액불공제대상은 안분계산하지 않고 직접 불공제함)
안분계산 시기	공통매입세액이 발생한 과세기간의 예정신고 및 확정신고시 ※ 공통매입세액은 예정신고를 할 때에는 예정신고기간의 공급가액으로 안분계산하고, 확정신고를 할 때에 정산한다.
안분계산 방법	① 원칙 : 실지귀속에 따라 구분함(예 건물 취득시 사용면적이 구분되는 경우) ② 실지귀속이 불분명한 경우 　㈎ 도축업을 영위하는 사업자 : 공통매입세액을 과세사업과 면세사업에 관련된 도축 두수(頭數)에 따라 안분하여 계산 　㈏ ㈎ 외의 경우 : 다음 계산식에 따라 안분하여 계산 <table><tr><th>구 분</th><th>면세사업등 관련 매입세액</th></tr><tr><td>원 칙</td><td>공통매입세액 × (해당 과세기간의 면세공급가액 / 해당 과세기간의 총공급가액)</td></tr><tr><td>해당 과세기간에 구입한 재화를 그 과세기간에 공급하여 공급가액을 안분계산한 경우*</td><td>공통매입세액 × (직전 과세기간의 면세공급가액 / 직전 과세기간의 총공급가액)</td></tr></table> * 공급시 공급가액의 안분계산을 생략한 재화는 공통매입세액의 안분계산도 생략함

정리1 겸영사업자

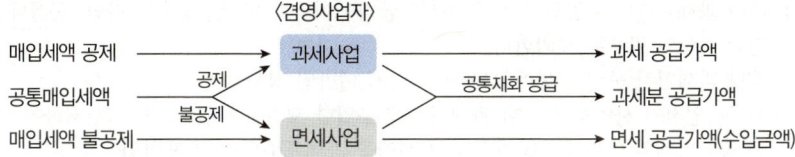

사례 공급가액 안분계산

(1) 과세사업과 면세사업에 공통으로 사용된 재화(공급일 : 20×1.8.1.)
  ① 트럭 매각액 : 12,000,000원(부가가치세 제외)
  ② 비품 공급가액 : 450,000원
  ③ 기계장치 공급대가 : 5,610,000원(부가가치세 포함)
  ④ 건물A와 부수토지의 양도금액 : 600,000,000원(부가가치세 제외, 취득시 사용면적으로 안분계산함)
     (감정가액 없음, 기준시가 : 토지 3억원, 건물 2억원)
  ⑤ 건물B와 부수토지의 양도금액 : 729,000,000원(부가가치세 포함, 취득시 공급가액으로 안분계산함)
     (감정가액 : 건물 1억원, 토지 4억원, 기준시가 : 건물 2억원, 토지 2억원)

(2) 과세기간별 공급가액 및 사용면적

구 분	공급가액		사용면적	
	과세사업	면세사업	과세사업	면세사업
20×1년 제1기	5억원	3억원	400m²	600m²
20×1년 제2기	6억원	4억원	300m²	700m²

• 공급가액

① 트럭 : $12,000,000 \times \dfrac{5억원}{8억원} = 7,500,000$

② 비품 : 450,000 ← 공급가액 50만원 미만

③ 기계장치 : $5,610,000 \times \dfrac{5.5억원}{(5.5억원+3억원)} \times \dfrac{100}{110} = 3,300,000$ ← 부가가치세 포함금액

④ 건물 A : $600,000,000 \times \underbrace{\dfrac{2억원}{5억원}}_{건물의\ 공급가액\ (240,000,000)} \times \underbrace{\dfrac{400m^2}{1,000m^2}}_{과세분} = 96,000,000$

  ← 취득 시 사용면적비율로 공통매입세액을 안분계산한 경우에는 해당 건물가액을 직전 과세기간의 사용면적비율에 따라 안분계산함

⑤ 건물 B : $729,000,000 \times \dfrac{68,750,000^*}{506,250,000^*} \times \dfrac{100}{110} = 90,000,000$

  * 감정가액(부가가치세 포함)

  건물B ┌ 과세사업분 : 1억원 × 62.5%(전기 과세 공급가액%) × 110% = 68,750,000
        └ 면세사업분 : 1억원 × 37.5%(전기 면세 공급가액%) = 37,500,000

  토지   400,000,000
                                                                   ─────────────
                                                                    506,250,000

정리2 겸영사업자의 폐업시 잔존재화(감가상각자산)의 공급가액 안분계산

취득가액 × (1 − 상각률 × 경과된 과세기간의 수) × 직전 과세기간의 과세공급가액(사용면적)비율

구 분	내 용
안분계산 생략	다음의 경우에는 안분계산을 생략 → 공통매입세액을 전액 공제함. ① 해당 과세기간의 총공급가액 중 면세공급가액이 5% 미만인 경우*. 다만, 공통매입세액이 5백만원 이상인 경우는 제외한다. ┌→ 해당 과세기간 합계액 ② 해당 과세기간 중의 공통매입세액이 5만원 미만인 경우 ③ 신규사업자가 사업을 시작한 과세기간에 구입한 재화를 공급한 경우 그 재화에 대한 매입세액 → 공급가액의 안분계산을 생략하고 전액을 과세표준으로 한 재화임. * [주의] 면세사용면적이 5% 미만인 경우에는 안분계산함
공급가액이 없는 경우	(1) 공통매입세액의 안분계산 / (2) 공통매입세액의 정산 해당 과세기간의 과세사업과 면세사업의 공급가액이 모두 없거나 그 어느 한 사업의 공급가액이 없는 경우에는 다음 순서에 따라 안분계산함. / 확정되는 과세기간에 정산함. ① 매 입 가 액 비 율 : $\dfrac{\text{면세사업의 매입가액}}{\text{총매입가액(공통매입가액 제외)}}$ ② 예정공급가액비율 : $\dfrac{\text{면세사업의 예정공급가액}}{\text{총예정공급가액}}$ ⎫→ 공급가액 확정시 정산 ③ 예정사용면적비율 : $\dfrac{\text{면세사업의 예정사용면적}}{\text{총예정사용면적}}$ (건축물신축·취득시 ①순위) → 사용면적 확정시 정산

✔ 과세사업의 공급가액 : 재화·용역의 공급에 대한 부가가치세 과세표준(영세율과세표준 포함)의 합계액
  └→ 면세포기로 영세율이 적용되는 금액 포함

  면세사업의 공급가액 : 면세사업등에 대한 공급가액＋과세표준에 포함되지 아니하는 국고보조금과 공공보조금등
  📖주의 : 공통매입세액과 관련 없는 유형자산의 매각액은 과세(면세)공급가액에 포함되지 않음

✔ 신규사업자 : 최초과세기간의 공통매입세액
  ① 최초과세기간의 매입＋다음 과세기간 이후 공급 ⇨ 매입세액 안분계산
  ② 최초과세기간의 매입＋최초과세기간에 공급 ⇨ 전액 매입세액공제(안분계산 ×)

Ⅲ. 의제매입세액의 안분계산

구 분	내 용
안분계산 대상	과세사업과 면세사업을 겸영하는 사업자가 의제매입세액공제대상인 농산물 등을 구입한 경우
안분계산 방법	과세기간 종료일까지 실지귀속에 따라 의제매입세액공제대상인지 구분하고, 실지귀속이 불분명한 것과 차기이월분은 공통매입세액의 안분계산규정을 준용한다(예정신고기간에는 예정신고기간의 공급가액의 비율로 안분계산하고, 확정신고시 과세기간의 공급가액의 비율로 정산함). $\dfrac{\text{의제매입세액공제대상}}{\text{농산물 등 매입가액}} = \text{면세로 구입한 농산물 등 매입가액} \times \dfrac{\text{해당 과세기간의 과세공급가액*}}{\text{해당 과세기간의 총공급가액}}$ * 의제매입세액 계산시 과세공급가액에는 본래의 영세율이 적용되는 금액이 포함되나, 면세포기로 영세율이 적용되는 금액은 제외한다.

📖주의

기말재고(실지귀속 불분명)에 대한 의제매입세액 안분계산 ─ 차기 ┬ 그대로 양도 or 면세사업에 사용 ─ 추징함
                                                    └ 과세사업에 전부 사용함 ─ 재계산 안함

사례1 공통매입세액 안분계산 … 제2기 확정신고시 불공제매입세액

(1) 20×1년 제2기 과세사업과 면세사업의 공통매입세액
  ① 예정신고시(7.1.~ 9.30.) : 6,000,000원
  ② 확정신고시(10.1.~12.31.) : 4,000,000원
(2) 과세기간별 공급가액

구 분	20×1년 제1기			20×1년 제2기		
	1.1.~3.31.	4.1.~6.30.	계	7.1.~9.30.	10.1.~12.31.	계
과세사업	3억원	1억원	4억원	1억원	2억원	3억원
면세사업	2억원	4억원	6억원	3억원	2억원	5억원
합 계	5억원	5억원	10억원	4억원	4억원	8억원

[방법1]

① 과세기간분 : $(6{,}000{,}000 + 4{,}000{,}000) \times \dfrac{5억원}{8억원} = 6{,}250{,}000$ (면세공급가액)

② 예정신고분 : $6{,}000{,}000 \times \dfrac{3억원}{4억원} = (4{,}500{,}000)$

③ 확정신고시 불공제분 : 1,750,000

[방법2]

① 확정신고분 : $4{,}000{,}000 \times \dfrac{5억원}{8억원} = 2{,}500{,}000$

② 예정분정산 : $6{,}000{,}000 \times \left(\dfrac{5억원}{8억원} - \dfrac{3억원}{4억원}\right) = \triangle 750{,}000$

③ 확정신고시 불공제분 : 1,750,000

사례2 공통매입세액 안분계산 … 제2기 확정신고시 공제 매입세액(과세기간별 공급가액은 사례1 과 동일)

트럭관련 공통 매입세액(취득일 20×1.10.1.) 3,000,000원(이 중 1,200,000원은 20×1.10.1. 취득하여 2개월 후에 처분한 트럭관련 매입세액임)

(당기매입+당기처분×) $1{,}800{,}000 \times \dfrac{3억원}{8억원} = 675{,}000$ (당기 과세공급가액)

(당기매입+당기처분○) $1{,}200{,}000 \times \dfrac{4억원}{10억원} = 480{,}000$ (전기 과세공급가액)

합계 1,155,000

사례3 겸영사업자의 의제매입세액 … 20×2년 제1기 확정신고 시 의제매입세액 공제액과 전기분 추징액

(1) 겸영사업자 ㈜A의 20×2년 제1기 중 면세농산물 매입 및 사용내역(예정신고기간의 매입액은 없음)

구 분	금 액	과세사업 사용	면세사업 사용	과세·면세사업 사용
기초	8,000,000원	2,250,000원	5,750,000원	-
매입	68,000,000원	14,400,000원	5,600,000원	42,000,000원
기말	6,000,000원			

(2) 의제매입세액 공제율 : $\dfrac{2}{102}$

(3) 과세공급가액 비율 : 20×1년 제2기(60%), 20×2년 제1기(55%, 과세공급가액 100,000,000원)

① $\text{Min}[\{14{,}400{,}000 + (42{,}000{,}000 + 6{,}000{,}000) \times 55\%\},\ 100{,}000{,}000 \times 50\%] \times \dfrac{2}{102} = 800{,}000$

② 전기분 추징 : $(8{,}000{,}000 \times 60\% - 2{,}250{,}000) \times \dfrac{2}{102} = 50{,}000$

Ⅳ. 납부·환급세액의 재계산

구 분	내 용
재계산 요건	다음의 요건을 모두 갖춘 경우에 납부·환급세액을 재계산한다. ① 과세사업과 면세사업등에 공통으로 사용되는 감가상각자산에 대하여 매입세액공제·공통매입세액 안분계산·공통매입세액 정산·과세사업 전환 매입세액공제를 한 경우일 것 ② 면세비율이 5%「포인트」이상 증감된 경우일 것 : 면세공급가액비율(면세사용면적비율)이 해당 감가상각자산의 취득일이 속하는 과세기간(그 후의 과세기간에 재계산한 때에는 그 재계산한 기간)에 적용하였던 비율과 5%「포인트」이상 차이가 발생한 경우일 것
재계산 시기	확정신고시에만 재계산함.
재계산 방법	공통매입세액$^{*1)}$ × (1 − 상각률$^{*2)}$ × 경과된 과세기간의 수$^{*3)}$) × 증감된 면세비율$^{*4)}$ = 납부·환급세액　　　　　　　　　　　　　　　　　(당기면세% − 전기면세%) *1) 과세사업과 면세사업에 공통으로 사용되는 감가상각자산의 취득과 관련하여 발생한 공통매입세액 *2) 건물·구축물 5%, 그 밖의 감가상각자산 25% *3) 과세기간 개시 후에 감가상각자산을 취득한 경우에는 그 과세기간 개시일에 취득한 것으로 보아 경과된 과세기간의 수를 계산함. *4) 증감된 면세비율 : 취득일이 속하는 과세기간(재계산한 경우에는 재계산한 과세기간의 면세비율)과 그 후 과세기간의 면세비율 간의 차이 → 당초 공급가액비율을 사용한 경우에는 그 이후 과세기간의 공급가액비율에 의하고, 당초 면적비율에 의한 경우에는 그 이후 과세기간의 면적비율에 의하여 증감된 면세비율을 계산함(동일기준 적용원칙).
재계산 배제	감가상각자산을 공급[실질공급 및 간주공급(재화 공급의 특례)]한 경우에는 재계산 배제

📖 공통매입세액의 정산유형 정리

당초	정산(5%p 이상 차이 관계 없음)	재계산
〈1유형〉 예정신고 시 예정신고기간의 공급가액비율로 안분	확정신고 시 과세기간(6개월)의 공급가액비율로 정산	〈3유형〉 공통사용 감가상각자산에 대해 납부·환급세액 재계산(면세비율이 5%p 이상 차이)
〈2유형〉 공급가액이 없어 대용치(매입가액, 예정공급가액, 예정사용면적)로 안분	공급가액 또는 사용면적 확정 시 정산	

> [정리] 납부·환급세액의 재계산 … 매입세액 정산절차
>
> 과세사업 + 면세사업 ········ $\dfrac{면세공급가액}{총공급가액}$ = 면세비율 → 5%p 증가 or 감소
> ↑   ↑
> (매입세액 공제) (매입세액 불공제)
>   공통사용 감가상각자산

[사례1] 공통사용 감가상각자산 매입

	면세비율	
20×1년 〈제1기〉	30%	4% ······→ 공통매입세액 안분계산○
〈제2기〉 +6%	34%	······→ 재계산×
20×2년 〈제1기〉	36% △11% ······→ 재계산○(36%−30%)
〈제2기〉	25%	······→ 재계산○(25%−36%)

	면세비율	
20×1년 〈제1기〉	4% → 0%	+8% ······→ 매입세액 전액공제(5% 미만 & 5백만원 미만인 경우)
〈제2기〉	8%	4% ······→ 재계산○(8%−0%)
20×2년 〈제1기〉 +7%	12%	······→ 재계산×
〈제2기〉	15%	······→ 재계산○(15%−8%)

[사례2] 납부·환급세액의 재계산

(1) 과세·면세 공통사용 기계장치 1억원(부가가치세 별도) 20×1.3.10. 취득 사용, 20×2.12.1. 처분함
(2) 과세기간별 공급가액   (단위 : 원)

기간	과세사업	면세사업	합계
20×1.1.1.~ 20×1. 3.31.	300,000,000	200,000,000	500,000,000
20×1.4.1.~ 20×1. 6.30.	280,000,000	220,000,000	500,000,000
20×1.7.1.~ 20×1.12.31.	520,000,000	480,000,000	1,000,000,000
20×2.1.1.~ 20×2. 6.30.	590,000,000	410,000,000	1,000,000,000
20×2.7.1.~ 20×2.12.31.	500,000,000	500,000,000	1,000,000,000

① 20×1년 제1기 예정신고시 불공제분 : 10,000,000×40%=4,000,000
② 20×1년 제1기 확정신고시 추가불공제분 : 10,000,000×42%−4,000,000=200,000
③ 20×1년 제2기 : 10,000,000×(1−25%×1)×(48%−42%)=450,000(납부)
④ 20×2년 제1기 : 10,000,000×(1−25%×2)×(41%−48%)=△350,000(환급)
⑤ 20×2년 제2기 : 재계산×(∵처분시 공급가액을 안분계산함)
  if 5천만원에 처분한 경우의 공급가액 : 50,000,000×59%=29,500,000
                                            └─ 전기 과세공급가액 비율

| 정리 | 겸영사업자의 과세표준 안분계산 또는 매입세액 안분계산시 과세기간의 적용기준 |

과세·면세비율 (원칙) 해당 과세기간의 공급가액비율(사용면적 비율)
　　　　　　 (예외) 직전 과세기간의 공급가액비율(사용면적 비율)
　　　　　　　　① 공통사용재화 공급의 과세표준
　　　　　　　　② 동일과세기간 중 매입+공급분 공통매입세액

■ 면세전용과 과세전환

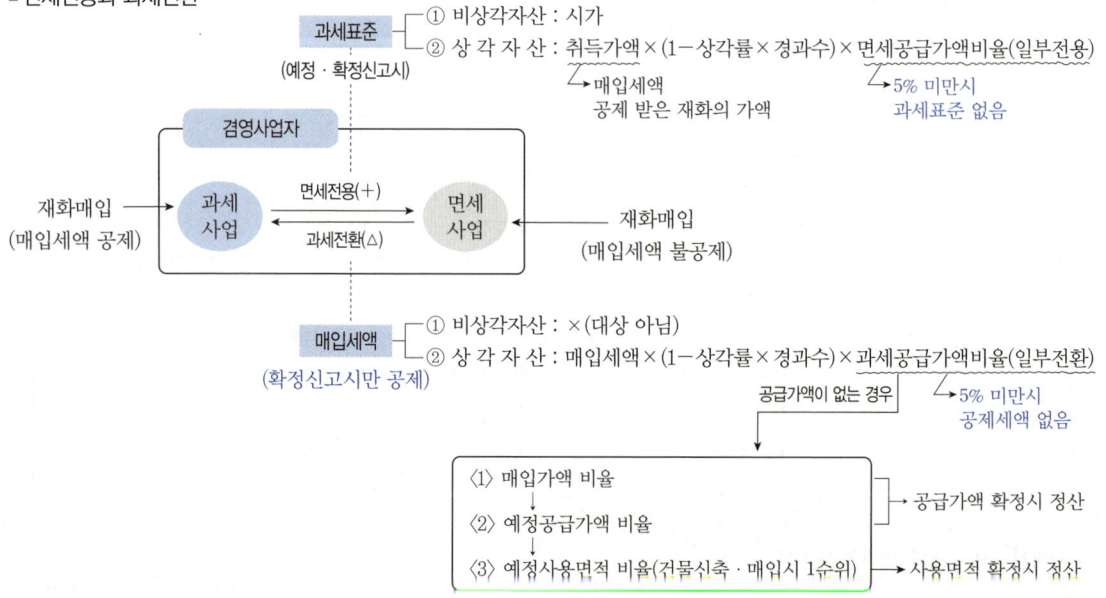

■ 공통사용재화의 매입 및 공급

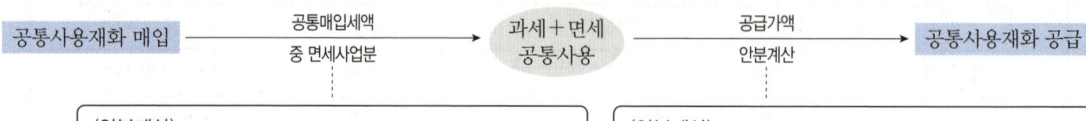

(안분계산)
① 해당 과세기간의 공급가액 비율(사용면적비율)
② 동일과세기간 중 매입+공급분
　→ 직전 과세기간의 공급가액 비율(사용면적비율)

(전액 매입세액 공제)
① 해당 과세기간의 면세비율 5% 미만 & 해당 과세기간의 공통매입세액이 500만원 미만
② 해당 과세기간 중 공통매입세액이 5만원 미만
③ 신규사업개시+공급안분계산×

공급가액이 없는 경우
⟨1⟩ 매입가액 비율
⟨2⟩ 예정공급가액 비율
⟨3⟩ 예정사용면적 비율
　　(건물신축·매입시 1순위)
→ 공급가액 확정시 정산
→ 사용면적 확정시 정산

(안분계산)
직전과세기간의 공급가액비율(사용면적비율*)
* 사용면적 비율로 매입세액을 안분한 재화의 경우

(전액 과세표준)
① 직전 과세기간의 면세비율 5% 미만 & 해당재화의 공급가액이 5,000만원 미만
② 해당 재화의 공급가액이 50만원 미만
③ 신규사업개시(직전 과세기간이 없는 경우)

[사례1] 공통매입세액 안분계산 … 예정신고기간 매입＋확정신고기간 공급

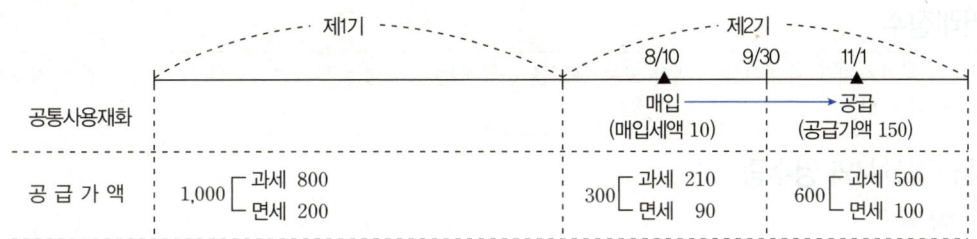

구 분	제2기 과세기간	
	예정신고시	확정신고시
공통매입세액 중 공제분	$10 \times \dfrac{210}{300} = 7$	$10 \times \dfrac{800}{1,000} - 7 = 1(정산)$
공급가액	—	$150 \times \dfrac{800}{1,000} = 120$

↳ 직전과세기간 공급가액 비율

↳ 예정신고기간의 공급가액 비율

[사례2] 공통매입세액 안분계산 … 건물 신축(20×1년 제2기)

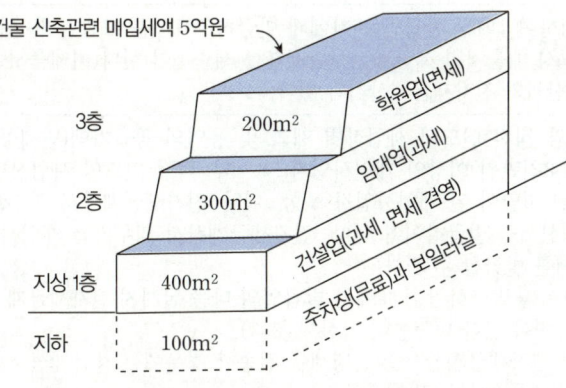

구 분	20×1년 제2기 공급가액
학원업	4억원(면세)
임대업	6억원(과세)
건설업	8억원(과세)
	2억원(면세)
계	20억원

- 매입세액 불공제액

(3층) $5억원 \times \dfrac{200m^2}{1,000m^2} = 100,000,000(불공제)$

(2층) $5억원 \times \dfrac{300m^2}{1,000m^2} = 150,000,000(공제)$

(1층) $5억원 \times \dfrac{400m^2}{1,000m^2} \times \dfrac{2억원}{(8억원+2억원)} = 40,000,000(불공제)$

(지하) $5억원 \times \dfrac{100m^2}{1,000m^2} \times \dfrac{(4억원+2억원)}{20억원} = 15,000,000(불공제)$

↳ 전체공통분 ↳ 전체 공급가액 비율로 안분

7. 세금계산서 및 절차규정

Ⅰ. 거래징수

사업자가 부가가치세 과세대상인 재화 또는 용역을 공급하는 경우에는 부가가치세를 그 공급을 받는 자로부터 징수하여야 한다.

Ⅱ. 세금계산서와 영수증

(1) 세금계산서

구 분	내 용
세금계산서 기능	부가가치세의 전가, 매입세액공제, 거래의 상호대사, 송장·영수증·청구서 기능, 기장의무 이행 기능(영수증 발급 적용기간의 간이과세자가 발급받았거나 발급한 세금계산서 또는 영수증을 보관한 때에는 부가가치세법에 따른 기장의무를 이행한 것으로 봄) → 계약서 기능은 없음.
세금계산서 발급대상	① 사업자가 재화 또는 용역을 공급(부가가치세가 면제되는 재화 또는 용역의 공급은 제외)하는 경우에는 세금계산서를 그 공급을 받는 자에게 발급하여야 한다(사업자는 사업자등록 여부와 관계없이 세금계산서를 발급하여야 함. 공급받는 자가 사업자가 아니거나 등록한 사업자가 아닌 경우에는 고유번호 또는 공급받는 자의 주민등록번호를 적어서 발급함). ② 세관장은 수입되는 재화에 대하여 부가가치세를 징수할 때(부가가치세의 납부유예 포함)에는 수입된 재화에 대한 세금계산서("수입세금계산서")를 수입하는 자에게 발급하여야 한다.
필요적 기재사항	① 공급하는 사업자의 등록번호와 성명 또는 명칭 ② 공급받는 자의 등록번호 ③ 작성 연월일(☞ 공급연월일은 임의적 기재사항) ④ 공급가액과 부가가치세액
세금계산서 발급	사업자는 세금계산서 2매를 작성하여 1매를 공급받는 자에게 발급하고 1매를 보관한다. 세금계산서를 발급한 경우 예정·확정신고시 매출처별 세금계산서합계표를 제출해야 한다(미제출시 가산세 부과). 세금계산서는 종이세금계산서와 전자세금계산서가 있다.
전자세금 계산서	① 의무발급사업자 : 법인사업자와 직전 연도의 사업장별 재화 및 용역의 공급가액(면세공급가액 포함. 이하 같음)의 합계액이 8천만원 이상인 개인사업자(그 이후 직전 연도의 사업장별 재화 및 용역의 공급가액이 8천만원 미만이 된 개인사업자 포함. 이하 '전자세금계산서 의무발급 개인사업자'라 함)는 전자세금계산서를 발급하여야 한다. 전자세금계산서 의무발급 개인사업자가 아닌 경우에도 전자세금계산서를 발급할 수 있다. ② 발급명세 전송 : 전자세금계산서를 발급하였을 때에는 발급일의 다음 날까지 전자세금계산서 발급명세를 국세청장에게 전송하여야 한다(미전송시 가산세 부과). ③ 보존의무 면제 : 국세청장에게 전자세금계산서 발급명세를 전송한 경우에는 세금계산서를 확정신고기한 후 5년간 보존하여야 하는 의무는 면제된다. ④ 의무발급시기 : 전자세금계산서 의무발급 개인사업자는 사업장별 재화 및 용역의 공급가액의 합계액이 8천만원 이상인 해의 다음 해 제2기 과세기간이 시작하는 날부터 전자세금계산서를 발급하여야 한다. 다만, 사업장별 재화와 용역의 공급가액의 합계액이 수정신고 또는 결정과 경정으로 8천만원 이상이 된 경우에는 수정신고등을 한 날이 속하는 과세기간의 다음 과세기간이 시작하는 날부터 전자세금계산서를 발급해야 한다. ⑤ 통지의무 : 관할 세무서장은 개인사업자가 전자세금계산서 의무발급 개인사업자에 해당하는 경우에는 전자세금계산서를 발급해야 하는 날이 시작되기 1개월 전까지 그 사실을 해당 개인사업자에게 통지하여야 한다. 개인사업자가 전자세금계산서를 발급해야 하는 날이 시작되기 1개월 전까지 통지를 받지 못한 경우에는 통지서를 수령한 날이 속하는 달의 다음 다음 달 1일부터 전자세금계산서를 발급하여야 한다.

구 분	내 용
	⑥ **합계표 제출의무 면제** : 전자세금계산서를 발급하거나 발급받고 전자세금계산서 발급명세를 해당 재화 또는 용역의 공급시기가 속하는 과세기간(예정신고의 경우에는 예정신고기간) 마지막 날의 다음 달 11일까지 국세청장에게 전송한 경우에는 해당 예정신고 또는 확정신고시 매출·매입처별 세금계산서합계표를 제출하지 아니할 수 있다.
발급시기	(1) **원칙** : 재화·용역 공급시기에 세금계산서 발급 (2) **선발급세금계산서 특례** : 재화·용역의 공급시기 전에 세금계산서를 발급한 경우로서 법소정 요건에 해당하는 경우에는 그 발급일을 재화·용역 공급시기로 봄. (3) **월합계세금계산서 등 특례** : 다음의 경우에는 공급일이 속하는 달의 다음 달 10일(그 날이 공휴일 또는 토요일인 경우에는 바로 다음 영업일)까지 세금계산서 발급할 수 있음. ① 거래처별로 달의 1일부터 말일까지의 공급가액을 합하여 해당 달의 말일을 작성 연월일로 하여 세금계산서를 발급하는 경우 ② 거래처별로 달의 1일부터 말일까지의 기간 이내에서 사업자가 임의로 정한 기간의 공급가액을 합하여 그 기간의 종료일을 작성 연월일로 하여 세금계산서를 발급하는 경우 ③ 관계 증명서류 등에 따라 실제 거래사실이 확인되는 경우로서 해당 거래일을 작성 연월일로 하여 세금계산서를 발급하는 경우

Check

[정리] 세금계산서 양식 … ☐ 필요적 기재사항

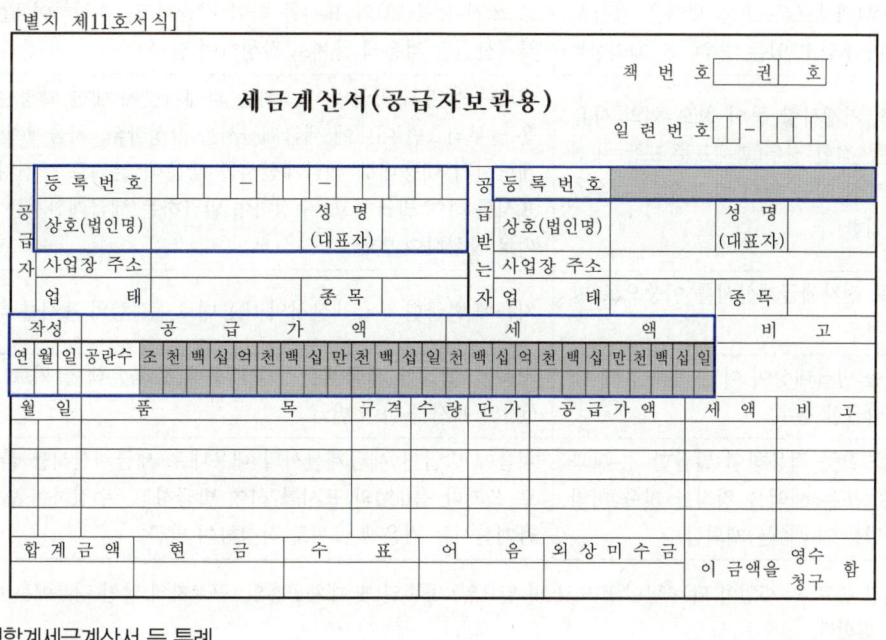

[사례] 월합계세금계산서 등 특례

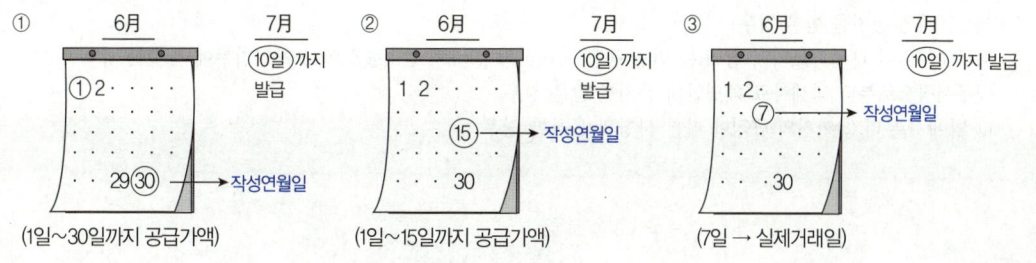

(2) 수정세금계산서 또는 수정전자세금계산서

수정(전자)세금계산서 발급사유	발급 절차
① 처음 공급한 재화가 환입된 경우	재화가 환입된 날을 작성일로 적고 비고란에 처음 세금계산서 작성일을 덧붙여 적은 후 붉은색 글씨로 쓰거나 음(陰)의 표시를 하여 발급
② 계약의 해제로 재화 또는 용역이 공급되지 아니한 경우	계약이 해제된 때에 그 작성일은 계약해제일로 적고 비고란에 처음 세금계산서 작성일을 덧붙여 적은 후 붉은색 글씨로 쓰거나 음(陰)의 표시를 하여 발급
③ 계약의 해지 등에 따라 공급가액에 추가되거나 차감되는 금액이 발생한 경우	증감 사유가 발생한 날을 작성일로 적고 추가되는 금액은 검은색 글씨로 쓰고, 차감되는 금액은 붉은색 글씨로 쓰거나 음(陰)의 표시를 하여 발급
④ 재화 또는 용역을 공급한 후 공급시기가 속하는 과세기간 종료 후 25일[1] 이내에 내국신용장이 개설되었거나 구매확인서가 발급된 경우	내국신용장 등이 개설된 때에 그 작성일은 처음 세금계산서 작성일을 적고 비고란에 내국신용장 개설일 등을 덧붙여 적어 영세율 적용분은 검은색 글씨로 세금계산서를 작성하여 발급하고, 추가하여 처음에 발급한 세금계산서의 내용대로 세금계산서를 붉은색 글씨로 또는 음(陰)의 표시를 하여 작성하고 발급
⑤ 필요적 기재사항 등이 착오로 잘못 적힌 경우(과세표준 또는 세액을 경정할 것을 미리 알고 있는 경우[2]는 제외함)	처음에 발급한 세금계산서의 내용대로 세금계산서를 붉은색 글씨로 쓰거나 음(陰)의 표시를 하여 발급하고, 수정하여 발급하는 세금계산서는 검은색 글씨로 작성하여 발급
⑥ 필요적 기재사항 등이 착오 외의 사유로 잘못 적힌 경우(과세표준 또는 세액을 경정할 것을 미리 알고 있는 경우[1]는 제외함)	재화나 용역의 공급일이 속하는 과세기간에 대한 확정신고기한 다음 날부터 1년 이내에 세금계산서를 작성하되, 처음에 발급한 세금계산서의 내용대로 붉은색 글씨로 쓰거나 음(陰)의 표시를 하여 발급하고, 수정하여 발급하는 세금계산서는 검은색 글씨로 작성하여 발급
⑦ 착오로 전자세금계산서를 이중으로 발급한 경우	처음에 발급한 세금계산서의 내용대로 음(陰)의 표시를 하여 발급
⑧ 면세 등 발급대상이 아닌 거래 등에 대하여 발급한 경우	처음에 발급한 세금계산서의 내용대로 붉은색 글씨로 쓰거나 음(陰)의 표시를 하여 발급
⑨ 세율을 잘못 적용하여 발급한 경우(과세표준 또는 세액을 경정할 것을 미리 알고 있는 경우[2]는 제외함)	처음에 발급한 세금계산서의 내용대로 세금계산서를 붉은색 글씨로 쓰거나 음(陰)의 표시를 하여 발급하고, 수정하여 발급하는 세금계산서는 검은색 글씨로 작성하여 발급.

[1] 과세기간 종료 후 25일이 되는 날이 토요일 및 일요일, 공휴일 및 대체공휴일, 근로자의 날인 경우에는 바로 다음 영업일을 말한다.
[2] 경정할 것을 미리 알고 있는 경우
　① 세무조사의 통지를 받은 경우
　② 세무공무원이 과세자료의 수집 또는 민원 등을 처리하기 위하여 현지출장이나 확인업무에 착수한 경우
　③ 세무서장으로부터 과세자료 해명안내 통지를 받은 경우
　④ 그 밖에 ①부터 ③까지의 규정에 따른 사항과 유사한 경우

사례 수정세금계산서

① 환입

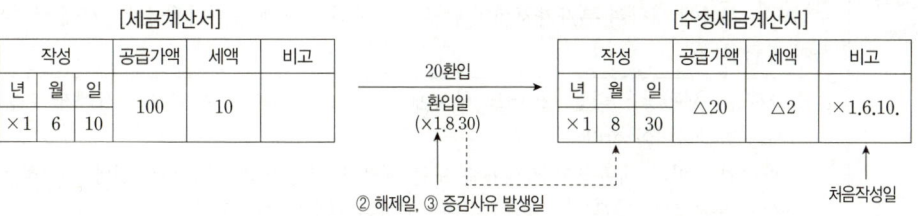

④ 공급시기 이후 내국신용장 개설

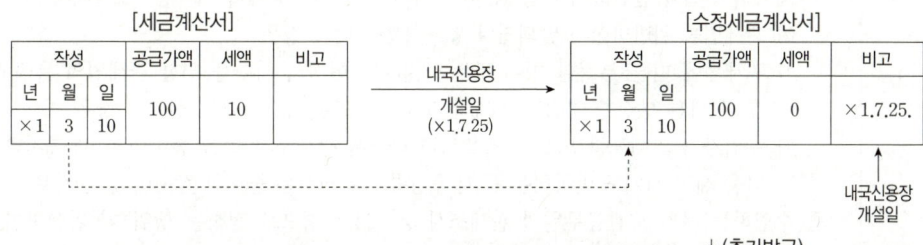

⑤ 필요적 기재사항 등의 착오

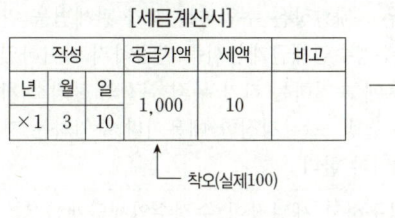 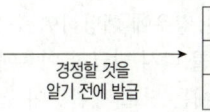

(3) 수입세금계산서 및 수정수입세금계산서

구 분	내 용
수입세금 계산서	세관장이 발급하는 수입세금계산서는 세금계산서 발급에 관한 규정을 준용하여 발급한다. 이 경우 수입되는 재화에 대하여 부가가치세의 납부가 유예되는 때에는 수입세금계산서에 납부유예 표시를 하여 발급한다.
수정수입 세금계산서	1) **발급사유** : 세관장은 다음 중 어느 하나에 해당하는 경우에는 수입하는 자에게 수정수입세금계산서를 발급하여야 한다. 　① 관세법에 따라 세관장이 과세표준 또는 세액을 결정 또는 경정하기 전에 수입하는 자가 수정신고 등을 하는 경우(③에 따라 수정신고하는 경우는 제외한다) 　② 관세법에 따라 세관장이 과세표준 또는 세액을 결정 또는 경정하는 경우(수입하는 자가 해당 재화의 수입과 관련하여 다음 중 어느 하나에 해당하지 아니하는 경우로 한정한다) 　　㉮ 관세법을 위반하여 고발되거나 통고처분을 받은 경우 　　㉯ 관세법에 따른 부정한 행위 또는 「자유무역협정의 이행을 위한 관세법의 특례에 관한 법률」에 따른 부정한 행위로 관세의 과세표준 또는 세액을 과소신고한 경우 　　㉰ 수입자가 과세표준 또는 세액을 신고하면서 관세조사 등을 통하여 이미 통지받은 오류를 다음 신고 시에도 반복하는 등 대통령령으로 정하는 중대한 잘못이 있는 경우 　③ 수입하는 자가 세관공무원의 관세조사 등 대통령령으로 정하는 행위*가 발생하여 과세표준 또는 세액이 결정 또는 경정될 것을 미리 알고 그 결정·경정 전에 「관세법」에 따라 수정신고하는 경우(해당 재화의 수입과 관련하여 ② 각 목의 어느 하나에 해당하지 아니하는 경우로 한정한다) 2) **수정취소 재발급** : 세관장은 1)의 ② 또는 ③의 결정·경정 또는 수정신고에 따라 수정수입세금계산서를 발급한 후 수입하는 자가 1)의 ② 각 목의 어느 하나에 해당하는 사실을 알게 된 경우에는 이미 발급한 수정수입세금계산서를 그 수정 전으로 되돌리는 내용의 수정수입세금계산서를 발급하여야 한다. 3) **수입하는 자가 무죄 확정판결 등을 받은 경우** : 세관장은 수입하는 자가 관세법을 위반하여 고발되거나 통고처분을 받은 경우에 해당하여 수정수입세금계산서를 발급하지 아니하였거나 2)에 따라 수정수입세금계산서를 다시 발급한 이후에 수입하는 자가 무죄 취지의 불기소 처분이나 무죄 확정판결을 받은 경우에는 당초 세관장이 결정 또는 경정한 내용이나 수입하는 자가 수정신고한 내용으로 수정수입세금계산서를 발급하여야 한다. 4) **발급신청** : 수입하는 자는 1) 또는 3)에도 불구하고 세관장이 수정수입세금계산서를 발급하지 아니하는 경우 국세기본법상 부과제척기간*내에 세관장에게 수정수입세금계산서의 발급을 신청할 수 있다. 　* 부과제척기간 : 과세표준 신고 기한의 다음 날부터 5년(역외거래는 7년) 또는 이의신청, 심사청구, 심판청구, 감사원법에 따른 심사청구 또는 행정소송법에 따른 소송에 대한 결정이나 판결이 확정된 경우에는 결정 또는 판결이 확정된 날부터 1년 5) **세관장의 합계표 제출** : 수정수입세금계산서를 발급한 세관장은 수정된 매출처별 세금계산서합계표를 해당 세관 소재지를 관할하는 세무서장에게 제출하여야 한다. 6) **발급방법** : 세관장이 수정한 수입세금계산서를 발급하는 경우에는 부가가치세를 납부받거나 징수 또는 환급한 날을 작성일로 적고 비고란에 최초 수입세금계산서 발급일 등을 덧붙여 적은 후 추가되는 금액은 검은색 글씨로 쓰고, 차감되는 금액은 붉은색 글씨로 쓰거나 음(陰)의 표시를 하여 발급한다.

* 관세조사 등 대통령령으로 정하는 행위
  ① 관세조사 또는 관세범칙사건에 대한 조사를 통지하는 행위
  ② 세관공무원이 과세자료의 수집 또는 민원 등을 처리하기 위하여 현지출장이나 확인업무에 착수하는 행위
  ③ 그 밖에 ① 또는 ②와 유사한 행위

≪세부내용≫ 과세유형이 전환된 후 전환 전 공급분에 대한 수정세금계산서 발급 특례

(1) 일반과세자에서 간이과세자로 과세유형이 전환된 후 과세유형전환 전에 공급한 재화 또는 용역에 수정(전자)세금계산서의 발급사유 중 ①~③의 사유가 발생한 경우에는 처음에 발급한 세금계산서 작성일을 수정세금계산서 또는 수정전자세금계산서의 작성일로 적고, 비고란에 사유 발생일을 덧붙여 적은 후 추가되는 금액은 검은색 글씨로 쓰고 차감되는 금액은 붉은색 글씨로 쓰거나 음(陰)의 표시를 하여 수정세금계산서나 수정전자세금계산서를 발급할 수 있다.

(2) 간이과세자에서 일반과세자로 과세유형이 전환된 후 과세유형전환 전에 공급한 재화 또는 용역에 수정(전자)세금계산서의 발급사유 중 ①~③의 사유가 발생하여 수정세금계산서나 수정전자세금계산서를 발급하는 경우에는 처음에 발급한 세금계산서 작성일을 수정세금계산서 또는 수정전자세금계산서의 작성일로 적고, 비고란에 사유 발생일을 덧붙여 적은 후 추가되는 금액은 검은색 글씨로 쓰고 차감되는 금액은 붉은색 글씨로 쓰거나 음(陰)의 표시를 해야 한다.

(4) **세금계산서 발급의무의 면제** → 세금계산서를 발급하기 어렵거나 세금계산서의 발급이 불필요한 경우

발급의무면제	발급대상
1. 최종소비자 대상 업종 ① 택시운송 사업자, 노점 또는 행상을 하는 사람, 무인자동판매기 사업자가 공급하는 재화·용역 ② 전력·도시가스를 실제로 소비하는 자(사업자가 아닌 자)를 위하여 전기사업자·도시가스사업자로부터 전력·도시가스를 공급받는 명의자가 공급하는 재화·용역	
③ 도로 및 관련시설 운영용역을 공급하는 자	• 세금계산서 발급 요구시
④ 소매업 또는 미용, 욕탕 및 유사 서비스업을 경영하는 자가 공급하는 재화 또는 용역	• 소매업의 경우 세금계산서 발급 요구시
⑤ 전자서명인증사업자가 인증서를 발급하는 용역	• 세금계산서 발급 요구시
⑥ 간편사업자등록을 한 국외사업자가 국내에 공급하는 전자적 용역	
⑦ 여객운송업	• 전세버스운송사업의 경우에는 세금계산서 발급 요구시
2. 간주공급 재화(자가공급·개인적공급·사업상증여·폐업시 잔존재화)	• 판매목적 타사업장 반출
3. 부동산임대용역 중 간주임대료	
4. 영세율대상 (1) 재화의 수출	• 국외위탁가공 원료의 반출 • 내국신용장 또는 구매확인서에 의한 공급 • 한국국제협력단·한국국제보건의료재단·대한적십자사에 대한 공급
(2) 용역의 국외공급(공급받는 자가 국내사업장이 없는 비거주자·외국법인인 경우로 한정함)	• 국외에서 용역을 공급받는 자가 국내사업장이 있는 경우
(3) 외국항행용역의 공급 ① 선박의 외국항행용역(공급받는 자가 국내사업장이 없는 비거주자·외국법인인 경우로 한정함)	• 공급받는 자가 국내사업장이 있는 경우
② 항공기의 외국항행용역, 상업서류송달용역	
(4) 기타 외화획득사업	• 수출재화 임가공용역
① 국내에서 국내사업장이 없거나 이와 관련이 없는 외국법인·비거주자에게 공급하는 재화·용역	
② 외국을 항행하는 선박, 항공기, 원양어선에 공급하는 재화 또는 용역(공급받는 자가 국내사업장이 없는 비거주자·외국법인인 경우로 한정함)	• 공급받는 자가 국내사업장이 있는 경우
③ 국내 주재 외국정부기관·국제연합군 또는 미국군에게 공급하는 재화 또는 용역 ④ 종합여행업자가 외국인관광객에게 공급하는 관광알선용역 ⑤ 외국인전용 관광기념품 판매업자가 외국인 관광객에게 공급하는 관광기념품	
⑥ 그 밖에 국내사업장이 없는 비거주자·외국법인에게 공급하는 재화 또는 용역	• 외국사업자임을 증명하는 서류를 제시하고 세금계산서 발급을 요구하는 경우 • 외국법인연락사무소에 공급하는 경우

- ☑ 세금계산서 발급금지 : 세금계산서 발급금지업종 외의 사업을 경영하는 사업자가 신용카드매출전표등을 발급한 경우에는 세금계산서를 발급하지 아니한다(∵이중공제금지).

(5) **세금계산서 발급 특례**

구 분	내 용
위탁판매	• 수탁자 또는 대리인이 재화를 인도하는 경우 : 수탁자 또는 대리인이 위탁자 또는 본인의 명의로 세금계산서를 발급한다(수탁자 또는 대리인의 등록번호를 덧붙여 적어야 함). • 위탁자 또는 본인이 재화를 인도하는 경우 : 위탁자 또는 본인이 세금계산서를 발급할 수 있다(수탁자 또는 대리인의 등록번호를 덧붙여 적어야 함). ※ 위탁자 또는 본인을 알 수 없는 경우에는 수탁자 또는 대리인에게 재화를 공급하거나 수탁자 또는 대리인으로부터 재화를 공급받은 것으로 본다. 따라서 위탁자(본인)는 수탁자(대리인)에게, 수탁자(대리인)는 거래상대방에게 세금계산서를 발급한다.
위탁매입	위탁매입 또는 대리인에 의한 매입의 경우에는 공급자가 위탁자 또는 본인을 공급받는 자로 하여 세금계산서를 발급한다(수탁자 또는 대리인의 등록번호를 덧붙여 적어야 함).
리 스	납세의무가 있는 사업자가 시설대여업자로부터 시설 등을 임차하고, 그 시설 등을 공급자 또는 세관장으로부터 직접 인도받는 경우에는 공급자 또는 세관장이 그 사업자에게 직접 세금계산서를 발급할 수 있다.
합병	합병에 따라 소멸하는 법인이 합병계약서에 기재된 합병을 할 날부터 합병등기일까지의 기간에 재화 또는 용역을 공급하거나 공급받는 경우 합병 이후 존속하는 법인 또는 합병으로 신설되는 법인이 세금계산서를 발급하거나 발급받을 수 있다.

Check

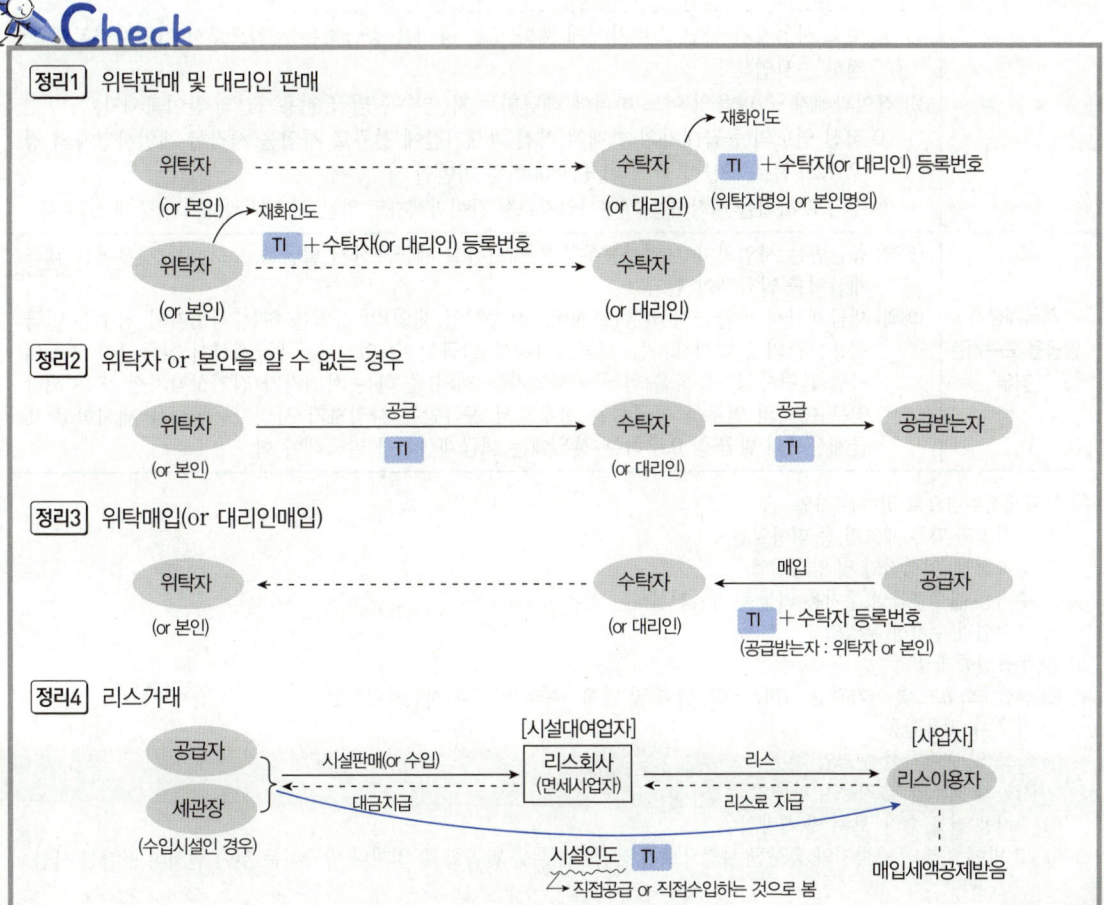

(6) 영수증

구 분	내 용
발급대상	다음 중 어느 하나에 해당하는 자는 세금계산서를 발급하는 대신 영수증을 발급하여야 함. 1) 주로 사업자가 아닌 자에게 재화·용역을 공급하는 다음의 사업을 하는 자 　① 소매업 　② 음식점업(다과점업 포함) 　③ 숙박업 　④ 간이과세가 배제되는 전문직사업자와 행정사업(단, 법인이나 소득세법상 사업자에게 공급하는 경우 제외) 　⑤ 우정사업조직이 소포우편물을 방문접수하여 배달하는 용역 　⑥ 전자서명인증사업자가 인증서를 발급하는 사업 　┌─────────────────────────────┐ 　│⑦ 미용·욕탕 및 유사 서비스업 │ 　│⑧ 여객운송업 │ 세금계산서 　│⑨ 입장권을 발행하여 영위하는 사업 │ 발급금지업종 　│⑩ 부가가치세가 과세되는 진료용역 │ (전세버스운송 　│⑪ 부가가치세가 과세되는 수의사가 제공하는 동물의 진료용역│ 사업 제외) 　│⑫ 무도학원과 자동차운전학원 │ 　│⑬ 간편사업자등록을 한 국외사업자가 국내에 전자적 용역을 공급하는 사업│ 　└─────────────────────────────┘ 　⑭ 주로 사업자가 아닌 소비자에게 재화 또는 용역을 공급하는 사업으로서 기획재정부령으로 정하는 사업^{주)} 2) 간이과세자 중 다음의 어느 하나에 해당하는 자(영수증 발급 적용기간의 간이과세자) 　① 직전 연도의 공급대가의 합계액(직전 과세기간에 신규로 사업을 시작한 개인사업자의 경우 12개월로 환산한 금액)이 4천800만원 미만인 자 　② 신규로 사업을 시작하는 개인사업자로서 간이과세자로 하는 최초의 과세기간 중에 있는 자
세금계산서 발급을 요구하는 경우	[원칙] 공급받는 사업자가 사업자등록증을 제시하고 세금계산서 발급을 요구하는 경우에는 세금계산서를 발급해야 함 [예외] 세금계산서 발급금지 업종(전세버스운송사업 제외)의 사업을 하는 사업자와 영수증 발급 적용기간의 간이과세자는 세금계산서를 발급할 수 없으나, 세금계산서 발급금지 업종의 사업(간편사업자등록을 한 국외사업자는 제외)을 하는 사업자가 감가상각자산 또는 해당 역무 이외의 역무를 공급하는 경우로서 공급받는 사업자가 사업자등록증을 제시하고 세금계산서의 발급을 요구하는 경우에는 세금계산서를 발급해야 함

주) 기획재정부령으로 정하는 사업
　① 도정업과 떡류 제조업 중 떡방앗간
　② 양복점업, 양장점업 및 양화점업
　③ 주거용 건물공급업(주거용 건물을 자영건설하는 경우 포함)
　④ 운수업과 주차장 운영업
　⑤ 부동산중개업
　⑥ 예술, 스포츠 및 여가관련 서비스업과 협회 및 단체, 수리 및 기타 개인서비스업
　⑦ 가구 내 고용활동
　⑧ 도로 및 관련시설 운영업
　⑨ 자동차 제조업 및 자동차 판매업
　⑩ 주거용 건물 수리·보수 및 개량업
　⑪ 그 밖에 ①부터 ⑩까지와 유사한 사업으로서 세금계산서를 발급할 수 없거나 발급하는 것이 현저히 곤란한 사업

≪세부내용≫ 간이과세자의 영수증 발급 적용기간

① 직전 연도 공급대가의 합계액이 4천800만원 미만이거나 이상인 간이과세자의 영수증 발급에 관한 규정이 적용되거나 적용되지 아니하게 되는 기간은 해의 1월 1일부터 12월 31일까지의 공급대가의 합계액(신규로 사업을 시작한 개인사업자의 경우 12개월로 환산한 금액)이 4천800만원에 미달하거나 그 이상이 되는 해의 다음 해의 7월 1일부터 그 다음 해의 6월 30일까지로 한다.

② 신규로 사업을 시작하는 간이과세자의 영수증 발급에 관한 규정이 적용되는 기간은 사업 개시일부터 사업을 시작한 해의 다음 해의 6월 30일까지로 한다.

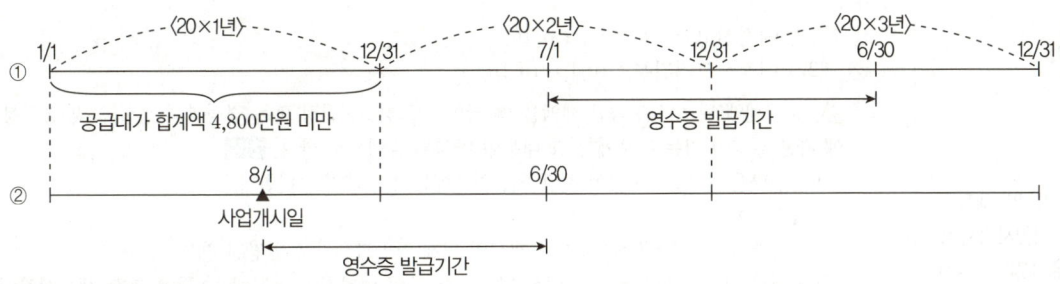

정리1 | 세금계산서와 영수증의 비교

구 분	세금계산서	영수증
발급대상업종	영수증 발급대상 외의 업종	최종소비자 대상 업종
필요적기재사항	공급받는 자의 등록번호, 공급가액과 부가가치세를 기재	공급받는 자의 등록번호, 공급가액과 부가가치세를 기재하지 않음*
매입세액공제	공제	불공제
합계표제출의무	있음	없음
미발급시 가산세	가산세 부과(공급가액의 2%)	가산세 없음

* 다만, 신용카드기 또는 직불카드기 등 기계적 장치(금전등록기 제외)에 의하여 영수증을 발급하는 때에는 영수증에 공급가액과 세액을 별도로 구분하여 적어야 한다.

정리2 | 금전등록기

영수증을 발급하는 사업자는 금전등록기를 설치하여 영수증을 대신하여 공급대가를 적은 계산서를 발급할 수 있다. 이 경우 사업자가 계산서를 발급하고 해당 감사테이프를 보관한 경우에는 영수증을 발급하고 장부의 작성을 이행한 것으로 보며, 현금수입을 기준으로 부가가치세를 부과할 수 있다.

Ⅲ. 신고와 납부절차

(1) 예정신고와 납부

구 분	내 용
예정신고기간	• 제1기 예정신고기간 : 1.1.~3.31.　　　• 제2기 예정신고기간 : 7.1.~9.30.
법인사업자	법인(영세법인사업자 제외)은 예정신고기간이 끝난 후 25일 이내에 신고 · 납부해야 함
일반과세자인 개인사업자 및 영세법인사업자^{주)}	(1) 고지납부(원칙) : 관할 세무서장이 직전 과세기간 납부세액*에 50%(1천원 미만은 버림)로 결정하여 다음 기간 이내에 납부고지서를 발부하여 해당 예정신고기간이 끝난 후 25일까지 징수한다. 　① 제1기 예정신고기간분 : 4.1.~4.10. 　② 제2기 예정신고기간분 : 10.1.~10.10. 　* 경감공제세액 및 수시부과한 세액을 뺀 금액으로 하고, 결정 또는 경정과 수정신고 및 경정청구에 따른 결정이 있는 경우에는 그 내용이 반영된 금액으로 한다. 개정 　☞ 다만, 다음 중 어느 하나에 해당하는 경우에는 징수하지 아니한다. 　　① 징수하여야 할 금액이 50만원 미만인 경우 　　② 간이과세자에서 해당 과세기간 개시일 현재 일반과세자로 변경된 경우 　　③ 국세징수법상 재난 등으로 인한 납부기한 등의 연장사유(국징법 13①)로 관할 세무서장이 징수하여야 할 금액을 사업자가 납부할 수 없다고 인정되는 경우 (2) 예정신고(선택) : 다음 중 어느 하나에 해당하는 자는 예정신고를 하고 예정신고기간의 납부세액(해당 예정신고기간에 대하여 수시부과한 세액은 공제한다)을 납부할 수 있다. 이 경우 예정고지세액의 결정은 없던 것으로 본다. 개정 　① 휴업 · 사업부진 등으로 각 예정신고기간의 공급가액 또는 납부세액이 직전 과세기간의 공급가액 또는 납부세액의 1/3에 미달하는 자 　② 각 예정신고기간분에 대하여 조기환급을 받으려는 자

주) 영세법인사업자 : 직전 과세기간 공급가액의 합계액이 1억5천만원 미만인 법인사업자

☑ 예정신고시 적용하지 않는 것 : 대손세액공제, 과세사업 전환 매입세액, 가산세, 납부 · 환급세액 재계산, 전자신고세액공제, 의제매입세액 공제한도

(2) 확정신고와 납부

구 분	내 용
확정신고	사업자는 각 과세기간에 대한 과세표준과 납부세액 또는 환급세액을 그 과세기간이 끝난 후 25일(폐업하는 경우에는 폐업일이 속한 달의 다음 달 25일) 이내에 납세지 관할 세무서장에게 신고하여야 한다. → 개인사업자 및 영세법인사업자도 반드시 확정신고해야 함. ☞ 예정신고 및 조기환급신고시 이미 신고한 내용은 확정신고대상에서 제외한다.
납부	사업자는 확정신고를 할 때 다음의 금액을 확정신고시의 납부세액에서 빼고 부가가치세 확정신고서와 함께 각 납세지 관할 세무서장(주사업장총괄납부의 경우에는 주된 사업장 소재지의 관할 세무서장을 말한다)에게 납부하거나 국세징수법에 따른 납부서를 작성하여 한국은행 등에 납부하여야 한다. ① 조기 환급을 받을 환급세액 중 환급되지 아니한 세액 ② 예정고지세액 ③ 수시부과한 세액 개정

Check

사례1 개인사업자와 영세 법인사업자(예정고지)

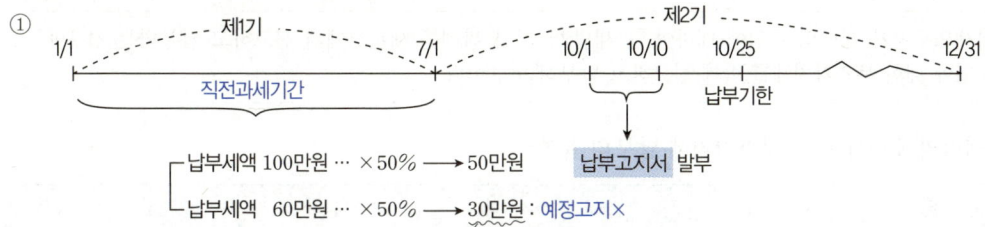

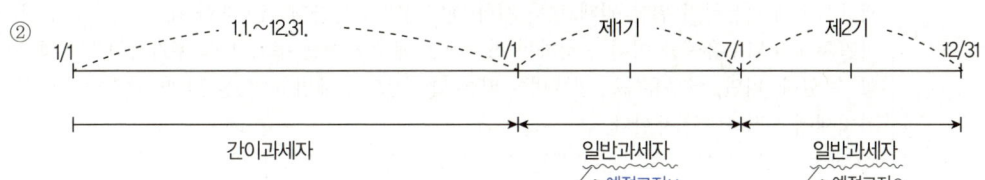

사례2 예정신고를 할 수 있는 경우

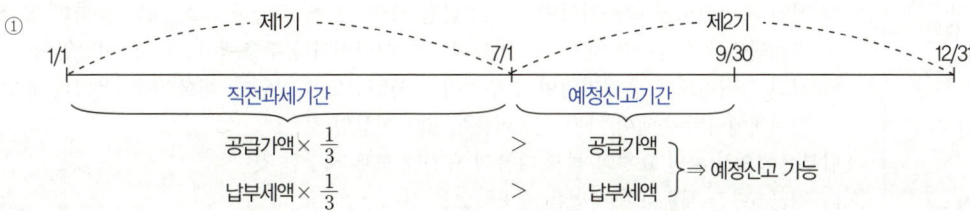

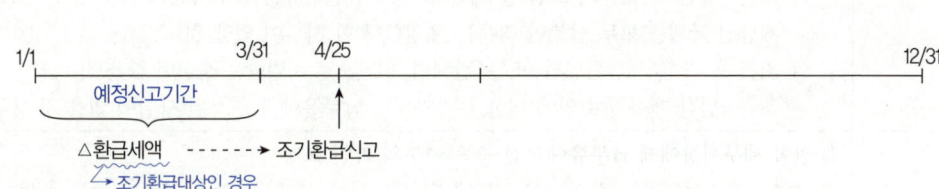

사례3 예정신고시 적용하지 않는 것

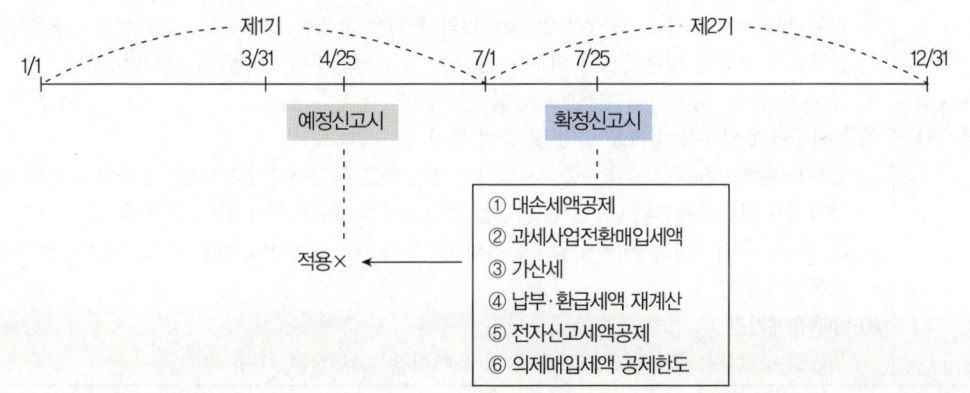

(3) 재화의 수입에 대한 신고 · 납부

1) 관세를 신고 · 납부하는 경우

> 납세의무자가 재화의 수입에 대하여 「관세법」에 따라 관세를 세관장에게 신고하고 납부하는 경우에는 재화의 수입에 대한 부가가치세를 함께 신고하고 납부하여야 한다.

2) 재화의 수입에 대한 부가가치세 납부의 유예

구 분	내 용

납부유예 요건	세관장은 다음의 요건을 모두 충족하는 중소 · 중견사업자가 물품을 제조 · 가공하기 위하여 자기의 과세사업에 사용하기 위한 원재료 등 재화(매입세액이 불공제되는 재화 제외)의 수입에 대하여 부가가치세의 납부유예를 미리 신청하는 경우에는 해당 재화를 수입할 때 부가가치세의 납부를 유예할 수 있다. 다만, 납부유예는 관세법에 따른 납세신고(관세법 38조)를 할 때 납부하여야 하는 부가가치세에 한정하여 적용한다.
	① 직전 사업연도에 중소기업(조특령 2조) 또는 중견기업(조특령 10조 1항)에 해당하는 법인(제조업을 주된 사업으로 경영하는 기업에 한정함)일 것
	② 직전 사업연도에 영세율을 적용받은 재화의 공급가액의 합계액(이하 "수출액")이 다음 중 어느 하나에 해당할 것
	  (개) 직전 사업연도에 중소기업인 경우 : 직전 사업연도에 공급한 재화 또는 용역의 공급가액의 합계액에서 수출액이 차지하는 비율이 30% 이상이거나 수출액이 50억원 이상일 것
	  (내) 직전 사업연도에 중견기업인 경우 : 직전 사업연도에 공급한 재화 또는 용역의 공급가액의 합계액에서 수출액이 차지하는 비율이 30% 이상일 것
	③ 납부유예요건 확인 요청일 현재 다음의 요건에 모두 해당할 것
	  (개) 최근 3년간 계속하여 사업을 경영하였을 것
	  (내) 최근 2년간 국세(관세 포함)를 체납(납부고지서에 따른 납부기한의 다음 날부터 15일 이내에 체납된 국세를 모두 납부한 경우는 제외한다)한 사실이 없을 것
	  (대) 최근 2년간 「조세범처벌법」 또는 「관세법」 위반으로 처벌받은 사실이 없을 것
	  (래) 최근 2년간 재화의 수입에 대한 부가가치세 납부유예가 취소된 사실이 없을 것

납부유예 신청절차	1) 관할 세무서장에게 납부유예요건 충족 여부의 확인 요청
	  중소 · 중견사업자는 직전 사업연도에 대한 법인세 신고기한과 직전 사업연도에 대한 부가가치세 확정신고기한의 만료일 중 늦은 날부터 3개월 이내에 관할 세무서장에게 납부유예 요건의 충족 여부의 확인을 요청할 수 있다.
	  관할 세무서장은 중소 · 중견사업자가 위의 확인을 요청한 경우에는 해당 중소 · 중견사업자가 납부유예 요건에 해당하는지 여부를 확인한 후 요청일부터 1개월 이내에 납부유예요건 확인서를 해당 중소 · 중견사업자에게 발급하여야 한다.
	2) 세관장에게 납부유예 적용 신청 및 승인 통지
	  납부를 유예받으려는 중소 · 중견사업자는 발급받은 확인서를 첨부하여 「재화의 수입에 대한 부가가치세 납부유예 적용 신청서」를 관할 세관장에게 제출하여야 한다. 신청을 받은 관할 세관장은 신청일부터 1개월 이내에 납부유예의 승인 여부를 결정하여 해당 중소 · 중견사업자에게 통지하여야 한다.
	3) 납부유예기간
	  세관장이 납부유예를 승인하는 경우 그 유예기간은 1년으로 한다.

[정리1] 재화의 수입에 대한 신고·납부

1. 일반적인 경우

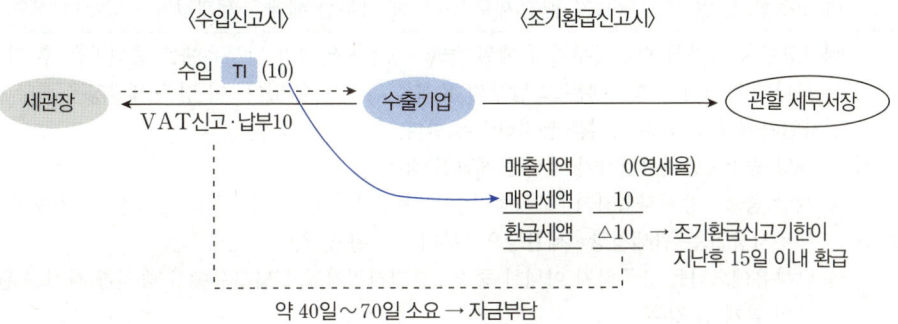

2. 재화의 수입에 대한 VAT 납부유예 … (취지) 자금부담 완화, 수출 촉진

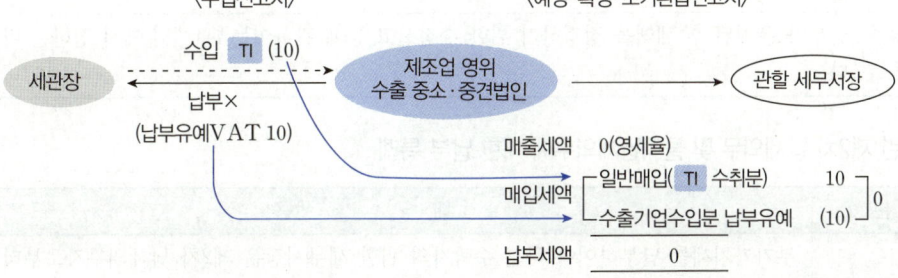

[정리2] 납부유예 신청 절차

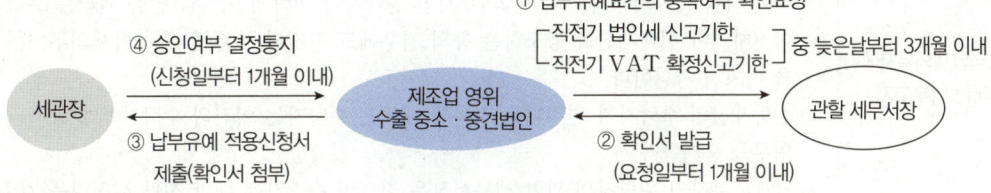

구 분	내 용
납부유예 세액의 정산·납부	납부를 유예받은 중소·중견사업자는 납세지 관할 세무서장에게 예정신고, 확정신고 또는 조기환급신고를 할 때 해당 재화에 대하여 공제하는 매입세액과 납부가 유예된 세액을 정산하여 납부하여야 한다. 이 경우 납세지 관할 세무서장에게 납부한 세액은 세관장에게 납부한 것으로 본다.
납부유예의 취소	세관장은 부가가치세의 납부가 유예된 중소·중견사업자가 납부유예를 승인받은 후 다음 중 어느 하나에 해당하는 경우에는 그 납부의 유예를 취소할 수 있다. 이 경우 세관장은 해당 중소·중견사업자에게 그 취소 사실을 통지하여야 한다. ① 해당 중소·중견사업자가 국세를 체납한 경우 ② 해당 중소·중견사업자가 「조세범처벌법」 또는 「관세법」 위반으로 국세청장·지방국세청장·세무서장 또는 관세청장·세관장으로부터 고발된 경우 ③ 납부유예요건을 충족하지 아니한 중소·중견사업자에게 납부유예를 승인한 사실을 관할 세관장이 알게 된 경우 국세청장, 지방국세청장, 세무서장은 해당 중소·중견사업자가 납부유예 취소 사유에 해당하는 사실을 알게 되었을 때에는 지체 없이 그 사실을 관세청장에게 통보하여야 한다. 납부유예 취소는 중소·중견사업자가 부가가치세 납부를 유예받고 수입한 재화에 대해서는 영향을 미치지 아니한다.
납부유예 후 수정신고 등	납부가 유예된 후 세액을 정정하기 위한 수정신고 등에 관하여는 「관세법」에서 정하는 바에 따른다.

(4) 신탁 관련 제2차 납세의무 및 물적납세의무에 대한 납부 특례

구 분	내 용
제2차 납세의무자에 대한 납부고지	부가가치세를 납부하여야 하는 수탁자의 관할 세무서장은 제2차 납세의무자로부터 수탁자의 부가가치세등을 징수하려면 납부고지서를 제2차 납세의무자에게 발급하여야 한다. 이 경우 수탁자의 관할 세무서장은 제2차 납세의무자의 관할 세무서장과 수탁자에게 그 사실을 통지하여야 한다.
물적납세의무자에 대한 납부고지	① 부가가치세를 납부하여야 하는 위탁자의 관할 세무서장은 수탁자의 물적납세의무에 따라 수탁자로부터 위탁자의 부가가치세등을 징수하려면 납부고지서를 수탁자에게 발급하여야 한다. 이 경우 수탁자의 관할 세무서장과 위탁자에게 그 사실을 통지하여야 한다. ② ①에 따른 고지가 있은 후 납세의무자인 위탁자가 신탁의 이익을 받을 권리를 포기 또는 이전하거나 신탁재산을 양도하는 등의 경우에도 고지된 부분에 대한 납세의무에는 영향을 미치지 아니한다. ③ 신탁재산의 수탁자가 변경되는 경우에 새로운 수탁자는 이전의 수탁자에게 고지된 납세의무를 승계한다. ④ 납세의무자인 위탁자의 관할 세무서장은 최초의 수탁자에 대한 신탁 설정일을 기준으로 수탁자의 물적납세의무에 따라 그 신탁재산에 대한 현재 수탁자에게 위탁자의 부가가치세등을 징수할 수 있다.
국세우선권의 제한	신탁재산에 대하여 「국세징수법」에 따라 강제징수를 하는 경우 「국세기본법」상 국세의 우선규정에도 불구하고 수탁자는 「신탁법」에 따른 신탁재산의 보존 및 개량을 위하여 지출한 필요비 또는 유익비의 우선변제를 받을 권리가 있다.

Check

(5) 국외사업자로부터 용역 등을 공급받는 자의 대리납부 제도

구 분	내 용
취지	국외사업자가 용역 등을 공급하는 경우에 공급자가 부가가치세를 신고·납부하지 않아도 과세관청이 국외사업자로부터 부가가치세를 징수할 수 없으므로, 해당 용역 등을 공급받는 자가 국외사업자를 대신하여 부가가치세를 직접 납부하는 제도 → 소비지국 과세원칙 실현제도
요건	다음 요건을 모두 갖춘 경우에 대리납부하여야 한다. ① 공급자 : 국외사업자[국내사업장이 없는 비거주자 또는 외국법인, 국내사업장이 있는 비거주자 또는 외국법인(국내사업장과 관련 없이 용역 등을 공급하는 경우에 한함)](이하 (6)과 (7)에서 같음) ② 공급대상 : 부가가치세 과세대상 용역 또는 권리의 공급* * 국내에 반입하는 것으로서 관세와 함께 부가가치세를 신고·납부하여야 하는 재화의 수입에 해당하지 아니하는 경우를 포함한다. ③ 공급받은 자 : 과세사업자(매입세액 불공제대상인 경우에만 한정), 면세사업자, 비사업자
대리납부세액 징수시기	그 대가를 지급하는 때(대가를 나누어 지급하는 경우에는 지급하는 때마다 징수함) ※ 제공받는 용역 등의 공급시기에 관계없이 그 대가를 지급하는 때에 징수한다.
대리납부세액	대리납부세액＝용역 등의 공급가액×10%
대리납부방법	대리납부세액을 징수한 자는 부가가치세 예정·확정신고 규정을 준용(예정신고기간 또는 확정신고기간이 끝난 후 25일 이내)하여 「부가가치세 대리납부신고서」와 함께 부가가치세를 징수한 사업장 또는 주소지 관할 세무서장에게 납부하거나 국세징수법에 따른 납부서를 작성하여 한국은행(그 대리점 포함) 또는 체신관서에 납부하여야 한다.
외화환산	대가를 외화로 지급하는 경우의 원화금액은 다음의 환율로 환산한 금액으로 한다. ① 원화로 외화를 매입하여 지급하는 경우 : 지급일 현재의 대고객외국환매도율 ② 보유 중인 외화로 지급하는 경우 : 지급일 현재의 기준환율 또는 재정환율
겸영사업자의 경우	공급받은 용역등이 과세사업과 면세사업에 공통으로 사용되어 그 귀속을 구분할 수 없는 경우 $$\text{면세사업분 용역등의 공급가액} = \text{용역등의 총공급가액} \times \frac{\text{해당 과세기간의 면세공급가액}}{\text{해당 과세기간의 총공급가액}}$$ ※ 과세기간 중 과세사업과 면세사업의 공급가액이 모두 없거나 어느 하나의 사업에 공급가액이 없으면 그 과세기간에 있어서의 안분계산은 매입세액의 안분계산과 공통매입세액의 정산을 준용한다.
과다납부에 따른 환급	부가가치세 대리납부시 과다하게 납부한 대리납부세액에 대하여 사업자가 국세기본법에 따른 환급청구나 경정청구를 한 경우 관할세무서장은 이를 확인하여 과다납부한 세액을 환급하여야 한다(부집행 52-95-8 ②).

(6) 국외사업자의 용역 등 공급에 관한 특례

구 분	내 용
국외사업자의 용역 등의 위탁판매특례	국외사업자가 사업자등록의 대상인 위탁매매인 등*을 통하여 국내에서 용역 등을 공급하는 경우에는 위탁매매인 등*이 해당 용역 등을 공급한 것으로 본다. 이 경우 권리의 공급에 대해서는 재화의 위탁매매 규정의 적용을 배제한다. * 위탁매매인 등 : 위탁매매인, 준위탁매매인, 대리인, 중개인(구매자로부터 거래대금을 수취하여 판매자에게 지급하는 경우에 한정한다)
권리 공급시 공급장소 특례	국외사업자로부터 권리를 공급받는 경우에는 공급장소 규정(이동개시지)에도 불구하고 공급받는 자의 국내에 있는 사업장의 소재지 또는 주소지를 해당 권리가 공급되는 장소로 본다.

정리1 국외사업자로부터 용역 등을 공급받는 자의 대리납부 제도

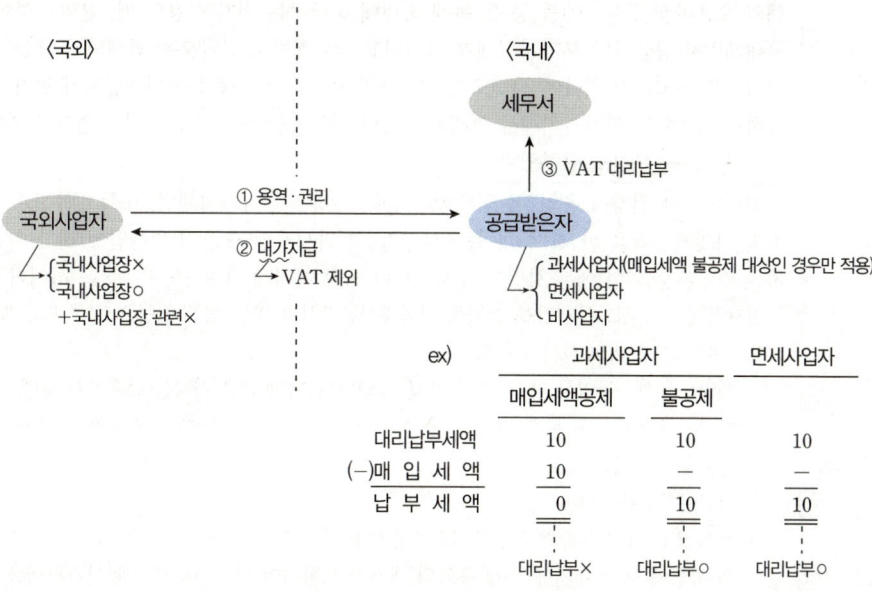

정리2 국외사업자의 용역등의 위탁판매 특례

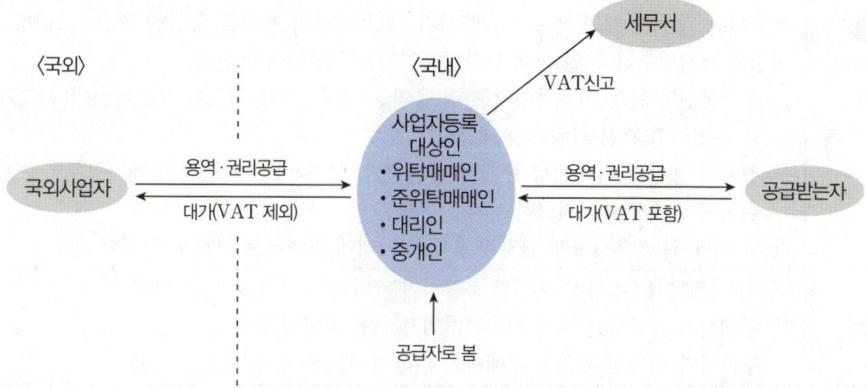

🔍 **취지** : 위탁매매인 또는 대리인에 의한 재화 공급시 위탁자 또는 본인이 직접 해당 재화를 공급한 것으로 보나, 국외사업자의 대리인 등을 통한 용역 등 공급시에는 동 거래에 대한 신고·납부가 원활해지도록 대리인 등의 공급으로 보도록 하였다.

(7) 전자적 용역을 공급하는 국외사업자의 사업자등록 및 납부 등에 관한 특례

구 분	내 용
취지	해외 오픈마켓(구글·애플 등)을 통해 국내에 공급하는 전자적 용역(앱, 음악·영화파일 등)은 국내개발자 공급분만 부가가치세가 과세되고 국외개발자 공급분은 과세되지 않았던 것을 과세 형평성을 제고하기 위하여 2015.7.1.부터 해외 오픈마켓을 통해 국외개발자가 전자적 용역을 공급하는 경우에도 부가가치세를 과세하되, 납세의무자를 해외 오픈마켓 사업자로 하여금 부가가치세를 신고·납부하도록 하였다.
국외사업자의 간편사업자등록	국외사업자가 전자적 용역*을 국내에 제공하는 경우(부가가치세법, 소득세법 또는 법인세법에 따라 사업자등록을 한 자('이하 등록사업자')의 과세사업 또는 면세사업에 대하여 용역을 공급하는 경우는 제외함)에는 사업의 개시일부터 20일 이내에 간편사업자등록을 하여야 한다. * 전자적 용역 : 정보통신망을 통하여 이동통신단말장치 또는 컴퓨터 등으로 국내에 제공하는 용역으로서 다음 중 어느 하나에 해당하는 용역 ① 게임·음성·동영상 파일, 전자 문서·소프트웨어와 같은 저작물 등으로서 광(光) 또는 전자적 방식으로 처리하여 부호·문자·음성·음향 및 영상 등의 형태로 제작 또는 가공된 것 ② 광고를 게재하는 용역 ③ 클라우드컴퓨팅서비스 ④ 재화 또는 용역을 중개하는 용역으로서 다음 중 어느 하나에 해당하는 것. 다만, 재화 또는 용역의 공급에 대한 대가에 중개 용역의 대가가 포함되어 납세의무자가 부가가치세를 신고하고 납부하는 경우는 제외한다. 　㈎ 국내에서 물품 또는 장소 등을 대여하거나 사용·소비할 수 있도록 중개하는 것 　㈏ 국내에서 재화 또는 용역을 공급하거나 공급받을 수 있도록 중개하는 것
제3자를 통해 공급하는 경우의 간편사업자등록	국외사업자가 다음 중 어느 하나에 해당하는 제3자(대리납부에서 규정한 공급자에 해당하는 비거주자 또는 외국법인 포함)를 통하여 국내에 전자적 용역을 공급하는 경우(등록사업자의 과세사업 또는 면세사업에 대하여 용역을 공급하는 경우나 국외사업자의 용역 등 공급 특례가 적용되는 경우는 제외)에는 그 제3자가 해당 전자적 용역을 공급한 것으로 보며, 그 제3자는 사업의 개시일부터 20일 이내에 간편사업자등록을 하여야 한다. ① 정보통신망 등을 이용하여 전자적 용역의 거래가 가능하도록 오픈마켓이나 그와 유사한 것을 운영하고 관련 서비스를 제공하는 자 ② 전자적 용역의 거래에서 중개에 관한 행위 등을 하는 자로서 구매자로부터 거래대금을 수취하여 판매자에게 지급하는 자 ③ 그 밖에 위와 유사하게 전자적 용역의 거래에 관여하는 자로서 일정한 자
공급시기	국내로 공급되는 전자적 용역의 공급시기는 다음의 시기 중 빠른 때로 한다. ① 구매자가 공급하는 자로부터 전자적 용역을 제공받은 때 ② 구매자가 전자적 용역을 구매하기 위하여 대금의 결제를 완료한 때
공급장소	전자적 용역을 공급받는 자의 사업장 소재지, 주소지 또는 거소지
과세표준의 외화환산 및 매입세액공제	① 간편사업자등록자가 국내에 공급한 전자적 용역의 대가를 외국통화나 그 밖의 외국환으로 받은 경우에는 과세기간 종료일(예정신고 및 납부에 대해서는 예정신고기간 종료일)의 기준환율을 적용하여 환가한 금액을 과세표준으로 할 수 있다. 이 경우 국세청장은 정보통신망을 이용하여 통지하거나 국세정보통신망에 고시하는 방법 등으로 사업자(납세관리인이 있는 경우 납세관리인 포함)에게 기준환율을 알려야 한다. ② 간편사업자등록을 한 자는 해당 전자적 용역의 공급과 관련하여 부가가치세법에 따라 공제되는 매입세액 외에는 매출세액 또는 납부세액에서 공제하지 아니한다.

구 분	내 용
거래명세 보관 의무	간편사업자등록을 한 자는 전자적 용역의 공급에 대한 거래명세(등록사업자의 과세사업 또는 면세사업에 대하여 용역을 공급하는 경우의 거래명세를 포함한다)를 그 거래사실이 속하는 과세기간에 대한 확정신고 기한이 지난 후 5년간 보관하여야 한다.
거래명세제출	국세청장은 부가가치세 신고의 적정성을 확인하기 위하여 간편사업자등록을 한 자에게 전자적 용역 거래명세서를 제출할 것을 요구할 수 있다. 간편사업자등록을 한 자는 요구를 받은 날부터 60일 이내에 전자적 용역 거래명세서를 국세청장에게 제출하여야 한다.
부가가치세 신고·납부	간편사업자등록을 한 자는 국세정보통신망에 접속하여 다음의 사항을 입력하는 방식으로 부가가치세 예정신고 및 확정신고를 하여야 하며, 해당 신고에 따른 부가가치세 납부는 국세청장이 정하는 바에 따라 외국환은행의 계좌에 납입하는 방식으로 한다. ① 사업자이름 및 간편사업자등록번호 ② 신고기간 동안 국내에 공급한 전자적 용역의 총 공급가액, 공제받을 매입세액 및 납부할 세액 ③ 그 밖에 필요한 사항으로서 기획재정부령으로 정하는 것
납 세 지	간편사업자등록을 한 사업자의 납세지는 사업자의 신고·납부의 효율과 편의를 고려하여 국세청장이 지정한다.
간편사업자등록의 직권말소	국세청장은 간편사업자등록을 한 자가 국내에서 폐업한 경우(사실상 폐업한 경우로서 대통령령으로 정하는 경우를 포함한다) 간편사업자등록을 말소할 수 있다.
가산세 부과	전자적 용역을 공급하는 국외사업자가 부가가치세를 무신고, 과소신고 및 납부지연하는 경우에는 국세기본법에 따른 무신고가산세, 과소신고가산세 및 납부지연가산세를 부과한다.

Check

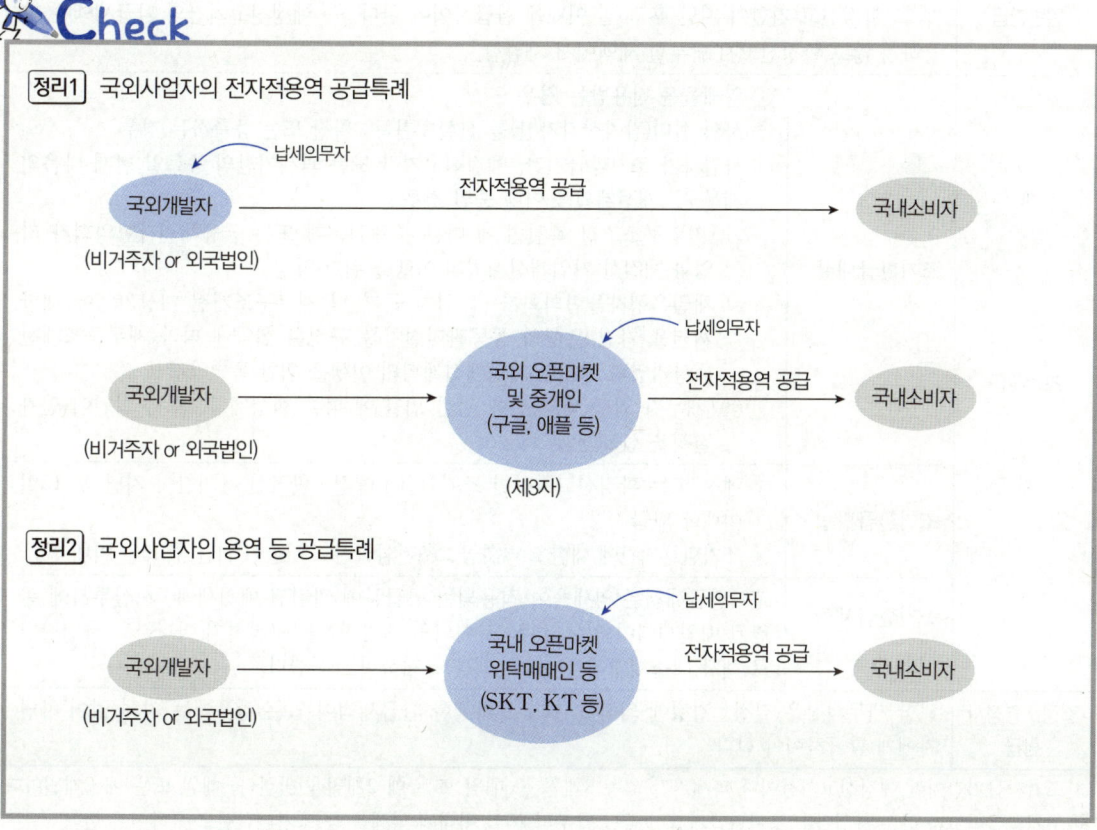

(8) 신용카드등 결제금액에 대한 부가가치세 대리납부(조특법 106조의 10)

구 분	내 용
요건	일반유흥 주점업(단란주점영업 포함) 및 무도유흥 주점업을 영위하는 사업자(간이과세자 제외)(이하 '특례사업자')가 부가가치세가 과세되는 재화 또는 용역을 공급(신용카드·직불카드 또는 선불카드를 사용한 거래로 한정함)하고 그 신용카드업자로부터 공급대가를 받는 경우
대리납부자	신용카드업자
대리징수시기	신용카드업자가 해당 공급대가를 특례사업자에게 지급하는 때에 징수함
대리납부금액	공급대가 $\times \frac{4}{110}$
대리납부기한	신용카드업자가 매 분기가 끝나는 날의 다음 달 25일까지 대리납부신고서와 함께 신용카드업자의 관할 세무서장에게 납부 → 특례사업자는 예정·확정신고 시 이미 납부한 세액으로 봄
특례사업자의 세액공제	세액공제액 = 신용카드업자가 대리납부한 부가가치세액 × 1%

Ⅳ. 부가가치세 환급

구 분		내 용
환급의 의의		부가가치세 신고시 납부세액이 음수인 경우를 환급세액이라 하며, 그 금액을 납세자에게 돌려주는 것을 말한다.
일반환급		납세지 관할 세무서장은 각 과세기간별로 그 과세기간에 대한 환급세액을 확정신고한 사업자에게 그 확정신고 기한이 지난 후 30일 이내에 환급하여야 한다. → 예정신고기간의 환급세액은 환급하지 않고 확정신고시 납부할 세액에서 차감함.

조기환급	조기환급대상	① 영세율을 적용받는 경우
		② 사업 설비(감가상각자산)를 신설·취득·확장 또는 증축하는 경우
		③ 사업자가 조기환급기간, 예정신고기간 또는 과세기간의 종료일 현재 다음의 재무구조개선계획을 이행 중인 경우
		  (가) 「기업구조조정 촉진법」에 따른 주채권은행 또는 금융채권자협의회가 기업과 체결한 기업개선계획의 이행을 위한 약정
		  (나) 채권은행자율협의회가 그 설치 근거 및 재무구조개선 대상기업에 대한 채권을 가진 은행의 공동관리절차를 규정한 협약에 따라 재무구조개선 대상기업과 체결한 기업개선계획의 이행을 위한 특별약정
		  (다) 「채무자 회생 및 파산에 관한 법률」에 따른 회생계획으로서 법원이 인가결정을 선고한 것

	조기환급방법	① 예정 또는 확정신고기간별 조기환급 : 예정·확정신고 기한이 지난 후 15일 이내에 환급 ② 조기환급기간에 대한 조기환급 : 조기환급신고 기한이 지난 후 15일 이내 환급
	조기환급세액 계산	조기환급세액은 영세율이 적용되는 공급분에 관련된 매입세액·시설투자에 관련된 매입세액이 있는 경우 그 이외의 매입세액을 구분하지 아니하고 사업장별로 해당 매출세액에서 매입세액을 공제하여 계산한다.
결정·경정시 환급		관할 세무서장은 결정·경정에 의하여 추가로 발생한 환급세액이 있는 경우에는 지체 없이 사업자에게 환급하여야 한다.

※ 조기환급기간이란 예정신고기간이나 과세기간 최종 3개월 중 매월 또는 매 2개월을 말한다. 매월 또는 매 2개월마다 조기환급받고자 하는 사업자는 조기환급기간이 끝난 날부터 25일 이내에 영세율 등 조기환급신고를 하여야 한다.

사례1 신용카드등 결제금액에 대한 부가가치세 대리납부

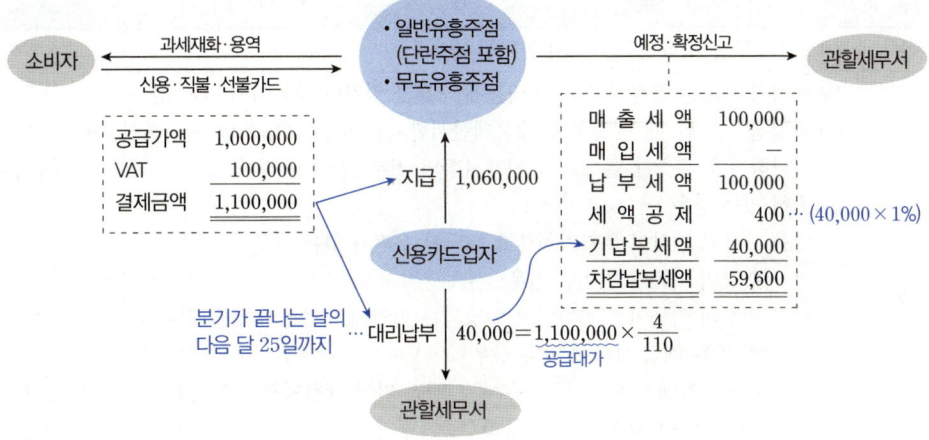

정리 조기환급기간과 조기환급신고 기한

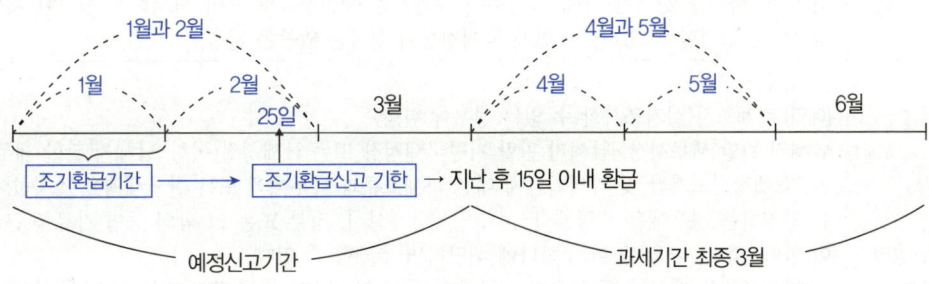

사례2 조기환급세액 계산

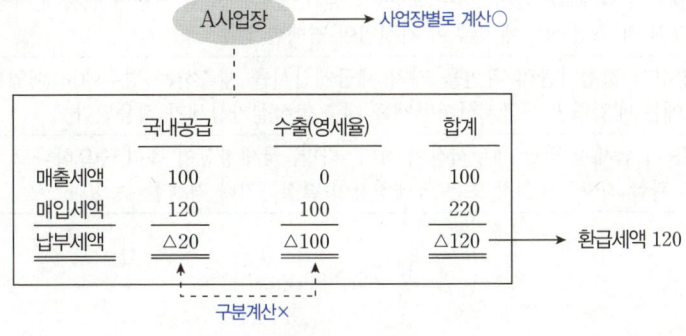

Ⅴ. 결정·경정 등의 절차규정

(1) 결정·경정

구 분	내 용
결정사유	예정신고 또는 확정신고를 하지 아니한 경우

경정사유	① 예정신고 또는 확정신고를 한 내용에 오류가 있거나 내용이 누락된 경우
	② 확정신고를 할 때 매출처별 세금계산서합계표 또는 매입처별 세금계산서합계표를 제출하지 아니하거나 제출한 합계표의 기재사항의 전부·일부가 적혀 있지 아니하거나 사실과 다르게 적혀 있는 경우
	③ 다음 사유로 인하여 부가가치세를 포탈할 우려가 있는 경우
	  ㈎ 사업장의 이동이 빈번한 경우
	  ㈏ 사업장의 이동이 빈번하다고 인정되는 지역에 사업장이 있을 경우
	  ㈐ 휴업 또는 폐업 상태에 있을 경우
	  ㈑ 신용카드가맹점 또는 현금영수증가맹점 가입 대상자로 지정받은 사업자가 정당한 사유 없이 신용카드가맹점 또는 현금영수증가맹점으로 가입하지 아니한 경우로서 사업 규모나 영업 상황으로 보아 신고 내용이 불성실하다고 판단되는 경우
	  ㈒ 영세율 등 조기환급 신고의 내용에 오류가 있거나 내용이 누락된 경우

경정의 제한	영수증 발급 사업 중 국세청장이 정하는 업종을 경영하는 사업자로서 같은 장소에서 계속하여 5년 이상 사업을 경영한 자에 대해서는 객관적인 증명자료로 보아 과소하게 신고한 것이 분명한 경우에만 경정할 수 있다. → 현재 국세청장이 정하는 업종은 없음.
결정·경정 방법	[원칙] 실지조사 [예외] 추계조사(실지조사할 수 없는 경우에 한함) 납세지 관할 세무서장, 납세지 관할 지방국세청장 또는 국세청장(이하 '납세지 관할 세무서장 등')은 각 예정신고기간 및 과세기간에 대한 과세표준과 납부세액 또는 환급세액을 조사하여 결정 또는 경정하는 경우에는 세금계산서, 수입세금계산서, 장부 또는 그 밖의 증명 자료를 근거로 하여야 한다. 다만, 다음 중 어느 하나에 해당하면 추계할 수 있다. ① 과세표준을 계산할 때 필요한 세금계산서, 수입세금계산서, 장부 또는 그 밖의 증명 자료가 없거나 그 중요한 부분이 갖추어지지 아니한 경우 ② 세금계산서, 수입세금계산서, 장부 또는 그 밖의 증명 자료의 내용이 시설규모, 종업원 수와 원자재·상품·제품 또는 각종 요금의 시가에 비추어 거짓임이 명백한 경우 ③ 세금계산서, 수입세금계산서, 장부 또는 그 밖의 증명 자료의 내용이 원자재 사용량, 동력사용량이나 그 밖의 조업 상황에 비추어 거짓임이 명백한 경우
경정시 매입세액공제	사업자가 경정시 경정기관의 확인을 거쳐 세금계산서를 제출하는 경우에도 매입세액을 공제하나, 이 경우에는 매입처별 세금계산서합계표 제출 불성실가산세가 적용된다.
결정·경정 기관	결정·경정은 각 납세지 관할 세무서장이 한다. 다만, 국세청장이 특히 중요하다고 인정하는 경우에는 납세지 관할 지방국세청장 또는 국세청장이 결정하거나 경정할 수 있다.

(2) 수시부과의 결정 신설

구 분	내 용

수시부과사유	납세지 관할 세무서장등은 사업자가 과세기간 중에 다음 중 어느 하나에 해당하는 경우에는 수시로 그 사업자에 대한 부가가치세를 부과(이하 '수시부과')할 수 있다. 이 경우 결정·경정방법을 준용한다.
	① 세금계산서 불성실가산세(가공발급·수취, 타인명의발급·수취, 공급가액 과다기재 발급·수취) 부과사유 중 어느 하나에 해당하는 경우
	② 다음의 사유로 부가가치세를 포탈할 우려가 있는 경우
	  ㈎ 사업장의 이동이 빈번한 경우
	  ㈏ 사업장의 이동이 빈번하다고 인정되는 지역에 사업장이 있을 경우
	  ㈐ 휴업 또는 폐업 상태에 있을 경우
	  ㈑ 신용카드가맹점 또는 현금영수증가맹점 가입 대상자로 지정받은 사업자가 정당한 사유 없이 신용카드가맹점 또는 현금영수증가맹점으로 가입하지 아니한 경우로서 사업 규모나 영업 상황으로 보아 신고 내용이 불성실하다고 판단되는 경우
	  ㈒ 조기환급 신고의 내용에 오류가 있거나 내용이 누락된 경우

수시부과기간	수시부과는 해당 과세기간의 개시일부터 수시부과의 사유가 발생한 날까지를 수시부과기간으로 하여 적용한다. 이 경우 수시부과의 사유가 확정신고기한 이전에 발생한 경우로서 사업자가 직전 과세기간에 대하여 확정신고를 하지 아니한 경우에는 직전 과세기간을 수시부과기간에 포함한다.

(3) 징수

구 분	내 용
징수	납세지 관할 세무서장은 사업자가 다음 중 어느 하나에 해당하는 경우에는 다음의 구분에 따른 세액을「국세징수법」에 따라 징수한다. ① 예정신고 또는 확정신고를 할 때에 신고한 납부세액을 납부하지 아니하거나 납부하여야 할 세액보다 적게 납부한 경우 : 그 미납부세액 ② 결정 또는 경정을 한 경우 : 추가로 납부하여야 할 세액 ③ 수시부과한 경우 : 수시부과한 세액 개정
재화의 수입에 대한 징수	재화의 수입에 대한 부가가치세는 세관장이「관세법」에 따라 징수한다.

Ⅵ. 가산세

구 분	요 건	가 산 세
(1) 미등록가산세	사업 개시일부터 20일 이내에 사업자등록신청 또는 간편사업자등록신청을 하지 아니한 경우	공급가액*×1% * 사업개시일~등록신청일의 직전일
(2) 타인명의등록 가산세	타인* 명의로 사업자등록을 하거나 그 타인 명의의 사업자등록을 이용하여 사업을 하는 것으로 확인되는 경우 * 사업자의 배우자, 상속으로 인하여 피상속인이 경영하던 사업이 승계되는 경우 그 피상속인(상속개시일부터 상속세 과세표준 신고기한까지의 기간 동안 상속인이 피상속인 명의의 사업자등록을 활용하여 사업을 하는 경우로 한정함)은 타인으로 보지 아니함	공급가액*×2% 개정 (종전 : 1%) * 타인 명의의 사업 개시일~실제사업을 하는 것으로 확인되는 날의 직전일
(3) 세금계산서 불성실가산세	① 세금계산서 미발급 : 세금계산서의 발급시기가 지난 후 공급시기가 속하는 과세기간에 대한 확정신고 기한까지 세금계산서를 발급하지 아니한 경우 ② 타인명의 세금계산서ㆍ신용카드 등(이하 "세금계산서 등") 발급 또는 수취	공급가액×2%
	③ 세금계산서 등의 가공발급 또는 가공 수취	세금계산서 등에 적힌 공급가액×3%
	④ 세금계산서 등의 공급가액의 과다기재 발급 및 수취	실제보다 과다하게 기재한 부분에 대한 공급가액×2%
	⑤ 지연발급 : 세금계산서의 발급시기가 지난 후 공급시기가 속하는 과세기간에 대한 확정신고 기한까지 발급 ⑥ 부실기재(필요적 기재사항 부실기재). 단, 그 밖의 기재사항으로 보아 거래사실이 확인되는 경우 제외 ⑦ 전자세금계산서 발급의무자가 세금계산서 발급시기에 종이세금계산서를 발급 ⑧ 다른 사업장 명의 발급 : 둘 이상의 사업장을 가진 사업자가 재화 또는 용역을 공급한 사업장 명의로 세금계산서를 발급하지 아니하고 세금계산서 발급시기에 자신의 다른 사업장 명의로 세금계산서를 발급한 경우	공급가액×1%
(4) 전자세금계산서 발급명세전송 불성실가산세	지연전송 : 전자세금계산서 의무발급대상자가 발급명세를 발급일의 다음 날이 지난 후 공급시기가 속하는 과세기간에 대한 확정신고기한까지 전송	공급가액×0.3%
	미전송 : 위 기한까지 전송하지 않은 경우	공급가액×0.5%
(5) 매출처별세금계산서 합계표 제출 불성실가산세	① 미제출 ② 부실기재(거래처별 등록번호 또는 공급가액) ※ 단, 착오기재 제외	공급가액×0.5%
	③ 지연제출 : 예정분을 확정신고기한까지 제출	공급가액×0.3%

구 분	요 건	가 산 세
(6) 매입처별세금계산서 합계표제출 불성실가산세	① 합계표의 공급가액 과다기재 ② 공급시기 전·후에 발급받은 세금계산서로서 매입세액 공제를 받는 경우(5장. 6. 매입세액불공제. 주석*1)의 ③, ⑦ 또는 ⑧에 해당하는 경우 ☞ p72) ③ 경정시 경정기관의 확인을 거쳐 세금계산서를 제출하여 공제받는 경우	과다기재 공급가액 또는 공제받는 매입세액에 대한 공급가액×0.5%
(7) 신용카드매출전표등 수령명세서 불성실가산세	① 매입세액을 공제받기 위하여 제출한 신용카드매출전표등 수령명세서에 공급가액을 과다하게 적은 경우	과다기재 공급가액*×0.5% * 착오로 기재된 경우로서 신용카드매출전표등에 따라 거래사실이 확인되는 부분의 공급가액은 제외한다.
	② 신용카드매출전표등을 발급받아 예정신고 또는 확정신고를 할 때에 제출하여 매입세액을 공제받지 아니하고 경정시 경정기관의 확인을 거쳐 해당 경정기관에 제출하여 공제받는 경우	공급가액×0.5%
(8) 현금매출·부동산임대 공급가액명세서 제출불성실 가산세	현금매출명세서 또는 부동산임대공급가액명세서를 제출하지 아니하거나 제출한 수입금액이 사실과 다르게 적힌 경우	미제출한 수입금액 또는 제출한 수입금액과 실제 수입금액과의 차액×1%
(9) 자료상 수수 세금계산서 가산세	사업자가 아닌 자가 가공세금계산서를 발급·수취하는 경우(사업장 관할 세무서장이 징수함)	세금계산서에 적힌 공급가액×3%

▼ **감면규정** : (1) 미등록가산세, (2) 타인명의등록가산세, (4) 전자세금계산서 발급명세(지연전송)가산세, (5) 매출처별세금계산서합계표제출불성실가산세, (8)의 경우 기한 후 1개월내 신청, 전송, 제출시 50% 감면

가산세의 중복적용 배제

구 분	적용 배제 가산세
(1) 미등록가산세와 타인명의등록가산세가 적용되는 경우	• 세금계산서 불성실가산세 중 ⑤(지연발급)·⑥(부실기재) • 전자세금계산서 발급명세 전송 불성실가산세 • 매출처별 세금계산서합계표 불성실가산세 • 신용카드매출전표등 수령명세서 불성실가산세
(2) 세금계산서 불성실가산세 중 ①(미발급), ②(타인명의발급·수취), ③(가공발급·수취), ④(과다기재 발급·수취), ⑦(종이세금계산서 발급), ⑧(다른 사업장 명의 발급)이 적용되는 경우	• 미등록가산세와 타인명의등록가산세 • 매출처별 세금계산서합계표 제출 불성실가산세 • 매입처별 세금계산서합계표 제출 불성실가산세
(3) 세금계산서 불성실가산세 중 ⑤(지연발급), ⑥(부실기재), 전자세금계산서 발급명세 전송 불성실가산세가 적용되는 경우	• 매출처별 세금계산서합계표 불성실가산세
(4) 세금계산서 불성실가산세 중 ②(타인명의발급)이 적용되는 경우	• 세금계산서 불성실가산세 중 ①(미발급)
(5) 세금계산서 불성실가산세 중 ④(과다기재 발급) 적용되는 경우	• 세금계산서 불성실가산세 중 ⑥(부실기재)

구 분	적용 배제 가산세
(6) 세금계산서 불성실가산세 중 ①(미발급), ⑤(지연발급), ⑦(종이세금계산서 발급), ⑧(다른 사업장 명의 발급)이 적용되는 경우	• 세금계산서 불성실가산세 중 ⑥(부실기재) • 전자세금계산서 발급명세 전송 불성실가산세
(7) 세금계산서 불성실가산세 중 ⑥(부실기재)가 적용되는 경우	• 전자세금계산서 발급명세 전송 불성실가산세
(8) 법인세법 또는 소득세법상 현금영수증 미발급가산세를 적용받는 경우	• 세금계산서 불성실가산세 중 ①(미발급), ⑦(종이세금계산서 발급), ⑧(다른 사업장 명의 발급) • 매출처별 세금계산서합계표 불성실가산세 중 ②(부실기재)

국세기본법상 가산세(국기법 47조의2, 3, 4, 5)

구 분	요 건	가 산 세
무신고가산세	과세표준의 무신고(예정, 확정신고, 간이과세자의 확정신고를 법정신고기한까지 하지 않는 경우)	① 일반무신고 납부세액×20% ② 부정무신고 납부세액×40%(역외거래는 60%)
과소신고·초과환급신고 가산세	납부세액의 과소신고, 환급세액의 초과신고, 신고납부세액을 환급세액으로 신고	① 일반과소신고 납부세액 등×10% ② 부정과소신고 납부세액 등×40%(역외거래는 60%)
영세율과세표준불성실 가산세	영세율 과세표준 무신고, 과소신고	영세율 과세표준×0.5%
납부지연가산세[*1]	법정납부기한까지 납부(예정신고납부 포함)를 하지 아니하거나 과소납부 또는 초과환급	납부지연가산세[*4] = ①+②+③ ① 납부불성실 : 미납부세액(이자상당 가산액 포함)×일수[*2]×0.022% ② 환급불성실 : 초과환급세액(이자상당 가산액 포함)×일수[*2]×0.022% ③ 국세를 납부고지서에 따른 납부기한까지 완납하지 아니한 경우[*3] : 법정납부기한까지 납부하여야 할 세액(이자상당 가산액 포함) 중 납부고지서에 따른 납부기한까지 미납부세액×3%
원천징수 등 납부지연가산세	대리납부의무 불이행	가산세 : Min[①+②, ③] ① 미납부세액×3% ② 미납부세액×일수[*2]×0.022% ③ (한도) 미납부세액×50%(①의 금액과 ② 중 법정납부기한의 다음 날부터 납부고지일까지의 기간에 해당하는 금액을 합한 금액은 10%)

[*1] 부가가치세법에 따른 사업자가 아닌 자(예 면세사업자)가 부가가치세액을 환급받은 경우에도 적용한다.
[*2] 일수 : 법정납부기한(초과환급받은 경우에는 환급받은 날)의 다음 날부터 납부일까지의 기간(납부고지일부터 납부고지서에 따른 납부기한까지의 기간은 제외). 단, 납부고지서에 따른 납부기한의 다음 날부터 납부일까지의 기간(국세징수법에 따라 지정납부기한과 독촉장에서 정하는 기한을 연장한 경우에는 그 연장기간은 제외함)이 5년을 초과하는 경우에는 그 기간은 5년으로 한다.
[*3] 체납된 국세의 납부고지서별·세목별 세액이 150만원 미만인 경우에는 ① 및 ②의 가산세를 적용하지 아니한다.
[*4] 납부지연가산세 중 ① 및 ②의 가산세(법정납부기한의 다음 날부터 납부고지일까지의 기간에 한정함)를 적용하지 않는 경우
  ① 사업자가 납부기한까지 어느 사업장에 대한 부가가치세를 다른 사업장에 대한 부가가치세에 더하여 신고납부한 경우
  ② 대손세액에 상당하는 부분

✓ 감면규정

구분	감면 내용		감면율
무신고가산세	과세표준신고서를 법정신고기한까지 제출하지 아니한 자가 법정신고기한이 지난 후 기한 후 신고한 경우[*1)]	1개월 이내	50%
		1개월 초과 3개월 이내	30%
		3개월 초과 6개월 이내	20%
과소신고·초과환급신고가산세, 영세율과세표준신고불성실가산세	과세표준신고서를 법정신고기한까지 제출한 자가 법정신고기한이 지난 후 수정신고한 경우[*2)]	1개월 이내	90%
		1개월 초과 3개월 이내	75%
		3개월 초과 6개월 이내	50%
		6개월 초과 1년 이내	30%
		1년 초과 1년 6개월 이내	20%
		1년 6개월 초과 2년 이내	10%

*1) 과세표준과 세액을 결정할 것을 미리 알고 기한후과세표준신고서를 제출한 경우는 제외함
*2) 과세표준과 세액을 경정할 것을 미리 알고 과세표준수정신고서를 제출한 경우는 제외함
☞ 부가가치세 매출세액 예정신고 누락분을 같은 과세기간 확정신고에 반영하여 신고하는 경우, 과소신고·초과환급신고가산세액의 75%를 감면함(기준-2021-법령해석기본-0161, 2021.8.31.)

◁세부내용1▷ 장부의 작성·보관
① 사업자는 자기의 납부세액 또는 환급세액과 관계되는 모든 거래사실을 장부에 기록하여 사업장에 갖추어 두어야 한다.
② 사업자가 부가가치세가 과세되는 재화 또는 용역의 공급과 함께 부가가치세가 면제되는 재화 또는 용역을 공급하거나 의제매입세액공제를 적용받는 경우에는 과세되는 공급과 면세되는 공급 및 면세농산물 등을 공급받은 사실을 각각 구분하여 장부에 기록하여야 한다.
③ 사업자는 기록한 장부와 발급하거나 발급받은 세금계산서, 수입세금계산서 또는 영수증을 그 거래사실이 속하는 과세기간에 대한 확정신고 기한 후 5년간 보존하여야 한다. 다만, 전자세금계산서를 발급한 사업자가 국세청장에게 전자세금계산서 발급명세를 전송한 경우에는 그러하지 아니하다.
④ 사업자가 법인세법 및 소득세법에 따라 장부기록의무를 이행한 경우에는 부가가치세법에 따른 장부기록의무를 이행한 것으로 본다.
⑤ 영수증 발급기간의 간이과세자가 발급받았거나 발급한 세금계산서 또는 영수증을 보관하였을 때에는 장부기록의무를 이행한 것으로 본다.

◁세부내용2▷ 질문·조사, 자료제출, 과태료
① 납세지 관할 세무서장은 부가가치세의 납세보전 또는 조사를 위하여 납세의무자에게 장부·서류 또는 그 밖의 물건을 제출하게 하거나 그 밖에 필요한 사항을 명할 수 있다.
② 국세청장, 납세지 관할 지방국세청장 또는 납세지 관할 세무서장은 월별 거래 명세를 제출하여야 하는 자(판매 또는 결제를 대행하거나 중개하는 법소정의 사업자)가 관련 명세를 제출하지 아니하거나 사실과 다르게 제출한 경우 그 시정에 필요한 사항을 명할 수 있다.
③ 국세청장, 납세지 관할 지방국세청장 또는 납세지 관할 세무서장은 다음 중 어느 하나에 해당하는 자에게 2천만원 이하의 과태료를 부과한다.
  ㈎ ①에 따른 납세보전 또는 조사를 위한 명령을 위반한 자
  ㈏ ②에 따른 시정 명령을 위반한 자

8 간이과세

Ⅰ. 간이과세자의 범위

구 분	내 용
적용대상자	직전 연도의 공급대가(부가가치세 포함)의 합계액이 1억4백만원 미만인 개인사업자
배제대상	① 간이과세가 적용되지 아니하는 다른 사업장을 보유하고 있는 사업자 ② 부동산임대업 또는 개별소비세법에 따른 과세유흥장소를 경영하는 사업자로서 해당 업종의 직전 연도의 공급대가의 합계액이 4천800만원 이상인 사업자 ③ 둘 이상의 사업장이 있는 사업자로서 그 둘 이상의 사업장의 직전 연도의 공급대가의 합계액이 1억4백만원 이상인 사업자. 다만, 부동산임대업 또는 과세유흥장소에 해당하는 사업장을 둘 이상 경영하고 있는 사업자의 경우 그 둘 이상의 사업장의 직전 연도의 공급대가(하나의 사업장에서 둘 이상의 사업을 겸영하는 사업자의 경우 부동산임대업 또는 과세유흥장소의 공급대가만을 말한다)의 합계액이 4천800만원 이상인 사업자로 한다. ④ 광업 ⑤ 제조업(과자점업·도정업·제분업·떡류 제조업 중 떡방앗간·양복점업·양장점업·양화점업 등은 제외) ⑥ 도매업(소매업을 겸영하는 경우를 포함하되, 재생용 재료수집 및 판매업은 제외) 및 상품중개업 ⑦ 부동산매매업 ⑧ 특별시, 광역시, 특별자치시, 행정시 및 시 지역에 소재하는 부동산임대사업장을 경영하는 사업으로서 국세청장이 정하는 규모 이상의 부동산임대업 ⑨ 특별시, 광역시, 특별자치시, 행정시 및 시 지역(읍·면 지역 제외)과 국세청장이 고시하는 지역에서 과세유흥장소를 경영하는 사업 ⑩ 전문직사업자 : 변호사업, 심판변론인업, 변리사업, 법무사업, 공인회계사업, 세무사업, 경영지도사업, 기술지도사업, 감정평가사업, 손해사정인업, 통관업, 기술사업, 건축사업, 도선사업, 측량사업, 공인노무사업, 의사업, 한의사업, 약사업, 한약사업, 수의사업 ⑪ 일반과세자로부터 포괄적으로 양수한 사업(다만, 배제업종(④~⑩, ⑫~⑯)에 해당하지 않는 경우로서 사업을 양수한 이후 공급대가의 합계액이 1억4백만원 미만인 경우는 제외) ⑫ 사업장의 소재 지역과 사업의 종류·규모 등을 고려하여 국세청장이 정하는 기준에 해당하는 것 ⑬ 소득세법에 따른 전전 연도 기준 복식부기의무자가 경영하는 사업 ⑭ 전기·가스·증기 및 수도 사업 ⑮ 건설업(주로 최종소비자에게 직접 재화 또는 용역을 공급하는 사업인 도배, 실내 장식 및 내장 목공사업, 배관 및 냉·난방 공사업 등은 제외) ⑯ 전문, 과학 및 기술서비스업과 사업시설 관리·사업지원 및 임대 서비스업(주로 최종소비자에게 직접 용역을 공급하는 사업인 개인 및 가정용품 임대업, 인물사진 및 행사용 영상 촬영업, 복사업 등은 제외)
신규사업자	신규로 사업을 시작하는 개인사업자는 사업자등록 신청시 일반과세자와 간이과세자 중 하나의 유형을 선택하여 사업자등록을 신청할 수 있다(단, 간이과세 배제대상인 경우는 제외).*

* 사업자등록을 하지 아니한 개인사업자로서 사업을 시작한 날이 속하는 연도의 공급대가의 합계액이 1억4백만원에 미달하면 최초의 과세기간에는 간이과세자로 한다(간이과세 배제대상인 경우 제외).

◀세부내용▶ 직전 연도의 사업기간이 1년 미만인 경우 공급대가의 산정

직전 해의 1월 1일부터 12월 31일까지의 기간 중 휴업하거나 신규로 사업을 시작한 사업자나 사업을 양수한 사업자인 경우에는 휴업기간, 사업 개시 전의 기간이나 사업 양수 전의 기간을 제외한 나머지 기간에 대한 재화 또는 용역의 공급대가의 합계액을 12개월로 환산한 금액을 기준으로 하며, 휴업한 개인사업자인 경우로서 직전 해의 1월 1일부터 12월 31일까지의 기간 중 공급대가가 없는 경우에는 신규로 사업을 시작한 것으로 본다. (1개월 미만은 1개월로 함)

정리 간이과세자

 ① 직전연도의 재화·용역의 공급대가의 합계액이 1억4백만원 미만
→ VAT 포함대가
② 간이과세 배제 대상이 아닐 것

≪세부내용≫ 일반과세 적용 사업장을 함께 보유한 사업자의 과세유형 전환

① 간이과세가 적용되지 아니하는 다른 사업장(이하 '기준사업장')의 1월 1일부터 12월 31일까지의 공급대가의 합계액이 1억4백만원에 미달하는 경우에는 미달하는 해의 다음 해의 7월 1일부터 그 다음 해의 6월 30일까지 기준사업장과 기준사업장에 따라 일반과세로 전환된 사업장 모두에 간이과세에 관한 규정을 적용한다. 다만, 기준사업장에 따라 일반과세로 전환된 사업장의 1월 1일부터 12월 31일까지의 공급대가의 합계액이 1억4백만원 이상이거나 배제사업에 해당하는 경우에는 그러하지 아니하다.

② 기준사업장이 폐업되는 경우에는 일반과세로 전환된 사업장에 대하여 기준사업장의 폐업일이 속하는 연도의 다음 연도 7월 1일부터 간이과세자에 관한 규정을 적용한다. 다만, 일반과세로 전환된 사업장의 1월 1일부터 12월 31일까지의 공급대가의 합계액이 1억4백만원 이상이거나 배제사업에 해당하는 경우에는 그러하지 아니하다.

Ⅱ. 과세유형의 전환

(1) 과세유형 적용기간

구 분	과세유형의 적용기간
신규사업자	신규로 사업을 개시한 사업자의 경우 간이과세자에 관한 규정이 적용되거나 적용되지 아니하게 되는 기간은 최초로 사업을 개시한 해의 다음 해의 7월 1일부터 그 다음 해의 6월 30일까지로 한다.
계속사업자	간이과세자에 관한 규정이 적용되거나 적용되지 아니하게 되는 기간은 해의 1월 1일부터 12월 31일까지의 공급대가의 합계액이 1억4백만원*에 미달하거나 그 이상이 되는 해의 다음 해의 7월 1일부터 그 다음 해의 6월 30일까지로 한다.
경정에 의한 공급대가가 기준금액 이상인 경우	간이과세자에 대한 결정 또는 경정한 공급대가의 합계액이 1억4백만원 이상인 개인사업자는 그 결정 또는 경정한 날이 속하는 과세기간까지 간이과세자로 본다.
간이과세 포기신고를 하는 사업장 외의 사업장	간이과세자가 간이과세의 포기신고를 하는 경우에는 일반과세자에 관한 규정을 적용받으려는 달이 속하는 과세기간의 다음 과세기간부터 해당 사업장 외의 사업장에 간이과세자에 관한 규정을 적용하지 아니한다.
간이과세 배제사업 겸영 및 폐지	① 간이과세자가 간이과세 배제사업을 신규로 겸영하는 경우에는 해당 사업의 개시일이 속하는 과세기간의 다음 과세기간부터 간이과세자에 관한 규정을 적용하지 아니한다. ② ①에 따라 일반과세자로 전환된 사업자로서 해당 연도 공급대가의 합계액이 1억4백만원 미만인 사업자가 배제사업을 폐지하는 경우에는 해당 사업의 폐지일이 속하는 연도의 다음 연도 7월 1일부터 간이과세자에 관한 규정을 적용한다.
일반과세자 규정 적용 사업장의 신규 개설	간이과세자가 일반과세자에 관한 규정을 적용받는 사업장을 신규로 개설하는 경우에는 해당 사업개시일이 속하는 과세기간의 다음 과세기간부터 간이과세자에 관한 규정을 적용하지 아니한다.

(2) 과세유형 전환통지

구 분		내 용
전환통지기한		과세유형이 변경되는 경우 관할 세무서장은 변경되는 과세기간 개시 20일 전까지 그 사실을 통지하여야 하며, 사업자등록증을 정정하여 과세기간 개시 당일까지 발급해야 한다.
전환통지의 효력	① 간이과세자가 일반과세자로 전환되는 경우	통지를 받은 날이 속하는 과세기간까지는 간이과세자 규정 적용 → 통지요건(일반과세자로의 과세유형 변경통지를 반드시 하여야 함)
	② 일반과세자가 간이과세자로 전환되는 경우	통지에 관계없이 전환시기에 간이과세자 규정 적용(다만, 부동산임대업은 통지를 받은 날이 속하는 과세기간까지는 일반과세자 규정 적용*)

* [취지] 부동산임대업이 간이과세로 전환되면 재고납부세액으로 인하여 조세부담이 급격히 증가하므로 통지를 받은 날이 속하는 과세기간까지는 일반과세를 적용하도록 한 것임.

Check

사례1 과세유형 적용기간

① 신규사업자

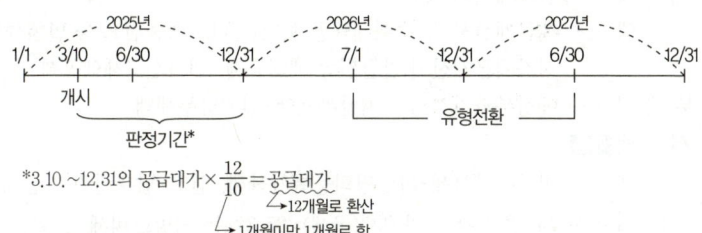

② 계속사업자

③ 경정사업자

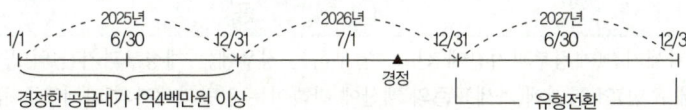

④ 간이과세포기신고

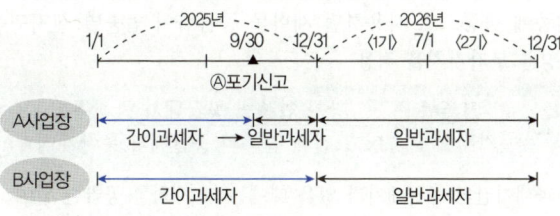

⑤ 간이과세 배제사업 겸영

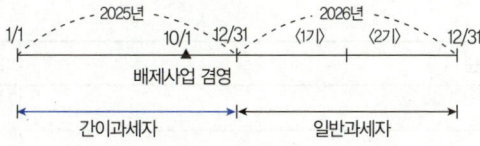

사례2 과세유형 전환통지

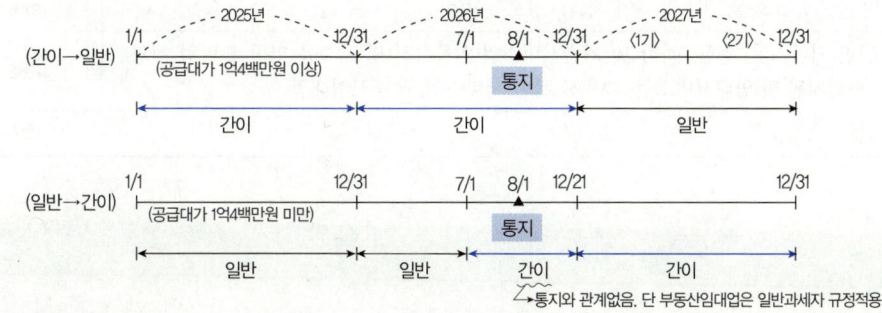

Ⅲ. 계산구조

```
      납    부    세    액  …… 과세표준×부가가치율×10%(영세율 0%)
(＋) 재  고  납  부  세  액  …… 납부세액에 더함
(－) 공         제         세  액  …… 세금계산서 등 수취세액공제, 신용카드매출전표 등 발행세액공제,
                                    전자세금계산서 발급전송 세액공제, 전자신고세액공제
(－) 예 정 부 과 기 간 납 부 세 액  …… 예정부과기간의 고지납부세액·신고납부세액
(－) 수   시   부   과   세   액  개정
(＋) 가              산            세  …… 미등록가산세·타인명의등록가산세, 신고·납부관련 가산세 등
      차  가  감  납  부  세  액  …… 74.7%는 부가가치세(국세), 25.3%는 지방소비세
```

※ 간이과세자에 대한 환급 배제 : 간이과세자의 공제세액이 납부세액(재고납부세액 포함)을 초과하는 때에는 그 초과하는 부분은 없는 것으로 본다.

1. 납부세액

구 분	내 용
(1) 과세표준	해당 과세기간(예정부과기간에 신고·납부하는 경우에는 예정부과기간)의 공급대가(부가가치세 포함)의 합계액(과세표준의 계산에 관하여는 일반과세자의 과세표준 규정 준용)
(2) 부가가치율	직전 3년간 신고된 업종별 평균 부가가치율등을 고려하여 시행령에서 정한 부가가치율
(3) 공통사용 재화의 공급시 부가가치율	간이과세자가 둘 이상의 업종에 공통으로 사용하던 재화를 공급하여 업종별 실지귀속을 구분할 수 없는 경우 : 가중평균 부가가치율 적용 $$\text{가중평균 부가가치율} = \sum \left(\text{각 업종별 부가가치율} \times \frac{\text{당기 업종별 공급대가 합계액}}{\text{당기 전체 업종의 공급대가 총합계액}} \right)$$ ※ 휴업 등으로 인하여 해당 과세기간의 공급대가가 없을 때에는 그 재화를 공급한 날에 가장 가까운 과세기간의 공급대가에 따라 계산한다.

■ 업종별 부가가치율

구 분	부가가치율
① 소매업, 재생용 재료수집 및 판매업, 음식점업	15%
② 제조업, 농업·임업 및 어업, 소화물 전문 운송업	20%
③ 숙박업	25%
④ 건설업, 운수 및 창고업(소화물 전문 운송업 제외), 정보통신업	30%
⑤ 금융 및 보험 관련 서비스업, 전문·과학 및 기술서비스업(인물사진 및 행사용 영상 촬영업 제외), 사업시설관리·사업지원 및 임대서비스업, 부동산 관련 서비스업, 부동산임대업	40%
⑥ 그 밖의 서비스업	30%

Check

[정리] 부가가치세 계산구조

```
     〈일반과세자〉                    〈간이과세자〉
        매 출 세 액              납    부    세    액  ┐
   (−)  매 입 세 액         (+)  재 고 납 부 세 액    │ 한도로 공제함
        납 부 세 액              ┌ 세금계산서 등 수취세액공제  ┘
   (−)  경 감 공 제 세 액    (−) │ 신용카드매출전표 등 발행세액공제
   (−)  예정신고미환급세액        │ 전자세금계산서 발급전송 세액공제
        ·예 정 고 지 세 액        └ 전 자 신 고 세 액 공 제
   (+)  가    산    세      (−)  예 정 부 과 기 간 납 부 세 액 → 과다납부된 세액은 환급됨
        차 가 감 납 부 세 액 (+)  가         산         세
                                 차 가 감 납 부 세 액
```

[사례] 납부세액과 세금계산서 등 수취세액공제

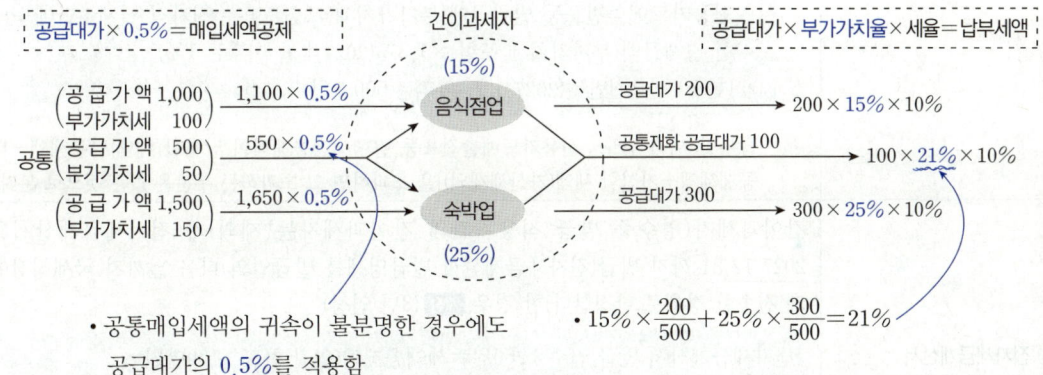

- 공통매입세액의 귀속이 불분명한 경우에도 공급대가의 0.5%를 적용함

- $15\% \times \dfrac{200}{500} + 25\% \times \dfrac{300}{500} = 21\%$

2. 공제세액

구 분	내 용
(1) 매입세금계산서 등 수취세액공제	간이과세자가 과세사업과 관련하여 매입처별 세금계산서합계표·신용카드매출전표 등 수령명세서를 제출하거나, 경정시 경정기관의 확인을 거쳐 관할 세무서장에게 제출한 경우에는 다음과 같이 매입세액공제를 한다.(매입세액 불공제대상인 경우에는 제외) 세금계산서 등을 발급받은 재화와 용역의 공급대가 × 0.5% = 매입세액 공제액
(2) 신용카드매출전표 등 발행세액공제	1) 적용대상 : 다음 중 어느 하나에 해당하는 간이과세자 　① 주로 사업자가 아닌 자에게 재화 또는 용역을 공급하는 사업으로서 영수증 발급 대상 사업을 하는 간이과세자 　② 다음의 영수증 발급 적용기간의 간이과세자 　　㈎ 직전 연도의 공급대가의 합계액(직전 과세기간에 신규로 사업을 시작한 개인사업자의 경우 12개월로 환산한 금액)이 4천800만원 미만인 자 　　㈏ 신규로 사업을 시작하는 개인사업자로서 간이과세자로 하는 최초의 과세기간 중에 있는 자 2) 신용카드매출전표등 발행세액공제* = Min[①, ②] 　① 신용카드매출전표등 발급금액(부가가치세 포함) 또는 전자적 결제수단에 의한 결제금액(부가가치세 포함) × 1.3%(2027.1.1. 이후는 1%) 　② (한도) 연 1천만원(2027.1.1. 이후는 500만원) * 납부할 세액 한도 : 신용카드매출전표등 발행세액공제액이 납부할 세액[납부세액 - 타 공제세액 + 가산할 세액(가산세제외)]을 초과하면 그 초과하는 부분은 없는 것으로 본다.
(3) 전자세금계산서 발급전송 세액공제	간이과세자(영수증 발급 적용기간의 간이과세자는 제외)가 전자세금계산서를 2027.12.31.까지 발급(전자세금계산서 발급명세를 발급일의 다음 날까지 국세청장에게 전송한 경우로 한정한다)한 경우 개정 (3년 연장) 전자세금계산서 발급 건수 × 200원 = 세액공제액(연간 한도 : 100만원) ※ 납부할 세액[납부세액 - 타 공제세액 + 가산할 세액(가산세 제외)]을 초과하면 그 초과하는 부분은 없는 것으로 함
(4) 전자신고세액공제	간이과세자가 직접 전자신고방식으로 확정신고를 하면 확정신고시 1만원을 세액공제한다.

✔ 과세·면세 겸영사업자의 공통매입세액 중 매입세액공제액

[원칙] 실지귀속에 따라 구분한 과세사업과 관련하여 세금계산서 등을 발급받은 재화와 용역의 공급대가 × 0.5%
[예외] 실지귀속을 구분할 수 없는 부분의 경우

$$\text{세금계산서등을 발급받은 재화와 용역의 공급대가} \times \frac{\text{해당 과세기간의 과세공급대가}}{\text{해당 과세기간의 총공급대가}} \times 0.5\%$$

사례1 간이과세자의 차가감납부세액 … 겸영사업자

(1) 제조업*(부가가치율 20%), 음식점업(부가가치율 15%), 정육점업 겸영 간이과세자(간편장부대상자)
  * 과자점업으로서 최종소비자 및 소매업자에게 재화를 공급하고 있음
(2) 공급대가

구 분	금 액	비 고
제조업	20,000,000원	신용카드매출전표 발행분 7,000,000원[*1] 포함 전자세금계산서 발급건수 300건[*2]
음식점업	30,000,000원	현금영수증 발행분 8,000,000원 포함
정육점업	10,000,000원	직불카드영수증 발행분 500,000원 포함

  *1) 이 중 1,100,000원은 거래처의 파산으로 대손이 확정되었음
  *2) 세금계산서 발급의무가 있는 간이과세자로서 전자세금계산서 발급명세를 발급일의 다음 날까지 국세청장에게 전송함
(3) 제조업과 음식점업의 공통사용재화 매각액(공급대가) : 5,000,000원
(4) 과세기간 중 매입액의 내용
  ① 세금계산서 수취 공급대가 : 제조업 9,900,000원, 음식점업 5,500,000원, 정육점업 4,400,000원
  ② 신용카드매출전표 수취 공급대가 : 음식점업과 정육점업의 공통 공급대가 6,600,000원
  ③ 음식점업에서 사용할 면세농산물 등의 매입가액 : 면세사업자로부터의 매입액 680,000원(계산서 수취)과 농민으로부터의 매입액 2,000,000원
(5) 직접 전자신고의 방법으로 신고함
(6) 예정부과기간의 고지납부세액 : 500,000원

(1) 납부세액	$20,000,000 \times 20\% \times 10\% = 400,000$ $30,000,000 \times 15\% \times 10\% = 450,000$ $5,000,000 \times 17\%^{*1)} \times 10\% = 85,000$	935,000
(2) 재고납부세액		—
(3) 공제세액	①+②+③+④=366,750(한도 : 935,000)	366,750
① 세금계산서 등 수취세액공제	$(9,900,000 + 5,500,000 + 6,600,000 \times \frac{30,000,000}{40,000,000}^{*2)}) \times 0.5\% = 101,750$	
② 신용카드매출전표 등 발행세액 공제	$(7,000,000 + 8,000,000) \times 1.3\% = 195,000^{*3)}$	
③ 전자세금계산서 발급전송 세액공제	300건 × 200 = 60,000(한도 : 100만원)	
④ 전자신고 세액공제	10,000(한도 : (1)+(2)−(3)의 ①=833,250)	
(4) 예정부과기간 납부세액		500,000
(5) 차가감 납부세액		68,250

*1) $20\% \times \frac{20,000,000}{20,000,000+30,000,000} + 15\% \times \frac{30,000,000}{20,000,000+30,000,000} = 17\%$
*2) 공급대가 : 30,000,000 + 10,000,000 = 40,000,000
*3) 한도 : (1)+(2)−(3)의 ① · ③ · ④=763,250
☞ 간이과세자는 대손세액공제 및 의제매입세액공제를 적용하지 않음

3. 가산세

구 분	적용대상	가 산 세
미등록가산세	일반과세자 규정 준용	공급대가×0.5%
타인명의등록가산세	일반과세자 규정 준용	공급대가×1% 개정 (종전 : 0.5%)
세금계산서 불성실가산세 (일반과세자규정 준용)	① 세금계산서 미발급 ② 타인명의 세금계산서 발급	공급가액×2%
	③ 세금계산서 가공발급	세금계산서에 적힌 공급가액×3%
	④ 공급가액 과다기재 발급	과다기재한 공급가액×2%
	⑤ 지연발급 ⑥ 부실기재 ⑦ 전자세금계산서 의무발급 사업자가 종이세금계산서 발급 ⑧ 다른 사업장 명의 발급	공급가액×1%
전자세금계산서발급명세전송 불성실가산세 (일반과세자규정 준용)	발급명세 지연전송	공급가액×0.3%
	발급명세 미전송	공급가액×0.5%
매출처별세금계산서합계표제출 불성실가산세	① 매출처별 세금계산서합계표의 미제출	공급가액×0.5%
	② 매출처별 세금계산서합계표의 거래처별 등록번호 또는 공급가액의 부실기재(단, 착오기재 제외)	
	③ 지연제출 : 예정부과기간에 세금계산서를 발급한 간이과세자가 예정부가기한까지 신고를 할 때 제출하지 못하여 해당 예정부과기간이 속하는 과세기간에 확정신고를 할 때 매출처별 세금계산서합계표를 제출하는 경우	공급가액×0.3%
매입세금계산서 불성실가산세	① 미수취 : 세금계산서를 발급하여야 하는 사업자로부터 재화 또는 용역을 공급받고 세금계산서를 발급받지 아니한 경우(간이과세자가 영수증을 발급하여야 하는 기간에 세금계산서를 발급받지 아니한 경우는 제외함)	공급대가×0.5%
	② 경정시 공제 : 세금계산서등을 발급받고 매입세액 공제받지 아니한 경우로서 해당 결정 또는 경정 기관의 확인을 거쳐 납부세액을 계산할 때 매입세액으로 공제받는 경우	공급가액×0.5%

※ 가산세의 중복적용 배제 : 일반과세자 규정과 같음(매입처별 세금계산서합계표 제출불성실가산세 부분 제외)

4. 납부의무 면제

구 분	내 용
(1) 면제대상	간이과세자의 해당 과세기간에 대한 공급대가의 합계액이 4천800만원 미만이면 세액과 가산세액의 납부의무를 면제한다. 다만, 재고납부세액과 미등록가산세는 면제하지 않는다. ※ 해당 과세기간이 12개월 미만인 경우(신규, 휴업, 폐업, 과세기간 중 과세유형 전환, 6개월 과세기간특례 적용) : 공급대가의 합계액을 12개월로 환산한 금액을 기준으로 함(1개월 미만의 끝수는 1개월로 함)
(2) 미등록 가산세	납부의무 면제대상자가 사업자등록신청기한 내에 사업자등록을 하지 아니한 경우(고정된 물적 시설을 갖추지 않고 공부에 등록된 사업장 소재지가 없는 경우 제외)에는 미등록가산세를 부과한다. 미등록가산세 = Max[공급대가 × 0.5%, 5만원]
(3) 자진납부시 처리	납부의무가 면제되는 사업자가 자진 납부한 사실이 확인되면 납세지 관할 세무서장은 납부한 금액을 환급하여야 한다.

사례2 과세사업과 면세사업 겸영 간이과세자의 공통매입세액

(단위 : 원)

(1) 공급내역 … 부가가치율 20%

구분	공급가액	부가가치세	합계
과세사업	50,000,000	5,000,000	55,000,000
면세사업	30,000,000	−	30,000,000
			85,000,000

공급대가 %

(2) 세금계산서 수취 매입내역
① 과세사업 공급대가 22,000,000(매입세액 2,000,000 포함)
② 면세사업 공급대가 11,000,000(매입세액 1,000,000 포함)
③ 과세·면세사업의 공통사업용자산 공급대가 9,350,000(매입세액 850,000 포함)

• 매입세액 공제액

① 과세사업분 : 22,000,000 × 0.5% = 110,000

② 공통매입세액 : $9,350,000 \times \dfrac{55,000,000}{85,000,000} \times 0.5\% = 30,250$

↳ 공급대가 %

Ⅳ. 간이과세자의 절차규정

구 분	내 용
1. 예정부과와 납부	(1) 예정부과(원칙) : 사업장 관할 세무서장은 간이과세자에 대하여 직전 과세기간에 대한 납부세액의 50%*(1천원 미만은 버림)를 1월 1일부터 6월 30일(예정부과기간)까지의 납부세액으로 결정하여 7월 1일부터 7월 10일까지 예정부과세액 납부고지서를 발부하여 예정부과기간이 끝난 후 25일 이내(예정부과기한)까지 징수한다. 다만, 다음의 경우에는 징수하지 아니한다. ① 징수하여야 할 금액이 50만원 미만인 경우 ② 간이과세자에서 일반과세자로 변경되어 그 변경 이전 1월 1일부터 6월 30일까지의 과세기간이 적용되는 간이과세자의 경우 ③ 국세징수법상 재난 등으로 인한 납부기한등의 연장사유(국징법 13①)로 관할 세무서장이 징수하여야 할 금액을 간이과세자가 납부할 수 없다고 인정되는 경우 * 직전 과세기간이 일반과세자에서 간이과세자로 변경되어 그 변경 이후 7월 1일부터 12월 31일까지의 과세기간에 해당하는 경우 : 직전 과세기간에 대한 납부세액의 전액 (2) 예정부과기간에 대한 신고(선택) : 휴업 또는 사업부진 등으로 인하여 예정부과기간의 공급대가 또는 납부세액이 직전 과세기간의 공급대가 또는 납부세액의 1/3에 미달하는 간이과세자는 예정부과기간의 과세표준과 납부세액을 예정부과기한(7월 25일)까지 신고·납부할 수 있다. (3) 예정부과기간에 대한 신고(강제) : 예정부과기간에 세금계산서를 발급한 간이과세자는 예정부과기간의 과세표준과 납부세액을 예정부과기한까지 사업장 관할 세무서장에게 신고·납부하여야 한다.
2. 확정신고와 납부	과세기간의 과세표준과 납부세액을 그 과세기간이 끝난 후 25일(폐업하는 경우 폐업일이 속한 달의 다음 달 25일) 이내에 납세지 관할 세무서장에게 확정신고를 하고 납세지 관할 세무서장 또는 한국은행 등에 납부하여야 한다. ※ 예정부과기간에 대해 납부한 세액 및 수시부과세액은 공제하고 납부함. 개정
3. 예정신고 및 확정 신고시 제출서류	① 간이과세자 부가가치세 신고서 및 기획재정부령이 정하는 서류 ② 매출처별 세금계산서합계표* ③ 매입처별 세금계산서합계표* * 예정부과기간에 대한 신고시 제출하지 못하는 경우에는 확정신고시 제출할 수 있음
4. 세금계산서 및 영수증 발급	① 원칙 : 세금계산서 발급 ② 예외 : 다음 중 어느 하나에 해당하는 간이과세자는 영수증을 발급해야 함 ㈎ 주로 사업자가 아닌 자에게 재화 또는 용역을 공급하는 법소정의 사업자 ㈏ 직전 연도의 공급대가의 합계액(직전 과세기간에 신규로 사업을 시작한 개인사업자의 경우 12개월로 환산한 금액)이 4천800만원 미만인 자 ㈐ 신규로 사업을 시작하는 개인사업자로서 간이과세자로 하는 최초의 과세기간 중에 있는 자
5. 간이과세의 포기 및 재적용	① 간이과세자 또는 간이과세자에 관한 규정을 적용받게 되는 일반과세자가 간이과세를 포기하고자 하는 경우에는 일반과세자에 관한 규정을 적용받으려는 달의 전달의 마지막 날까지 간이과세 포기신고서를 제출하여야 한다. ② 신규로 사업을 시작하는 개인사업자로서 사업자등록을 신청할 때 납세지 관할 세무서장에게 간이과세자에 관한 규정의 적용을 포기하고 일반과세자에 관한 규정을 적용받으려고 신고한 경우에는 일반과세자의 규정을 적용받을 수 있다.

구 분	내 용
	③ 간이과세 포기신고를 한 개인사업자는 다음의 구분에 따른 날부터 3년이 되는 날이 속하는 과세기간까지는 간이과세자에 관한 규정을 적용받지 못한다. ㈎ 기존사업자가 포기신고한 경우 : 일반과세자 규정을 적용받으려는 달의 1일 ㈏ 신규사업자가 포기신고한 경우 : 사업개시일이 속하는 달의 1일 ④ ③에도 불구하고 ① 및 ②에 따라 신고한 개인사업자 중 직전 연도의 공급대가의 합계액이 4천8백만원 이상 1억4백만원 미만인 개인사업자로서 간이과세자에 관한 규정의 적용을 포기할 당시 '영수증 발급 적용기간의 간이과세자'는 ③에 따른 과세기간 이전이라도 간이과세자에 관한 규정을 적용받을 수 있다. 간이과세자에 관한 규정을 적용받으려는 개인사업자는 적용받으려는 과세기간 개시 10일 전까지 납세지 관할 세무서장에게 신고하여야 한다.(간이과세재적용신고서 제출) ⑤ 간이과세를 포기한 사업자가 3년이 지난 후 다시 간이과세를 적용받으려면 그 적용받으려는 과세기간 개시 10일 전까지 간이과세적용신고서를 관할 세무서장에게 제출하여야 한다.
6. 결정·경정과 징수	간이과세자에 대한 과세표준과 납부세액의 결정 또는 경정, 부가가치세의 징수 및 수시부과의 결정에 관하여는 일반과세자 규정을 준용한다. 개정

Check

정리1 납부의무 면제 … 세액과 가산세 면제(단, 재고납부세액과 미등록가산세 면제×)

```
        ┌──── 20×1년 ────┐  ┌──── 20×2년 ────┐
   1/1    5/1         12/31                 12/31
         사업개시
              (공급대가 × 12/8)        공급대가
              → 4,800만원 미만        → 4,800만원 미만
```

정리2 간이과세자 예정부과와 납부(원칙)

①
```
  ┌──── 20×1년 ────┐           예정부과기간
 1/1             12/31      7/1   7/10   12/31
                                  고지서
   납부세액×50%  ────────────→  발부
                                  50만원미만 : 징수×
```

②
```
 1/1           12/31        7/1          12/31
      간이과세자        간이과세자      일반과세자
                        예정부과징수×
```

③
```
 1/1    7/1    12/31   예정부과기간  7/1  7/10  12/31
   일반과세자  간이과세자                   고지서
      납부세액 전액  ────────────→  발부
```

📖 일반과세자와 간이과세자의 비교

구 분	일반과세자	간이과세자
⑴ 적용대상	간이과세자 이외의 사업자	직전 연도의 공급대가가 1억4백만원 미만인 개인사업자
⑵ 배제업종	없음	광업·제조업 등 간이과세 배제대상이 있음
⑶ 과세기간	제1기(1.1.~6.30.), 제2기(7.1.~12.31.)	1.1.~12.31.(과세유형 전환시 1.1.~6.30. 또는 7.1.~12.31.)
⑷ 과세표준	공급가액(부가가치세 제외)의 합계액	공급대가(부가가치세 포함)의 합계액
⑸ 납부세액	과세표준×세율-매입세액	과세표준×부가가치율×세율
⑹ 대손세액공제	규정 있음	규정 없음
⑺ 매입세액공제	매입세액 전액공제(매출세액 초과시 환급됨)	공급대가×0.5%(한도 : 납부세액)
⑻ 의제매입세액 공제	규정 있음	규정 없음
⑼ 재활용폐자원 등 매입세액	적용 가능	적용 불가
⑽ 신용카드매출 전표 등 발행 세액공제	신용카드매출전표 등 발행금액의 1.3%(법인과 직전 연도의 공급가액이 10억원을 초과하는 개인사업자는 제외)	일반과세자와 동일
⑾ 전자세금계산서 발급전송세액공제	① 직전연도 공급가액(면세공급가액 포함)의 합계액이 3억원 미만인 개인사업자 또는 해당 연도 신규사업자 ② 전자세금계산서 발급 건수×200원(연간 한도 : 100만원)	① 간이과세자(영수증 발급 적용기간의 간이과세자 제외) ※ 신규사업자는 적용대상 아님 ② 세액공제액 : 일반과세자와 같음
⑿ 세금계산서발급	(원칙) 세금계산서 발급 (예외) 영수증 발급 : 주로 사업자가 아닌 자에게 재화 또는 용역을 공급하는 사업자	(원칙) 세금계산서 발급 (예외) 영수증 발급 : 주로 사업자가 아닌 자에게 재화 또는 용역을 공급하는 사업자, 직전연도 공급대가가 4,800만원 미만인 사업자 및 신규사업자
⒀ 예정신고	① 예정신고기간 : 1.1.~3.31.과 7.1.~9.30. ② 법인 : 예정신고·납부 ③ 개인 : 예정고지를 원칙으로 하고, 일정한 경우 예정신고할 수 있음	① 예정부과기간 : 1.1.~6.30. ② (원칙) 예정부과기간의 예정고지 (예외) 일정한 경우 예정신고(선택 또는 강제규정 있음)
⒁ 가산세	① 세금계산서 관련 가산세 있음 ② 미등록 가산세 : 공급가액의 1% ③ 타인명의등록가산세 : 공급가액의 2%	① 세금계산서 관련 가산세 있음 ② 미등록 가산세 : 공급대가의 0.5% (납부의무 면제자 : 공급대가의 0.5%와 5만원 중 큰 금액) ③ 타인명의등록가산세 : 공급대가의 1%
⒂ 납부의무면제	없음	있음
⒃ 포기제도	없음	있음

※ 간이과세자에 대한 과세표준의 계산은 일반과세자 규정(부법 29조, 부령 59조~66조)을 준용한다. 이 경우 "공급가액"은 "공급대가"로 본다.(부법 63조 ④, 부령 111조 ①)

사례 간이과세의 포기

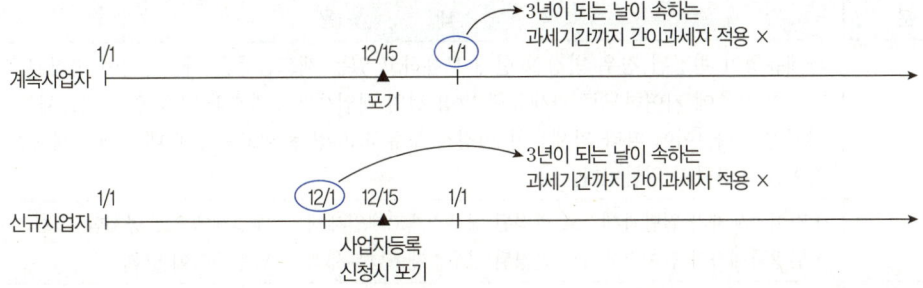

◁세부내용▷ 결정·경정 또는 수정신고시 납부세액 계산특례

결정 또는 경정하거나 수정신고한 간이과세자의 해당 연도의 공급대가의 합계액이 1억4백만원 이상인 경우 결정·경정과세기간의 다음 과세기간(결정·경정과세기간이 신규로 사업을 시작한 자의 최초 과세기간인 경우에는 해당 과세기간의 다음 과세기간)의 납부세액은 일반과세자의 납부세액 계산규정을 준용하여 계산한 금액으로 한다. 이 경우 공급가액은 공급대가에 110분의 100을 곱한 금액으로 하고, 매입세액을 계산할 때에는 세금계산서등을 받은 부분에 대하여 간이과세자의 납부세액에서 공제받은 세액은 매입세액으로 공제하지 아니한다(부법 63조 ⑦, 부령 111조 ⑧).

예

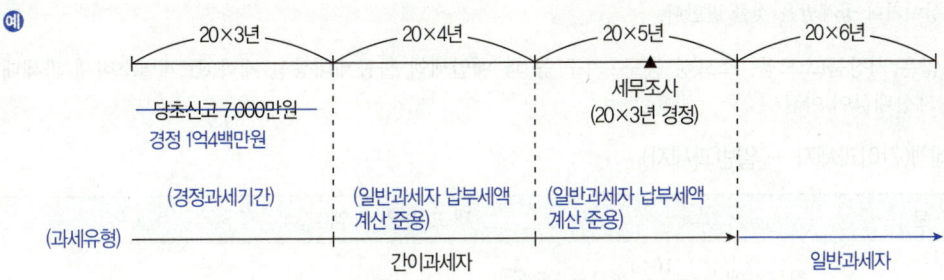

Ⅴ. 재고매입세액과 재고납부세액

(1) 개 요

구 분	내 용
취 지	과세유형이 변경된 경우 변경일 현재 보유하고 있는 재고품등은 과세유형이 변경된 후에 부가가치 창출에 기여하므로 과세유형 변경 전의 매입세액공제액과 변경 후의 매출세액이 대응되지 않는다. 이에 따라 과세유형 변경시 보유하고 있는 재고품등에 대한 매입세액공제율의 차이를 조정하기 위함이다.
적용방법	• 간이과세자가 일반과세자로 변경된 경우 : 재고매입세액 ← 매입세액으로 공제함 • 일반과세자가 간이과세자로 변경된 경우 : 재고납부세액 ← 납부세액에 더함
계산대상	과세유형이 변경되는 날 현재에 있는 다음의 자산이 대상이다. 다만, 재고매입세액은 매입세액공제대상인 것*, 재고납부세액은 매입세액공제를 받은 것*(사업양도에 의하여 사업양수자가 양수한 자산으로서 사업양도자가 매입세액공제를 받은 것 포함)에 한정한다.
	재고품	① 상품 ② 제품(반제품 및 재공품 포함) ③ 재료(부재료 포함)
	건설 중인 자산	건설 중인 자산
	감가상각자산	① 건물·구축물 : 취득·건설·신축 후 10년 이내의 것 ② 기타의 감가상각자산 : 취득·제작 후 2년 이내의 것

* 공제하는 매입세액, 공통매입세액의 안분, 공통매입세액 재계산, 의제매입세액공제, 과세사업전환 매입세액의 규정에 따라 공제대상이거나 공제받은 것을 말한다.

☑ 열거되지 않은 저장품(소모품, 소모성 공구·기구 등)과 매입세액 불공제대상인 재화(예 개별소비세 과세대상 자동차)는 계산대상이 아님

(2) 재고매입세액(간이과세자 → 일반과세자)

구 분		재 고 매 입 세 액
재고품		취득가액$^{*1)} \times \dfrac{10^{*2)}}{110} \times (1-5.5\%^{*3)})$
건설 중인 자산		건설 중인 자산과 관련된 공제대상 매입세액 $\times (1-5.5\%^{*3)})$
감가상각자산	매입한 자산	취득가액$^{*1)} \times \dfrac{10^{*2)}}{110} \times (1-$상각률$^{*4)} \times$ 경과된 과세기간 수$) \times (1-5.5\%^{*3)})$
	자가건설·제작	공제대상 매입세액 $\times (1-$상각률$^{*4)} \times$ 경과된 과세기간 수$) \times (1-5.5\%^{*3)})$

*1) 취득가액은 장부나 세금계산서로 확인되는 취득가액(부가가치세 포함)으로 한다. 다만, 장부 또는 세금계산서가 없거나 기장누락된 경우 해당 재고품등에 대해서는 재고매입세액공제를 받을 수 없다.

*2) 취득가액에 부가가치세가 포함되었으므로 $\dfrac{10}{110}$을 곱해서 매입세액을 계산하는 것이다.

*3) 2021.7.1. 이후 공급받은 분은 '0.5%$\times \dfrac{110}{10}$'(=5.5%)을 적용한다. 다만, 2021.6.30. 이전 공급받은 재화는 일반과세자로 변경되기 직전일[감가상각자산은 취득일(사용일)]에 적용된 업종별 부가가치율을 적용한다.

*4) 상각률 : 건물 및 구축물은 10%, 그 밖의 감가상각자산은 50%이다.

사례1 재고매입세액과 재고납부세액 … 매입세액의 정산규정

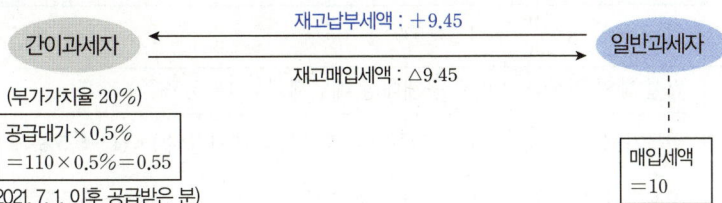

(회계처리)　　　　　　　　　　　　　　　(회계처리)
(차) 상품 110　(대) 현금 110　　　　　　(차) 상 품 100　(대) 현금 110
　　　　　　　　　　　　　　　　　　　　　　매입세액 10

(재고매입세액)　　　　　　　　　　　　　(재고납부세액)
ex) 상품 취득가액 110(VAT포함)　　　　　ex) 상품 취득가액 100(VAT제외)

(2021.7.1.이후 공급받은 분) $110 \times \dfrac{10}{110} \times \left(1 - 0.5\% \times \dfrac{110}{10}\right) = 9.45$　　　$100 \times \dfrac{10}{100} \times \left(1 - 0.5\% \times \dfrac{110}{10}\right) = 9.45$

　　　　　　　　　　　　　　0.945　　　　　　　　　　　　　　　　0.945

사례2 취득가액 불분명시

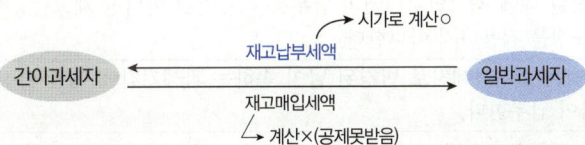

사례3 경과된 과세기간 수

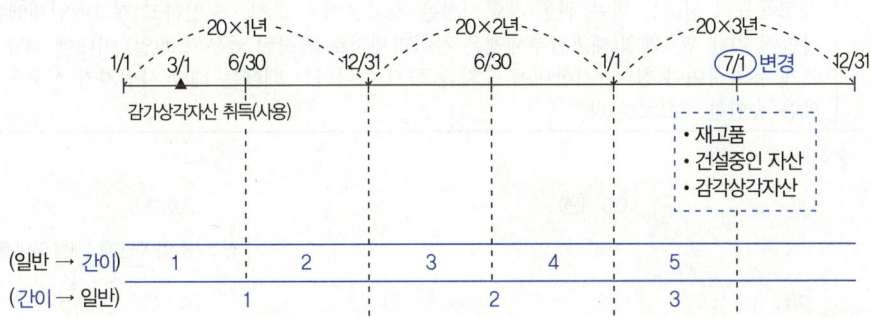

☑ 간이과세자에서 일반과세자로 과세유형이 전환될 경우 그 변경되는 해의 간이과세자 특례과세기간(1.1.~6.30.)도 경과된 과세기간 수 계산시 1과세기간으로 계산함

(3) 재고납부세액(일반과세자 → 간이과세자)

구 분		재 고 납 부 세 액
재고품		취득가액$^{*1)} \times \frac{10^{*2)}}{100} \times (1-5.5\%^{*3)})$
건설 중인 자산		건설 중인 자산과 관련된 공제대상 매입세액 $\times (1-5.5\%^{*3)})$
감가상각자산	매입한 자산	취득가액$^{*1)} \times \frac{10^{*2)}}{100} \times (1-$상각률$^{*4)} \times$ 경과된 과세기간 수$) \times (1-5.5\%^{*3)})$
	자가건설·제작	공제받은 매입세액 $\times (1-$상각률$^{*4)} \times$ 경과된 과세기간 수$) \times (1-5.5\%^{*3)})$

*1) 취득가액은 장부나 세금계산서에 의하여 확인되는 금액(부가가치세 제외)으로 한다. 다만, 장부 또는 세금계산서가 없거나 장부에 기록이 누락된 경우 해당 재고품등의 가액은 시가에 따른다.

*2) 취득가액에 부가가치세가 제외되었으므로 취득가액에 $\frac{10}{100}$을 곱해서 매입세액을 계산하는 것이다.

*3) 2021.7.1. 이후에 일반과세자에서 간이과세자로 변경된 사업자는 '$0.5\% \times \frac{110}{10}$'($=5.5\%$)를 적용한다.

*4) 상각률 : 건물 및 구축물은 5%, 그 밖의 감가상각자산은 25%이다.

(4) 절차규정

구 분	내 용
재고매입세액의 공제	① 관할 세무서장이 승인한 재고매입세액은 승인일이 속하는 예정신고기간 또는 과세기간의 매출세액에서 공제하고 미공제분은 환급한다. ② 일반과세자가 간이과세자로 변경된 후에 다시 일반과세자로 변경되는 경우에는 간이과세자로 변경된 때에 재고납부세액의 납부를 적용받지 아니한 재고품등에 대해서는 재고매입세액의 규정을 적용하지 아니한다.
재고납부세액의 납부	재고납부세액은 간이과세자로 변경된 날이 속하는 과세기간에 대한 확정신고를 할 때 납부할 세액에 더하여 납부한다.
재고품등의 신고	과세유형이 변경된 경우에는 재고품, 건설 중인 자산 및 감가상각자산을 그 변경되는 날의 직전 과세기간에 대한 확정신고와 함께 각 납세지 관할 세무서장에게 신고(국세정보통신망에 의한 신고를 포함한다)하여야 한다.
재고품의 조사·승인 및 통지	재고품등의 신고를 받은 관할 세무서장은 재고금액을 조사·승인하고 재고매입세액은 신고기한이 지난 후 1개월(재고납부세액은 간이과세자로 변경된 날부터 90일) 이내에 해당 사업자에게 통지하여야 한다. 기한내에 통지를 하지 아니하는 때에는 해당 사업자가 신고한 재고금액을 승인한 것으로 본다.

예 재고품 조사·승인 및 통지기한

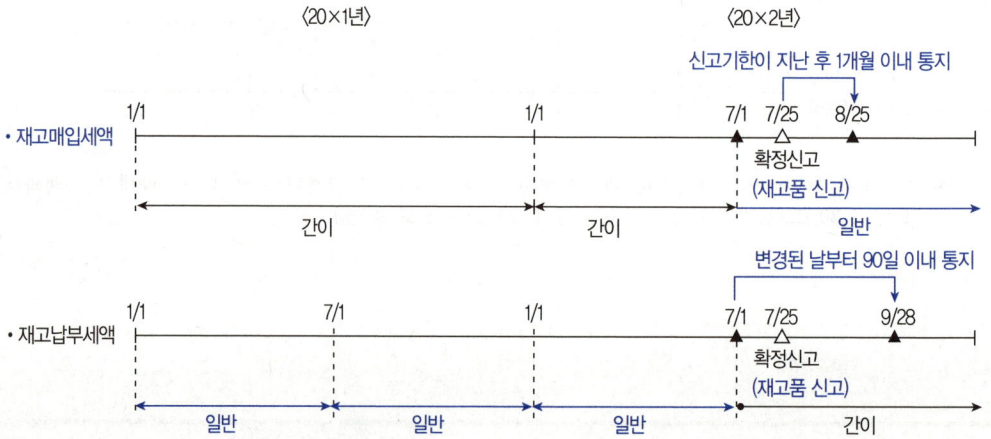

> **사례** 재고매입세액과 재고납부세액

(1) 2025.7.1. 현재 자산 관련 자료 (단위 : 원)

구 분	취 득 일	취득가액	장부가액	비 고
상 품	2025.5.20.	44,000,000	39,000,000	
원 재 료	2025.3.10.	(불분명)	(불분명)	시가 33,000,000원
저 장 품	2025.4.10.	17,000,000	16,000,000	소모품과 소모성공구·기구
토 지	2023.3.20.	90,000,000	95,000,000	시가 150,000,000원
건 물	2021.6.10.	88,000,000	66,000,000	
기 계 장 치	2024.6.25.	30,000,000	25,000,000	직접 제작함, 매입세액 2,000,000원
건설중인자산	건설중	50,000,000	50,000,000	구축물 건설중, 매입세액 4,500,000원
승 용 차	2024.4.10.	15,000,000	10,000,000	개별소비세 과세대상 자동차 (매입세액 불공제됨)

(2) 해당 업종의 부가가치율은 2023.12.31. 이전은 10%, 2024.1.1.이후는 20%로 가정한다.

〈경우1〉 2025.7.1. 간이과세자에서 일반과세자로 전환된 경우의 재고매입세액은? (단, 자료의 금액은 부가가치세가 포함된 금액임)

〈경우2〉 2025.7.1. 일반과세자에서 간이과세자로 전환된 경우의 재고납부세액은? (단, 자료의 금액은 부가가치세가 포함되지 않은 금액임)

(단위 : 백 만원)

구 분	재고매입세액 (간이과세자 → 일반과세자)		재고납부세액 (일반과세자 → 간이과세자)	
상 품	$44 \times \frac{10}{110} \times (1-5.5\%) =$	3.78	$44 \times \frac{10}{100} \times (1-5.5\%) =$	4.158
원 재 료	〈취득가액 불분명〉	—	$33(시가) \times \frac{10}{100} \times (1-5.5\%) =$	3.1185
저 장 품	〈대상자산 아님〉	—	〈대상자산 아님〉	—
토 지	〈면세대상〉	—	〈면세대상〉	—
건 물	$88 \times \frac{10}{110} \times (1-10\% \times 5^{*1}) \times (1-10\%^{*2}) =$	3.6	$88 \times \frac{10}{100} \times (1-5\% \times 9) \times (1-5.5\%) =$	4.5738
기 계 장 치	$2 \times (1-50\% \times 2) \times (1-5.5\%) =$	0	$2 \times (1-25\% \times 3) \times (1-5.5\%) =$	0.4725
건설중인자산	$4.5 \times (1-5.5\%) =$	4.2525	$4.5 \times (1-5.5\%) =$	4.2525
승 용 차	〈대상자산 아님〉	—	〈대상자산 아님〉	—

*1) 건물 : 2021년, 2022년, 2023년, 2024년, 2025년(1.1.~6.30.) → 5과세기간
*2) 취득일이 2021.6.30. 이전이므로 취득일의 업종별 부가가치율을 적용함

주민규

■ **약력**
- 서울시립대학교 경상대학 경영학과 졸업
- 동서세무법인 서울지사 대표세무사(Partner)
  우리경영아카데미 강사(세법·세무회계)
  국세청 인트라넷 강사
  국세공무원교육원 고급연구과정 강사(세무회계)
- 국세청장 표창(2015)

■ **저서**
하루에 끝장내기 세법
세무회계연습 Ⅰ, Ⅱ
Final세무회계연습
공인회계사 1차 세법 최신기출문제집
세무사 1차 세법학개론 최신기출문제집
객관식 세법 Ⅰ, Ⅱ (공저)
세무사 기타세법(공저)

2025 세법노트북
|부가가치세법|

초 판 1쇄 | 2014년 4월 20일 발행
제2판 1쇄 | 2015년 4월 10일 발행
제3판 1쇄 | 2016년 1월 5일 발행
제4판 1쇄 | 2017년 1월 11일 발행
제5판 1쇄 | 2018년 1월 26일 발행
제6판 1쇄 | 2019년 2월 12일 발행
제7판 1쇄 | 2020년 2월 7일 발행
제8판 1쇄 | 2021년 4월 6일 발행
제9판 1쇄 | 2022년 2월 18일 발행
제10판 1쇄 | 2023년 2월 7일 발행
제11판 1쇄 | 2024년 3월 23일 발행
제12판 1쇄 | 2025년 2월 28일 발행
지은이 | 주 민 규
펴낸이 | 이 은 경
펴낸곳 | (주)세경북스
주 소 | 서울특별시 서초구 방배천로 26길 25 유성빌딩 2층
전 화 | 02-596-3596
팩 스 | 02-596-3597
신 고 | 제2013-000189호

저자와의 협의 하에 인지를 생략함

정가 : 15,000원

Printed in Korea
ISBN : 979-11-5973-446-5 13320